인제대학교 통일교육선도대학사업단 우리시대를 위한 통일과 평화
-남북관계와 통일 그리고 평화

2020년 2월 28일 초판 1쇄
2021년 4월 26일 개정 1쇄
2022년 10월 20일 개정증보판 1쇄

글	진희관 김연철 문인철 황교욱 진희권
	진시원 김영수 이권호 서보혁
펴낸곳	늘품플러스
펴낸이	전미정
책임편집	최효준
디자인	윤종욱, 김혜지
교정·교열	황진아
출판등록	2004년 3월 18일, 제2-4350호
주소	서울 중구 퇴계로 243 평광빌딩 10층
전화	02-2275-5326
팩스	02-2275-5327
이메일	go5326@naver.com
홈페이지	www.npplus.co.kr
ISBN	979-11-88024-84-1
정가	18,000원

우리 시대를 위한

인제대학교
통일교육선도대학
사업단

통일과 평화

남북관계와 통일
그리고 평화

늘품플러스

Contents

남북관계와
한반도 정세

남북교류 현황과 과제 그리고 대안

통일사례와
한반도 평화

한반도의 통일이란 무엇인가

진희관 인제대학교 통일학부 교수

통일은 민족의 숙원과제라고 하면서 이에 대해 기대를 갖는 분들도 있지만, 오히려 통일이 빨리 될까 봐 걱정하는 분들도 많다. 결론부터 말하면, 통일은 서두르지 말고 천천히 하면 된다는 점을 강조하고 싶다. 많은 국민이 필요로 하고 원하는 것은 평화와 번영이다. 즉 북한과 다투지 않고 사이좋게 지내면서 서로 경제적으로, 사회·문화적으로 발전하는 것을 원한다.

하지만 대부분의 사람들은 '정말로 그렇게 될까?' 하는 의문을 갖는다. 그이유는 먼저 통일이 다양한 형태를 갖고 있다는 점을 생각하지 못하는 경우가 많기 때문이다. 둘째, 북한을 여전히 지원만 해야 하는 대상으로 인식하고 있기 때문이다. 셋째, 북한으로부터 우리가 얻을 수 있는 이익은 거의 없다고 생각하기 때문이다.

통일의 모습은 다양하다

통일의 모습은 다양하다. 지금의 북한은 과거 20년 전 '고난의 행군' 때 처럼 굶어 죽는 사람이 거의 없고, 북한의 지하자원 등을 공동개발하는 것은 우리에게도 많은 일자리를 가져다 줄 수 있다. 물론 북한의 비핵화가 가능할지에 대해 의문을 가지고 있을 것이다. 이 부분은 글의 마지막에서 언급할 예정이다.

통일
교육

---

1   인제대학교 통일교육선도대학사업단 단장 겸 통일학연구소 소장.

10

- **고난의 행군이란?**: 1995년부터 2001년까지 극심한 식량난으로 많은 북한 주민들이 아사하거나 고통을 겪은 시기를 의미한다. 이 당시 아사자가 1백만 명이 넘는 것으로 추정되고 있다. 일제하의 항일무장투쟁 시 백두산과 만주 일대에서 일본군의 추격을 받으며 추위 속에서 굶주리면서 고통스러운 전투를 벌였던 시기인 '고난의 행군' 때와 유사할 만큼 힘든 시기였다는 의미로 표현한 용어이다.

대부분의 사람은 통일을 상상할 때 가장 먼저 독일의 통일을 떠올린다. 그러나 통일의 형태에는 독일처럼 1국가 형태의 통일을 한 번에 이루는 것 외에도, 미국과 영국의 연방과 같은 형태의 통합도 있다. 그리고 연방보다 낮은 단계인 국가연합의 형태도 있으며 '사실상의 통일'이라는 형태도 존재할 수 있다. 즉 남북한의 형편에 맞으면서 상호 희망하는 형태로 낮은 수준에서부터 점차 높은 수준으로 시간을 두고 발전시켜나가는 것이 합리적인 해법일 수 있다.

- **연방과 연합**: 연방(Federation)은 외교·국방권이 통합되어 있고 경제·사회권이 분리되어 있는 형태이고, 연합(Confederation)은 외교·국방권이 통합되지 않은 상태에서의 느슨한 협력적 관계를 의미한다고 할 수 있다.

- **사실상의 통일(de facto unification)**: 김대중 정부 시절 남북정상회담 이후 남북관계가 해빙 모드로 접어들면서 등장한 용어로, 즉 제도적 통일은 아니지만 서로 교류협력하고 평화로운 관계를 만듦으로서 사실상의 통일효과를 가져올 수 있다는 표현의 용어이다.

그런데 과연 통일을 꼭 해야 할까? 가장 중요한 것은 군사적 대립과 긴장의 연속이 가져오는 국가적 손실이 크다는 점이다. 뿐만 아니라, 해외동포들 역시 분단으로 인해 큰 피해를 입고 있다.

1990년 소련 해체 이후 냉전 구조가 사라졌음에도 불구하고 여전히 우리는 분단 구조에 살고 있다. 앞으로도 우리는 분단으로 인해 많은 비용을 지출하며 살 것인지, 민족의 이익을 찾아 변화를 추구할 것인지에 대해 스스로 답을 내려야 한다. 하지만 통일과 분단, 어느 쪽이 국가와 민족에게 이익을 가져다 줄 것인지 판단하는 것은 어려운 일이 아니다.

서울대 통일평화연구원의 조사에 따르면, '통일이 우리나라에 이익을 줄 것'이라는 여론이 50%가량이지만 '개인에게 이익을 줄 것'이라는 여론은 25%에 불과하다. 즉, 나와는 무관하다고 보는 사람이 75%에 이르는 것이다. 이처럼 통일이 개인에게 이익을 주지 못한다고 생각하는 것은 '당위론적 통일론'의 한계 때문이다. 70년간 주장됐던 '한민족이니까', '분단됐으니까 다시 하나가 돼야 한다'는 논리는 이제 식상한 것이 되었다. 그리고 통일 과정에서 통일비용이 많이 소요될 것이라는 부담도 적지 않다.

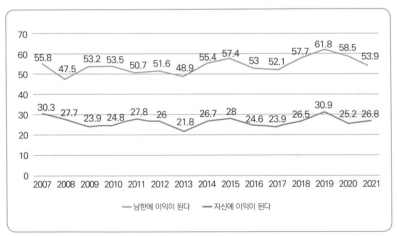

* 출처: 2021 통일의식조사, 서울대 통일평화연구원.

통일비용의 규모는 우리가 하기 나름

먼저 통일비용부터 말하면, 연구기관에 따라 한반도 통일비용 추정 비용이 100배 이상 차이가 난다. 미국 스탠퍼드대 아태연구센터의 5850조 원과 랜드 연구소의 50조 원 의 차이는 가장 크다. 원인은 통일의 배경과 전제조건에 있다. 아태연구센터의 주장은 동독 붕괴에 의한 갑작스러운 통일을 한반도에 적용했을 때 소요되는 비용에 바탕을 둔다. 실제 독일은 통일 이후 현재까지 4천조 원 이상의 통일비용이 소요된 것으로 추정된다. 이와 달리 랜드연구소의 주장은 남북한이 통일 이전에 많은 교류를 통해 격차를 해소하고 군사비도 줄이면서 상호 발전해 가는 단계에서 통일하게 됐을 때를 상정한다. 우리가 어떤 통일을 해야 하는지 명확하게 구별할 수 있는 대목이다.

또한, 통일은 비용만 드는 것이 아니라 통일 편익(이익)도 발생한다. 연간 40조 원 규모의 국방비 감소, 의무 군복무제의 폐해 감소, 북한 관광, 남북 교역 등의 다양한 이익이 예상된다. 하지만 이 가운데 북한의 7천조 원 규모의 지하자원(한국광물자원공사의 추정액) 개발에 참여하는 것만으로도 막대한 이익을 예상해 볼 수 있다. 북한에 매장된 마그네사이트의 가치는 2600조 원에 이르며, 북한에 매장된 희토류는 전 세계 매장량의 20~25%에 달하는 것으로 알려졌다. 하지만 지금까지 북한의 개발 여력이 없어 방치된 상태다.

> • **통일비용(Unification Cost)**: 통일 이후 안정화 단계가지 지원하는 비용이다. 이에 반해, 통일편익(Unification Benefit)은 통일로 인해 발생하기 시작하기 때문에 국가가 존재하는 한 무한한 이익을 가져다주게 된다. 예컨대 분단으로 인해 필요한 국방비는 영속적으로 필요하지만, 통일되는 순간 국방비가 영속적으로 절감되는 것이다.

또한 북한과의 교통이 원활하게 이어질 경우, 우리는 시베리아, 만주, 실크로드로 뻗어 나갈 수 있다. 그동안 서울역, 부산역, 광주역에 없던 국제선 열차를 볼 수 있게 되는 것을 의미하며 우리의 상품이 선박과 항공편으로 만이 아니라 기차를 통해서도 유럽까지 빠른 시간에 운송될 수 있게 된다. 또한, 시베리아 지역의 가스(PNG)를 남한으로 연결하는 파이프 공사가 진행된다면 경제적 이익뿐만 아니라 상상 이상의 많은 일자리가 창출될 것이다. 즉 통일 비용은 얼마든지 줄일 수 있고, 남북교류를 통해 더 많은 경제적 이익을 나눌 수 있어 통일과정에서의 이익도 적지 않을 것이다. 즉 통일비용은 유한하지만 통일편익은 무한하다.

북한이 구매력을 가진 나라로 바뀌고 있다

유엔과 한국은행 통계를 분석해 보면, 북한 1가구당 월평균 수입은 한화로 약 50만 원에 이른다. 이것은 북한이 동남아 일부 국가들처럼 우리 기업의 생산품을 구매할 능력이 있다는 것을 뜻한다. 실제 북한에서는 한국 제품에 대한 선호도가 높은 편이며, 장마당에서 한국산 화장품과 전자제품이 매우 인기 높다. 따라서 앞으로 남북관계가 개선되는 과정에서 북한의 구매력은 우리 기업의 일자리를 만들어 줄 수 있으며, 남북관계의 새로운 변화를 예고하게 될 것으로 평가된다.

일부의 우려와 달리, 남북관계가 좋아진다고 해서 식량을 지원해 주는 일은 필요치 않다는 점을 지적해 두고 싶다. 서울대 통일평화연구원이 13년에 걸쳐 탈북자를 분석한 결과, 최근 식량문제로 탈북하는 비율은 10% 미만에 불과하다. 20년 전과는 확연히 다른 모습이다. 오히려 이들은 좋은 삶을 얻기 위해 탈북했다고 보는 것이 맞을 것이다. 오늘의 북한의 모습에서 알 수 있듯이 북한은 과거와 많이 달라졌다. 휴대전화 보급이 600만 대를 넘어서고 있다는 보도가 나오고 있으며, 자가용 차량이 증가해 출퇴근 시간에 러시아워가 형성되었고, 60층이 넘는 초고층 아파트 단지들이 계속 건설되고 있다. 이처럼 과거 못살았던 북한이 오늘날 나름대로 살만한 사회로 바뀌고 있다는 점은 우리의 대북정책도 과거와는 달라져야 한다는 것을 의미한다. 최근 코로나 팬데믹으로 인해 북한도 어려움을 겪고 있는 것은 사실이지만 특별히 경제적으로 악화되었다는 징후는 나타나지 않고 있다. 식량생산량 역시 예년과 큰 차이를 보이고 있지 않다.

두 차례의 판문점 남북정상회담은 남북관계를 개선하고 상호 이익을 가져다 줄 기회를 만들었다는 점에서 그 의미가 크다. 정부의 성향과 정책에 따라 변화가 불가피한 점도 있지만 상호 신뢰관계를 더욱 공고하게 만드는 것이 중요하다. 또한 2019년 2월 하노이의 북미정상회담 결렬은 아쉬운 점이지만, 2018년 6월 싱가포르 북미정상회담에서 비핵화를 약속한 것은 큰 의미가 있다. 70년간 군사적으로 적대했던 두 나라 정상이 악수를 하고 관계개선을 위한 합의문을 발표했다는 점은 대단한 일이었다. 하버드대학의 그레이엄 앨리슨 교수는 그의 저서 『예정된 전쟁』(Graham Allison, Destined for War, 2017)을 통해 아시아에서 그리고 중국과 한반도에서의 변화를 예견하고 있다. 동아시아는 안보와 경제에서 세계사적인 변화를 예고하고 있다. 제2차 세계대전 후 유럽질서는 소련과 동유럽이 해체된 후 큰 변화를 겪었고 냉전이 종식된 바 있다. 냉전 종식 후 이제 30여 년이 흐르고 있지만 아시아는 태평양전쟁 후 아직까지도 전후체제, 즉 '샌프란시스코체제'를 그대로 유지하고 있는 기이한 현상이 이어지고 있다.

● **샌프란시스코체제**: 태평양전쟁 전후 처리와 일본 관리를 위해 만들어진 체제. 1951년 9월 48개 연합국이 참여한 가운데 샌프란시스코 음악당에서 열린 회의에서 만들어졌다. 회의의 핵심은 아시아에서 소련의 세력 확산을 막기 위해 일본을 용서하자는 것이었다. 그러나 소련이 30년 전에 사라진 현 시점에도 아시아는 이 체제를 그대로 유지하는 기이한 현상이 이어지고 있다. 90년대 초 북한의 핵문제가 그 원인으로, 따라서 오늘날 북한 핵문제가 해결된다면 그것은 70년 가까이 이어진 전후 질서가 드디어 바뀔 수 있다는 것을 의미한다.

이제 관심은 과연 북한이 비핵화를 할 것인가, 북미관계가 개선될 수 있는가에 있다고 하겠다. 북한의 자세는 과거에 비해 달라진 것으로 보이지만 미국 입장과는 아직 많은 차이가 있는 것 같다. 북한은 경제제재 해제와 미국의 '대조선적대시정책' 해소를 요구하고 있지만 미국은 여전히 북한의 추가 비핵화가 우선이라는 입장이다. 양측 입장이 팽팽하다. 결국 2022년 3월에 이르러 북한은 4년 4개월 만에 대륙간탄도미사일 '화성포-17형'을 실험발사하면서 재도발을 단행하고 말았다.

그러나 미국이 북한을 신경쓸 겨를이 없어보인다. 미중갈등 속에 시진핑체제의 장기집권 돌입이 예정된 가운데, 동유럽에서는 러시아와 우크라이나가 전쟁을 벌여 세계를 긴장시키고 있다. 미국 바이든 정부는 국내적으로 중간선거에서 평가를 받아야 하고, 2023년이 되면 새로운 대선국면으로 돌입하게 된다. 따라서 북한의 사정을 들여다 보기 어려운 입장으로 보인다.

따라서 2022년 이후 북미관계는 어려운 국면으로 빠져들었다고 평가할 수 있다. 그러나 입구가 있으면 출구가 있게 마련이다. 그간의 남북관계와 북미관계가 이를 증명해 왔다. 올해 북한의 도발이 이어질 것으로 예상되고 있지만, 머지 않아 출구전략을 취할 시기기 도래하게 될 것이다. 따라서 북한의 비핵화와 북미관계 개선을 위한 노력을 꾸준히 준비해나가는 것이 중요하다고 할 수 있을 것이다.

비핵화를 가능케 하는 건 '신뢰'

그리고 비핵화 과정에서 뜻밖의 문제가 발생할 수 있어 주의가 필요하다. 역설적이게도 비핵화는 과학과 물리의 영역이지만 사실상 신뢰가 중요한 인문학의 영역이라고 할 수 있다. 비핵화는 '신고'에 따른 '사찰'로 이루어지는데 신고한 내용을 신뢰하지 않으면 사찰은 의미가 없어진다. 90년대 초 핵무기를 보유했던 남아프리카 공화국이 핵사찰을 성공적으로 마쳤지만, 그 결론은 완벽한 검증을 통해 나온 것이 아니라 그 나라를 신뢰하기 때문에 가능했다. 간단히 예를 들면 우라늄 광산의 채굴량과 우라늄 정제량은 정확히 비례하지 않으며, 우라늄 농축 기술 역시 일정하지 않기 때문에, 결국 광산 채굴량만 가지고 완성된 핵무기 숫자를 정확히 파악하지 못한다. 결국 국제원자력기구는(IAEA)는 2년에 걸친 남아공의 검증을 명확하게 하지는 못했지만 그 국가를 신뢰하고 더 이상 핵무기를 만들거나 사용할 이유가 없다고 판단하여 핵사찰 종료를 선언한 것이다. 따라서 비핵화 검증과정이란 상호 신뢰를 쌓아나가는 과정이라고 하는 것이 옳을지 모르겠다.아마도 비핵화 과정이 순조롭게 진행된다면 한반도 문제는 급격한 변화를 맞이하게 될 것이다. 그리고 이런 과정에서 우리 정부는 적극적인 중재 역할과 함께 주도적 역할을 해야 할 것이다. 그리고 이로 인한 결과들은 한반도에 많은 실리를 가져다 줄 것으로 예상된다. 이제 한국의 새로운 정부는 한반도 문제를 풀고 북한의 비핵화를 위해 어떠한 노력을 기울여야 하는지 진지하게 생각할 때가 아닌가 싶다.

앞에서 말했듯이 통일은 서두를 일이 아니다. 지금까지도 그래왔듯이 앞으로 그럴 가능성이 높다. 무엇보다 중요한 것은 한반도의 평화와 안정이며, 남과 북 그리고 주변국이 상호 신뢰하고 경제적으로 이익을 만들어 나가는 과정이 되어야 할 것이다. 분단국인 한반도에서 민족이 하나 되어야 한다는 명분도 중요하지만 서로 이익이 되고 안정된다는 실리 또한 중요하다.

분단 문제와 통일 문제는 실사구시(實事求是)의 관점에서 접근해야 할 것이다.

남북관계와
한반도 정세

제1장

70년의 대화 1:
냉전 시대(1953~1970년대)

김연철 인제대학교 통일학부 교수

I
전후의 의미

　1953년 7월 27일 전투가 중단되었지만, 전쟁은 끝나지 않았다. 전쟁의 끝을 의미하는 종전이 아니라, 전쟁을 일시적으로 중단하는 휴전 협정이 맺어졌다. 휴전은 전쟁과 평화 사이의 잠정조치고, 불안정하고 지속 가능성을 가지기 어렵다. 휴전체제는 세계적인 냉전과 더불어, 한반도 정세에 영향을 미쳤다.

　한국 전쟁 이후의 남북관계를 이해하기 위해서는 우선 전쟁의 성격을 명확하게 알 필요가 있다. 전쟁은 북한의 남침으로 시작해서, 전선은 낙동강까지 내려갔다가, 몇 개월 만에 다시 북상을 계속해서, 압록강까지 이동한다. 중공군이 개입해서 다시 후퇴가 이루어진다. 1951년 흥남 부두에서의 1.4 후퇴로 전선은 다시 남하하고, 1951년 4월경에 이르면 원래의 38선 근처로 전선이 고착된다. 휴전 협상이 1951년 7월 시작해서, 그 이후 1953년 7월까지 2년여 동안 지속되었다.

　휴전 협상이 장기화되면서, 전선에서는 수많은 목숨을 앗아간 고지전이 벌어지고, 북한지역에 대한 폭격이 이루어지고, 남한 내부적으로는 민간인 학살을 비롯한 국가폭력이 끊이지 않았다. 서로 이길 수 없는 전쟁에서 지지 않기 위한 고지전은 전쟁 이후, 적대와 대립을 만들어냈다.

　전후 남북관계는 전쟁 시기 만들어진 대립과 적대의 기반 위에서 이루어졌다. 1950년대와 1960년대는 한반도뿐만 아니라, 동북아시아 차원에서도 그리고 세계적인 차원에서도 냉전의 시기였다. 냉전은 차가운 전쟁이라는 뜻으로, 뜨거운 전쟁인 열전과 다르지만, 다양한 영역에서의 경쟁과 대립을 의미했다. 물론 냉전의 시기 동안에도 대화를 할 수밖에 없는 기회들이 존재했다. 그러나 냉전의 기반 위에서 이루어진 대화의 기회는 일회적이었고, 이어지지 않았으며, 상황을 변화시키지도 못했다.

II
1950년대: 대결 시대의 대화

    1954년 제네바에서 한반도의 통일문제를 논의하기 위한 국제회의가 열렸다. 국제 외교무대에서 한반도 통일문제를 논의한 처음이자 마지막 회담이었다. 제네바회담의 성사 과정과 회담에서 나왔던 수많은 의견은 냉전 시대 대화의 한계를 드러내지만, 또 다른 측면에서 매우 흥미로운 요소가 적지 않다.

    제네바 회담은 1953년 7월 휴전 협정에서 '3개월 내에 정치회담을 열어야한다'는 합의에 따라 열렸다. 회담의 성사 과정도 우여곡절을 겪었고, 한국의 이승만 정부는 회담 참여에 소극적이었다. 이승만 정부는 당시에도 여전히 북진통일론을 주장하고 있었기 때문에, 북한이나 중국과의 대화 자체를 거부했다. 그러나 당사자인 한국의 참여를 바라는 미국의 요구에 따라 한국도 마지못해 제네바회담에 참여했다.

    당시 제네바회담은 두 개의 의제가 번갈아 열리는 방식이었다. 하나는 한반도 문제이고, 다른 하나는 인도차이나 문제였다. 특히 프랑스가 디엔비에푸 전투에서 패배하고, 베트남에서의 철수를 고려하는 상황에서, 미국을 비롯한 강대국들은 인도차이나 문제를 중요하게 생각했다. 한반도 문제에 대해서 논의는 하지만, 성과를 장담하기 어려운 상황이었다. 그러나 당시 제네바회담에 참여한 국가들은 한반도 통일문제에 대해 그야말로 다양한 의견을 제시했다. 남북한이 각기 제시한 통일방안은 입장 차이가 컸다. 미국과 중국의 입장 차이도 적지 않았다. 특히 당시 중국 측 대표였던 저우언라이 총리가 덜레스 미국 국무장관에게 악수를 청했지만, 미국 대표는 외면했다. 1972년 닉슨 대통령이 중국을 방문했을 때, 저우언라이 총리는 1954년 제네바에서의 기억을 꺼내기도 했다.

전쟁 직후의 상황에서 통일방안에 대한 차이를 좁히기는 어려웠다. 그러나 제네바회담에 참여한 국가들은 나름대로 대안을 제시했다. 점진적인 통일의 필요성과 교류협력을 주장한 의견도 적지 않았다. 북한은 회담이 끝나는 시점에서 평화구상을 제안하기도 했다. 북한이 제안한 평화구상 역시 논의할 만큼의 공감대는 존재하지 않았다.

제네바회담은 성과 없이 끝났다. 그 이후 국제 외교무대에서 한반도 통일문제를 더 이상 논의할 기회는 없었다. 대화는 주고받는 것이다. 그래야 줄 것은 주고, 받을 것은 받아서 합의가 이루어진다. 1954년 제네바회담은 냉전 시기의 대화의 한계를 드러냈다. 미국과 중국, 남한과 북한은 서로 상대의 존재를 인정하지 않았다. 제안은 일방적이었고, 서로 협의할 수 없을 만큼 차이가 컸다. 상대를 인정하지 않으면 대화는 성립하기 어렵다.

그러나 아예 대화를 하지 않는 것보다는 낫다. 서로 합의할 수 없다고 하더라도, 상대가 어떤 생각을 하고, 어떤 주장을 하는지 알 수 있기 때문이다. 1954년 제네바 회담은 성과를 거두기 어려웠지만, 이후의 대화에서는 상대의 주장을 근거로 대화 전략을 준비할 수 있는 기회가 되었다.

III
1960년대와 전쟁 위기

1960년대 냉전 시기의 중요한 대화는 두 가지이다. 첫째는 1964년 도쿄 올림픽을 앞두고 국제올림픽 위원회가 주선한 남북체육회담이고, 둘째는 하반기 군사적 긴장 시기의 벌어졌던 북한과 미국의 푸에블로호 협상이다. 체육회담은 성과 없이 끝났지만, 이후 단일팀 구성 협상의 기반을 제공했고, 푸에블로호 협상은 한반도 정세를 관리하는 역할을 했다.

1. 1964년 도쿄 올림픽과 남북체육회담

1962년부터 북한은 1964년 도쿄 올림픽에 단일팀으로 참가하자는 제안을 했다. 국제올림픽 위원회도 적극적으로 움직였다. 올림픽은 고대 그리스에서 도시국가들 사이의 빈번한 전쟁을 일시적으로 중단하기 위해 시작했다. 한반도는 올림픽이 열리는 동안 전쟁을 중단하자는 '올림픽 휴전'의 정신을 가장 상징적으로 보여줄 수 있는 사례이기도 했다.

그러나 냉전 시대에 체육을 정치와 분리하기는 쉽지 않았다. 1963년 스위스 로잔에서 국제올림픽 위원회가 중재한 남북체육회담이 성공하기는 어려웠다. 그러나 성과는 적지 않았다. 단일팀 구성을 위한 협상에서 남북한은 단가(歌團)로 아리랑에 합의했다. 단일기에 대해서는 입장 차이가 컸다. 그러나 당시의 논의 성과는 1990년대 남북 단일팀이 이루어질 때 중요한 근거로 작용했다.

남북관계에서 체육 회담은 매우 중요하다. 체육은 정치군사적 관계에 영향을 받지만, 그래도 쉽게 공감대를 모을 수 있는 분야이기 때문이다. 1963년 스위스 로잔에서의 체육회담과 이어진 실무회담이 시대적 특성 때문에 성과가 없었지만, 한국 전쟁 이후 최초의 남북 회담으로 평가할 수 있고, 이후의 체육회담이 성공할 수 있는 근거를 남겼다.

1964년 도쿄 올림픽은 남북관계에서 이산가족의 중요성을 부각시켰다. 북한의 육상 선수였던 신금단 선수가 도쿄 올림픽 이전에 인도네시아의 육상 경기에서 금메달을 따고, 도쿄 올림픽에 참가해서 남한에 계신 아버지를 만나고 싶다고 언론에 말했다. 한국 전쟁 시기에 헤어진 아버지와 딸이 만날 기회였고, 올림픽 개최국가인 일본뿐만 아니라, 전 세계가 부녀의 상봉을 기대했다.

그러나 신금단 선수를 포함해서 북한 대표단은 경기에 출전하지도 못하고 도쿄를 떠나게 되었다. 인도네시아에서 열린 대회를 국제올림픽 위원회가 규정 위반으로 규정하고, 참가 자격을 문제 삼았기 때문이다. 남한의 아버지는 딸을 만나기 위해 일본으로 건너갔지만, 딸을 만날 수 없었다. 일본 올림픽 위원회의 중재로 남북한은 부녀상봉을 위해 협상을 벌였지만, 합의하지 못했다. 아버지와 딸은 우여곡절 끝에 기차역에서 잠깐의 상봉을 했지만, 그것이 영원한 이별의 순간이었다.

신금단 부녀의 이야기는 이산가족의 비극을 상징했다. 한국 전쟁으로 수많은 이산가족이 만들어졌고, 가족의 만남은 가장 중요한 인도적 문제였다. 그러나 냉전 시기였기 때문에, 신금단 부녀의 이야기는 인도적 접근이 아니라, 체제 대결을 반영했다. 이들의 슬픈 이야기는 이후 노래로도 만들어졌고, 비정한 북한을 규탄하는 소재로 활용되었다.

2. 군사적 긴장과 전쟁 위기

1960년대는 위기의 시대였다. 1960년대 초반 중소분쟁이 본격화하면서, 북한은 국방을 강화하고, 군부가 득세하고, 군사모험주의로 기울었다. 1962년 북한은 4대 군사 노선을 채택했다. '전 인민의 무장화, 전 국토의 요새화, 전 군의 간부화, 전 군의 현대화'라는 노선은 한마디로 군사국가의 선포였다. 중국과 소련의 분쟁이 심각해지고, 이들 국가로부터의 원조가 줄자, '자주국방'을 선언한 것이다. 군사 국가를 위해서는 대중동원이 필요하고, 대중은 군중이 되어 '전쟁 불사'의 열기를 쏟아내고, 그런 국내정치적 환경에서 '군사모험주의'가 등장했다.

남북관계에서 긴장이 높아지면, 그만큼 우발적 충돌 가능성도 높아진다. 1966년 비무장지대에서 42번의 무력 충돌이 벌어졌다. 그해 겨울 추운 날씨 때문에 소강상태에 접어들었지만, 1967년 봄이 되면서 다시 군사적 충돌이 재개되었다. 1967년 1월 19일 동해에서 한국의 해군 PCE-56함이 북한군의 해안포 포격을 받고 침몰했다. 1967년 여름이 오면서 군사 공격의 규모가 커지고 빈도수도 더욱 늘어났다. 1967년 북한의 정전협정 위반 행위는 543건으로 늘어났다. 1966년의 50건과 비교하면 10배 이상 증가한 것이다. 1967년 한 해 동안 한국의 어선 40여 척이 북한에 의해 나포되었다.[1]

북한의 군사적 모험주의는 두 가지 배경이 있었다. 대외적으로 베트남 전쟁이 본격화하면서, 동아시아에서 두 개의 전선을 만들어 미국을 견제하겠다는 것이다. 미국 입장에서 베트남 전쟁에 집중하기 위해서는 한반도에서 동시에 전쟁을 치르는 것은 어려웠다. 그래서 북한은 제한적인 분쟁을 의도했다. 둘째는 북한 내부적으로 국방력을 강화하면서, 군부의 영향력도 커졌다. 군부 주도의 모험주의가 군사적 도발로 이어졌다.

군사적 긴장이 높아지면서, 남북 모두 전쟁 준비를 시작했다. 북한은 1.21 사태를 남한 내부 무장유격대의 소행이라고 주장했지만, 푸에블로호는 북한군이 직접 나포했다고 선전했다. 북한은 푸에블로호 나포 이후 미국의 군사 보복 가능성을 강조하기 시작했다. 북한 정부는 평양 주민들을 인근 농촌지역으로 이주시키고, 모든 학교의 문을 닫았다. 대사관도 지하 피난처를 만들어야 한다

1 　자세한 내용은 김연철, 『70년의 대화』 2장 참조

고 권고했고, 중앙기관의 각종 문서, 국립도서관과 대학의 중요 문서, 주요 공장의 기계 설비도 평양 외곽으로 옮기기 시작했다.

한국은 1968년 1월 21일 청와대 습격 사건에 군사적으로 대응하고자 했으나, 미국은 푸에블로호의 승무원 석방을 정책 결정의 최우선 순위로 삼았다. 한미 양국의 입장 차이가 벌어지면서 갈등도 심각해졌다. 미국은 박정희 정부의 군사적 대응으로 한반도에서 전쟁이 일어나는 것을 원하지 않았다.

판문점에서 10개월에 걸쳐 벌어진 푸에블로호 승무원의 석방을 위한 미국과 북한의 협상은 냉전 시기의 대화의 특징을 드러낸다. 미국은 즉각적인 군사적 보복을 주장하는 한국과 달리, 안전한 승무원의 석방을 원했다. 물론 미국도 초기에는 군사적 해결의 방법을 모색해 보기도 했고, 소련을 통한 외교적 압력을 행사하기도 했지만, 승무원의 안전한 석방이 더 중요했다.

남북관계가 '제한전쟁'을 치루는 상황에서 북한과 미국의 판문점 협상은 결국 한미관계의 악화로 이어졌다. 박정희 정부는 미국의 협상 결정에 강력하게 반대했고, 비공개 회담을 공개 회담으로 전환할 것을 요구했으며, 독자적인 보복 공격의 가능성을 줄기차게 주장했다.

3. 푸에블로호 사건과 판문점 북미 협상

판문점 협상에 대한 북한과 미국의 전략적 목표는 달랐다. 미국은 '승무원의 석방'을 협상 목표로 삼았지만, 북한은 미국으로부터의 체제 인정, 한미 균열, 그리고 국내 선전 효과를 중시했다. 미국도 북한이 충분한 선전 효과를 거두어야 승무원을 석방할 것으로 예상했기 때문에 협상의 장기화를 염두에 두고 협상을 시작했다.

10개월 이상이 걸린 장기적인 협상이었다. 군사적 강경 대응 요구가 끊이지 않았고, 존슨 행정부 내부에서도 지속적으로 군사적 대응 방안이 제기되고, 회담이 교착될 때마다 압력을 검토했다. 그러나 협상은 분명한 입장 차이에도 불구하고 중단되지 않고 계속되었고 마침내 결실을 맺었다.

협상 과정에 대해서는 다양한 평가를 할 수 있고, 협상 전략에 대해서도 다른 가능성을 제기할 수 있다. 그러나 어떤 가능성에도 불구하고, 북한이 정치적 선전 효과를 고려하여 협상의 장기화를 노렸을 가능성이 크다. 북한이 1964년 헬리콥터 사례처럼, 북한이 작성한 사과문에 미국이 '덧쓰기'를 하면 승무원을 석방했을 가능성이 있었을지는 의문이다. 미국이 초기부터 1964년 사례를 따랐다고 하더라도, 북한이 조기에 승무원을 석방했을 가능성은 높지 않았다. 물론 미국이 푸에블로호의 영해 침범을 인정하지 않았기 때문에 1964년의 사례를 그대로 따를 수 없었다.

결국 북한은 크리스마스를 며칠 앞둔 시점에서 승무원을 석방했다. 북한이 제시한 사과문에 서명했지만, 미국은 이 사과문을 승무원들을 석방하기 위한 목적이라는 점을 분명히 했다. '부인을 전제로 한 사과'가 교착을 타개하고 협상을 마무리했다. 그러나 그것이 협상 성공의 결정적 변수라고 보기도 어렵다. 북한의 판문점 협상 목표는 분명했다. 북한은 체제 인정, 한미 균열, 국내 정치적인 선전 효과를 충분히 달성했다고 판단한 시점에서 승무원을 석방했다.

IV
냉전 시대의 대화:
7·4 남북공동성명의 의미

1970년대가 들어서면서, 세계 정세가 달라졌다. 미국의 닉슨 대통령이 1972년 2월 처음으로 중국을 방문했다. '세계를 바꾼 일주일'은 남북관계에도 긍정적 영향을 미쳤다. 미국과 중국은 적대 관계에서 협력관계로 전환했다. 미국과 소련의 냉전 시대의 진영 대결구조도 미중관계의 전환으로 달라졌다. 데탕트, 즉 세계적인 긴장 완화가 이루어지면서, 미국은 박정희 정부에 적극적으로 남북 대화를 촉구했다.

1. 적십자회담과 비밀 접촉

1971년 8월 12일 남북적십자회담을 제의할 당시, 박정희 정부는 실현 가능성에 대한 확신이 없었다. 북한에 대한 의심이 매우 컸고, 한국 전쟁 이후 한 번도 남북한의 제안 경쟁에 상대가 호응한 경우는 없었기 때문이다. 그러나 이번에는 달랐다. 북한은 남한의 제안 이후 이틀 만에 수락했다.

적십자 제안 이후 남북한은 1972년 8월까지 25차례의 적십자 예비회담을 개최했고, 1972년 8월부터 1973년 7월까지 7차례의 본회담을 개최했다. 이 과정에서 7·4 남북공동성명이 채택되고, 정치 문제를 다루기 위한 남북조절위원회가 탄생했다.

적십자회담의 형식에서 정치 대화로 전환한 것은 적십자회담 대표로 참여했던 남의 정홍진(중앙정보부)과 북의 김덕현(노동당 중앙위원회 정치위원회 직속 책임지도원)의 비밀 대화를 통해서였다. 정홍진과 김덕현이 서로 신분을 밝혔던 1971년 12월 17일의 제3차 비밀 접촉에서 김덕현은 신임장을 교환하자고 제안했다. 그러나 남측은 여전히 적십자 차원의 대화에서 정부 당국자 간 대화로 전환하는 것을 주저했고, 그래서 북한의 비밀 접촉 제안을 처음에는 거부했다.

1972년 2월경에 이르러서야 남측은 북측의 신임장 교환을 수용했다. 그리고 김덕현과 정홍진이 각각 남북한을 비밀리에 상호 방문했다. 정홍진이 먼저 3월 28일부터 31일까지 평양을 방문했고, 이어서 4월 19일부터 21일까지 김덕현이 서울을 방문했다. 정홍진은 김일성의 동생인 김영주를 만났고, 김덕현은 이후락을 만났다.

이후락 중앙정보부장은 1972년 5월 2일 정홍진이 갔던 경로를 거쳐 평양으로 갔다. 박정희 대통령은 4월 26일 자로 '특수지역 출장에 관한 훈령'을 친필로 작성해 기본 지침으로 삼게 했다. 그 내용은 인도주의-경제문화교류-정치회담이라는 3단계 접근방식을 강조했고, '상대방의 사고방식과 실정 파악에 주력하라'라는 내용도 들어 있었다. 이후락 부장이 평양에 도착했을 때, 당시 처음으로 서울과 평양 간에 직통전화가 가설되었다. 이후락 부장은 평양에 도착하자마자 남북 직통전화를 통해 서울 부인에게 평양의 경치를 말해주었다.

이후락 부장은 김일성과의 면담 사실을 사전에 통보받지 못했다. 이후락이 김일성 당시 수상의 친동생 김영주와의 회담을 마치고 모란봉 초대소로 돌아온 것은 밤 10시 10분이었다. 잠이 들려고 했는데, 새벽 1시쯤 북한 측 관계자가 방문을 두드렸다. 옷을 입고 급히 갈 데가 있다는 전갈이었다. 이후락을 만난 김일성 수상은 1968년 1월 김신조 등의 청와대 습격 사건을 사과했다. 당시 북한의 특수부대원 31명은 휴전선을 넘고 북한산을 가로질러 자하문 초소까지 접근했으나, 김신조 1명을 제외하고 모두 사살되었다. 김일성 수상은 "청와대 사건이든가 그것은 박 대통령께 대단히 미안한 사건이었습니다. 이 사건은 우리 내부의 좌경맹동주의자들이 한 짓입니다. 그때 나는 몰랐습니다. 그래서 보위부 참모장 다 철직시켰습니다."라고 말했다.

이 부장이 자신의 파트너로 김영주를 남한으로 초청하자 김일성 수상은 "김영주가 식물신경 부조화증(자율신경실조증)에 걸려 있어서 도저히 회의 같은 사업을 못합니다. 내 동생 못지않게 신임하는 박성철 동지를 대신 보내겠습니다."라고 양해를 구했다. 그래서 박성철이 5월 29일부터 6월 1일까지 서울을 방문했다.

박성철은 5월 29일 서울을 방문하여 이후락과 만났고, 5월 31일 박정희와 두 시간 동안 면담했다. 박성철은 남북조절위원회를 구성하고, 박정희-김일성 정상회담을 개최하며, 비밀 회담을 공개 회담으로 전환할 것을 제안했다. 박정희 대통령은 이에 대해 "시험 쳐 본 적 있지요. 쉬운 문제부터 풀고 어려운 문제는 나중에 풀지 않습니까? 남북대화도 같은 방식으로 풀어 가야 합니다."라고 말하면서 정상회담 제안을 거부했다.

실제로 남북대화의 진전은 긴장 완화를 가져왔다. 이후락 중앙정보부장이 방북해서 김일성을 만났을 때, 김일성이 직접 남침 의도가 없음을 강조했다. 이후락 부장은 하비브 대사에게 1972년 5월 10일 방북 결과를 설명할 때, "북한이 진정으로 긴장 완화를 원하고 있다는 인상을 받았다."고 말했다. 이후락 부장은 김일성과 5월 4일과 5일에 걸쳐 네 시간의 면담을 했고, 이때 "김일성은 남한이 북한을 공격할 가능성을 우려했고, 반복해서 북한이 전쟁을 일으킬 의도가 없음을 박정희에게 알려 줄 것을 요청했다."고 말했다.

남북관계에서 긴장 완화의 명백한 사례도 있었다. 1972년 6월 13일 하비브 대사와 만난 자리에서 이후락은 '이후락-김영주 사이의 핫라인'이 북한에 의해 두 번 사용되었음을 설명했다. 첫 번째는 "1971년 12월 15일 DMZ의 한국군이 500회 이상 사격을 했을 때, 북한은 이에 대해 대응 사격을 할 것이라고 알려 왔다." 이후락은 이에 북한 측에 사격을 연기해 줄 것을 요청했고, 한국군이 사격한 이유가 "죽은 나무줄기에서 나오는 빛을 오인해 사격한 것"이라고 해명했다. 평양은 이러한 해명을 받아들여 보복 공격을 취소했다. 두 번째는 북한이

"경계선 북쪽에서 서성이는 서너 명의 한국군 병사들에게 경고사격을 했다."는 점을 알려주었다.[2]

남북 대화가 시작되자 한반도의 군사적 긴장은 완화되었다. 김일성이 직접 남침 의사가 없음을 강조했다. 물론 신뢰하기 어려울 수 있지만, 대화를 시작하자 실제로 북한은 도발하지 않았다. 초보적이지만 군사직통전화를 통해 군사적 신뢰 구축의 사례도 있었다. 그러나 박정희 정권은 여전히 북한의 남침 위협을 강조했다.

2. 7·4 남북공동성명의 의미

박정희 정부는 7·4 남북공동성명 발표에 소극적이었다. 그러나 북한이 적극적으로 평화 공세에 나서면서, 합의문 발표를 더 이상 미룰 수 없었다. 7·4 남북공동성명은 일반적으로 자주, 평화, 민족대단결이라는 통일 3원칙의 합의로 알려져 있지만, 다른 합의 조항도 중요한 의미가 있다.

상대방의 존재를 인정하고, 비방 중상을 금지한 것도 의미가 있다. 이때부터 북한에 대한 명칭이 북괴에서 북한으로 전환했다. '끊어진 민족적 연계의 연결'과 제반 분야의 교류도 중요한 합의. 철도와 도로 연결, 그리고 다양한 분야의 교류협력은 이후 1985년 경제회담과 1991년 남북기본합의서와 교류협력 부속합의서를 통해 구체화되었다.

7·4 남북공동성명은 남북 정부 간의 최초의 합의이며, 동시에 이후 협상이 진화 발전할 수 있는 기회를 제공했다. 물론 남북한 모두 7·4 공동성명을 국내적 정권 강화의 기회로 활용하기도 했다. 박정희는 1972년 10월 17일 비상계엄을 선포하면서, 남북대화와 국제정세의 변화를 중요한 명분으로 강조했다. 박정희 정권은 한반도 질서 변화를 비상사태의 명분으로 삼았다. 판문점에서 비밀

2 'North-South Contacts' "Telegram From the Embassy in Korea th(to?) the Department of State"(1972.6.13.) FRUS. 363~5.

접촉을 시작한 이후인 1971년 12월 비상사태를 선포했고, 7·4 공동성명 발표에 이어 박성철의 서울 방문 한 달 후인 1972년 10월 17일 계엄령을 선포했다.

박정희 정부는 세계적인 데탕트를 정권 강화의 명분으로 삼았다. 그것이 미국과 중국이 관계를 개선하면 그 자체가 위기라는 '데탕트 위기론'이다. 1971년 10월 25일 유엔에서 타이완이 빠지고 중국이 그 자리를 차지했다. 중국은 유엔 회원국 자격을 얻는 동시에 안전보장이사회 상임이사국으로의 위상을 차지했다. 그해 4월 '핑퐁 외교'로 중국에 대한 미국의 여론이 바뀌면서, 중국과의 관계 개선을 원하던 닉슨 행정부의 결단이었다.

V

1976년 미루나무 자르기
사건과 불신

　박정희 정권은 데탕트를 기회가 아니라, 위기로 인식했다. 북한이 정상회담을 제안했지만 거부했고, 7·4 공동성명의 합의와 발표도 부정적이었다. 북한을 실체로 인정하지 않았고, 다른 국가의 북한 접근도 강력하게 막았다. 당시 박정희 정권의 가장 중요한 우선순위는 국내 정치였다. 유신체제가 형성되는 과정에서 남북관계와 대외정세 변화는 중요한 명분이었다. 처음에는 북한의 남침 위협을 국내 민주주의 후퇴의 명분으로 삼았다.

　그러나 남북 대화가 시작되고, 긴장 완화가 이루어지면서, 전통적인 반공논리는 근거를 잃었다. 그래서 박정희 정부가 들고나온 것이 바로 데탕트 위기론이다. 대외 환경 변화의 정반대 상황을 유신체제의 명분으로 활용한 것이다. 대화 국면이 종료되었을 때, 남북관계는 다시 냉전의 대립관계로 돌아갔다. 통일의 가능성이 사라진 자리에 결국 유신체제라는 독재만 남았다.

　한국 전쟁 이후 최초의 만남이었던 적십자회담은 1972년 11월 4차 회담까지 갔으나, 더는 지속되지 않았다. 1973년 8월 28일 북한 측은 공식적으로 회담 중단을 선언했다. 2년 6일 동안의 첫 번째 대화 국면은 그렇게 막을 내렸다. 국제정치적 변화가 만들어 낸 만남이었지만, 적대의 현실을 뛰어넘기에는 역부족이었다.

　판문점의 분주했던 발걸음이 잦아들자, 다시 팽팽한 긴장이 몰려왔다. 1976년 8월 18일, 미국은 '나무 자르기 사건'(Tree Cutting Incident)으로 한국의 교과서에는 '8.18 도끼 만행사건'이라고 부르는 매우 아찔한 충돌이 판문점에서 발생했다.

사건의 발단은 판문점 회의장 서쪽 유엔군 관측소 사이에 서 있던 미루나무 한 그루였다. 유엔사 소속의 미군 장교 두 명이 관측소의 시야를 가릴 만큼 훌쩍 자라난 나무를 자르러 갔다가 북한 경비병들에 의해 맞아 죽는 사건이 발생했다. 전례 없는 사건이었다.

사건 직후 리처드 스틸웰(Richard G. Stilwell) 유엔사 총사령관이자 미국 육군 대장은 명령을 내렸다. '저 빌어먹을 나무를 잘라버려라' 작전명은 폴 번얀(Operation Paul Bunyun)으로 명명되었다. 폴 번얀은 미국 전설에 등장하는 거구의 나무꾼 이름이다. 유례없는 '미루나무 자르기 작전'이었다. 8월 21일 경비병 1개 소대가 앞서고 64명의 한국 특전사 대원들의 호위를 받으며 16명의 미군 전투 공병단원이 미루나무로 향했다. 사건 직후 발령되었던 '데프콘3(Defense Readiness Condition 3: 예비경계태세)'는 데프콘2(공격준비태세)까지 올라갔다. '데프콘3'조차 한국 전쟁 이후 이때가 처음이었다.

항공모함 미드웨이가 75대의 전폭기를 적재하고 일본에서 한국의 동해로 들어왔고, 오키나와 미군기지에서 전투기 40대로 구성된 2개 전투단이 한국공군기지로 이동했으며, F-111 20대와 B-52 폭격기들도 미국 본토에서, 괌 공군기지에서 한국으로 향했다. 미군은 교전상황에 대비한 구체적인 전쟁 계획인 '우발계획'을 세워 놓았고, 이 사실을 몰랐던 한국군은 '도발유도계획'을 독자적으로 준비하고 북한군의 대응을 유도하려고 했다.

전쟁 일보 직전의 아찔한 순간이었다. 다행스럽게 충돌 없이 작전은 성공했다. 미루나무를 잘라버린 것이다. 이 사건을 계기로 한반도의 유일한 중립지역인 판문점에도 38선이 그어졌다. 높이 7cm, 너비 40cm의 자그마한 시멘트가 남과 북을 갈랐다. 마음속의 38선도 더욱 굳어졌다.

제2장

70년의 대화 2:
탈냉전 시대(1980년대 이후)

김연철 인제대학교 통일학부 교수

I
탈냉전 시대의 남북 대화

세계적인 탈냉전 상황은 한반도에도 긍정적 환경으로 작용했다. 노태우 정부의 북방정책과 남북기본합의서의 채택은 탈냉전 시대의 남북관계로 전환하는 상징이었다. 물론 대북정책의 전환은 1988년 서울 올림픽의 성공적 개최를 위한 환경 조성 차원에서 이루어졌던 측면도 있다.

탈냉전 시대의 남북관계에서도 부침이 적지 않았다. 앞으로 나아가는 시기도 있지만, 뒤로 후퇴하는 시기도 있었다. 노태우 정부 당시 개선되었던 남북관계는 김영삼 정부에서는 크게 후퇴했다. 이후 김대중 정부와 노무현 정부 시기에는 정상회담을 할 만큼 진전되었으나, 이명박 박근혜 정부에서는 다시 관계가 악화되었다.

남북관계의 개선과 악화에는 다양한 변수가 작용한다. 한반도 질서에 영향을 미치는 국제정세가 환경으로 작용한다. 특히 북한과 미국의 관계가 중요하다. 1990년대 이후 북핵 문제는 한반도 정세에서 중요한 변수로 부상했다. 북한의 핵 개발 수준이 진전될수록, 북한에 대한 경제제재가 강화하면서, 남북관계의 공간을 축소하고, 교류협력의 가능성을 제한했다.

북한의 선택도 중요하다. 북한이 대화가 아니라 대결을 선택하고, 핵무기를 비롯한 국방력 강화 노선을 선택하면, 관계 개선의 기회를 살려 나가기가 어렵다. 물론 대북정책의 일관성과 남북관계 개선에 대한 의지도 중요하다. 1980년대 이후 남북관계의 흐름에서 얻을 수 있는 교훈이 적지 않다.

II
아웅산 사태에도 전두환 정부가
북한의 수해물자를 받은 이유

　　1984년 남한에서 홍수가 났을 때, 북한은 상투적인 인도적 지원을 제안했다. 전두환 정부가 그 제안을 수용한 것은 매우 이례적이었다. 1983년 북한이 미얀마의 아웅산 국립묘지에서 전두환 대통령을 폭탄 테러한 지 겨우 1년이 지났을 때였기 때문이다. 당시 전두환 대통령은 조금 늦게 도착해서 살았지만, 이범석 외교장관을 비롯한 다수의 장관급 관료가 사망했다. 당시 북한이 남한을 지원할 만큼의 형편도 아니었다. 북한은 태국에서 쌀을 수입하던 시절로, 1983년 기준으로 쌀 생산량은 남한(540만 톤)이 북한(212만 톤)보다 2.5배 많았다. 시멘트 생산량도 남한이 북한보다 2.7배 많았다.[1]

　　전두환 정부가 북한의 수해 물자 지원을 받은 이유는 남북관계를 개선하기 위해서였다. 1986년 아시안게임과 1988년 올림픽을 유치한 전두환 정부는 한반도 정세를 안정적으로 관리할 필요가 있었다. 1980년 모스크바 올림픽은 세계적 신냉전 상황에서 미국을 비롯한 서방 국가들이 불참했고, 1984년 미국에서 열린 LA 올림픽은 반대로 소련을 비롯한 사회주의권이 불참해서 반쪽으로 치러졌다. 1988년 서울 올림픽을 성공적으로 치르기 위해서는 소련과 중국 등 사회주의권 국가들이 참여해야 했고 그러기 위해서는 남북관계를 풀어야 했다. 따라서 북한의 인도적 지원 제안을 기회로 포착한 것이다.

　　남북관계에서 가장 중요한 인도적 현안은 또한 이산가족 상봉이다. 인도적

1　북한의 제안으로 성사된 적십자회담의 자세한 내용에 관해서는 통일부 『남북대화』 제36호 (1984.8~1984.11) 참조.

지원이 이루어지면서 이산가족 상봉을 할 수 있는 기회가 만들어졌다. 이미 남한 내부적으로 이산가족 상봉에 대한 열망이 폭발한 상태였다.

결국 1984년 북한의 수해물자 지원을 계기로 남북회담이 재개되었고, 분단 이후 처음으로 1985년 9월 추석을 기해 이산가족 교환 방문이 이루어졌다. 그날 그렇게 평양으로 간 서울의 방문단 스무 명, 서울로 온 평양의 방문단 열다섯 명이 꿈에 그리던 가족을 만날 수 있었다. 천만 이산가족 중 겨우 35가족이 그렇게 만났다.

전두환 정부는 또한 남북정상회담을 추진했다. 남측 창구는 당시 안기부장 제2특별보좌관이었던 박철언, 북측은 UN대사였던 한시해로, 안기부는 이 접촉 라인을 '88라인'으로 이름 짓고 이른바 88계획을 추진했다. 1985년 9월 4일 허담 당 비서가 한시해와 최봉춘 등을 데리고 판문점을 통과하여 서울을 방문했다. 이들 일행을 태운 승용차 네 대와 이들이 선물을 싣고 온 화물차 한 대가 통일로를 지나 도심을 통과했지만 아무도 알지 못했다.

이들은 쉐라톤 워커힐 호텔 빌라에 묵었다. 다음날인 9월 5일 오전 11시 전두환 대통령은 경기도 기흥에 있는 동아그룹 최원석 회장의 별장에서 허담 일행을 맞이했다. 이 별장을 청와대의 별관인 양 '영춘재'라고 소개했다. 허담은 전두환 대통령을 만나 김일성의 친서를 전달했는데, 내용은 정상회담 추진에 관한 것이었다. 이미 남북 양측은 정상회담 개최에 원칙적인 합의를 했고, 밀사 접촉을 통해 정상회담에 들어갈 의제들을 협의하는 단계였다.

북한은 한미 군사훈련 중단을 요구했고, 남북 불가침 합의가 공동선언에 포함되어야 한다고 주장했다. 전두환 대통령은 전쟁 방지의 필요성에 동감하면서 신뢰 회복, 남북교차 수교, 국제사회에서의 과도한 경쟁을 하지 말자고 제안했다.

1985년 10월 19일 부산의 해운대 옆 청사포 앞바다에 북한의 간첩선이 침투하다 발각되어 격침되는 사건이 발생했다. 적대의 현실을 확인하면서 여론은 악화되고 정부 내부의 반대도 높아졌다. 물 위의 환경 변화는 당연히 물밑 협상에도 영향을 미친다. 어선 나포가 이루어지고 간첩선이 침투하는 이중적인 상황에서도 물밑 대화는 이루어질 수 있지만, 물밑 협상이 물 위로 올라올 때는 다른 차원이 전개된다. 결국 남북정상회담 논의는 더 이상 진전할 수 없었다.

III
노태우 정부의 북방정책과
남북기본합의서

　노태우 정부의 북방정책은 1988년 7월 7일 '민족자존과 통일번영을 위한 대통령 특별선언'의 형식으로 공표되었다. 남북관계와 관련해서는 "남북 상호 교류, 이산가족 문제 해결, 남북 간 교역을 민족 내부 교역으로 간주, 민족경제의 균형적 발전"을 담았다. 그리고 "한반도의 평화를 정착시킬 여건을 조성하기 위하여 북한이 미국, 일본 등 우리 우방의 관계를 개선하는 데 협조할 용의가 있으며, 또한 우리는 소련, 중국을 비롯한 사회주의국가들과의 관계 개선을 추구한다."고 밝혔다. 노태우 대통령은 7·7 선언을 발표할 때 "이 연설을 준비하면서 남북한 동족뿐 아니라, 미국·소련·중국·일본의 지도층을 청중이라고 생각했다."라고 밝혔다.[2]

　7·7 선언은 동북아 지역 질서와 한반도 질서의 변화를 동시에 고려한 정책이다. 한반도 내부의 남북 공존과 동시에 국제 외교무대에서의 협력을 강조했다. 그리고 한반도의 탈냉전 질서, 즉 북한이 미국·일본과 관계를 개선하고 남한이 소련·중국과 관계 개선을 하자고 제안했다. 한반도 주변 4강의 교차 수교는 한국 전쟁의 전후 질서를 청산하는 것이고, 동시에 한반도가 실질적으로 탈냉전에 진입하는 입구였다. 당연히 북한에 대한 인식 전환도 이루어졌다. 노태우 정부는 북한을 경쟁과 적대의 대상이 아니라, 민족공동체의 일원으로 규정했다.

2　노태우, 『노태우 회고록』, 144쪽.

노태우 정부의 대북정책은 유리한 환경에서 출발했다. 세계적인 탈냉전이라는 국제환경 변화에 도움을 받았고, 남북대화의 채널을 전두환 정부로부터 물려받았다. 남북한은 1991년 12월 13일 서울에서 열린 제5차 남북고위급회담에서 '남북 사이의 화해와 불가침 및 교류·협력에 관한 합의서'를 채택했다. 남북고위급회담은 총리급을 대표로 하는 두 정부 간의 공식 회담이자, 사안별 회담이 아니라 '포괄적 협상'이라는 특징을 갖고 있었다.[3] 이전 시기의 회담이 한반도의 냉전 상황으로 '회담을 위한 회담'의 특성을 갖고 있었다면, 이 시기의 회담은 국제적 냉전 종식과 북한의 생존전략 추구라는 협상 환경의 변화를 반영했다. 남북대화는 남북한의 공동이익을 추구하는 호혜적 동기가 중요한 배경으로 작용했다.

남북기본합의서는 남북관계 전반을 포함하고 있다. 전문 4장 25조로 구성되어 있으며, 제1장은 남북 화해(제1조~8조), 제2장은 남북 불가침(제9조~14조), 제3장은 남북 교류·협력(제15조~23조), 그리고 제4장은 수정 및 발효(제24조~25조)로 되어 있다. 남북기본합의서는 서문에서 남북관계의 기본성격을 '통일을 지향하는 과정에서 잠정적으로 형성되는 특수 관계'로 규정했다. 남한과 북한은 각기 유엔 회원국으로 국가의 형태지만, 남북관계는 국가 간 관계가 아니라 통일을 지향하는 민족 내부 관계이다.[4] 남북경제협력의 경우 '민족 내부 거래'로 무관세 원칙을 적용하고, 수출과 수입이라는 용어 대신 반출과 반입이라는 용어를 사용하는 이유도 마찬가지다.

남북경제협력에 관한 자세한 합의는 1992년 9월 17일 발효된 '남북교류협력의 이행과 준수를 위한 부속합의서'에 보다 구체화되었다. 총 20조로 구성된 부속합의서는 경제교류 협력, 사회문화 교류협력, 인도적 문제로 구분되어 있고, 경제교류협력에서는 대금결제, 관세, 청산결제, 철도·도로 연결, 해로 및 항로의 개설, 우편과 전기통신, 국제적 협력 등 대부분의 내용이 구체적으로 포함

---

3 임동원은 남북고위급회담이 종전의 적십자회담이나 체육회담과 같은 비당국 간 사안별 회담이나 공작 차원의 접촉과는 구분되어야 한다고 강조한다. 임동원, 「남북고위급회담과 북한의 협상전략」, 『북한의 협상전략과 남북관계』, 경남대 극동문제연구소, 1997.

4 잠정적 특수관계에 대한 해석은 통일부, 『분야별 남북공동위원회 편람』(통일부, 1998) 20쪽 참조.

되어 있다.[5]

남북기본합의서는 한반도 평화에 대한 상세한 내용을 담고 있다. 서문에서 '평화통일을 성취하기 위한 공동노력을 경주할 것'을 규정하고, 남북 당사자가 주도적으로 평화체제를 만들기로 합의했다. 남북기본합의서 5조에서 "남북한은 현 정전상태를 남북한 사이의 공고한 평화 상태로 전환하기 위하여 공동으로 노력하며 이러한 평화상태가 이룩할 때까지 현 군사정전협정을 준수한다."고 합의했다. 평화체제의 당사자 문제를 남북이 처음 합의한 조항으로 의미가 있다. 이를 계기로 군사적 신뢰 구축을 포함해서 전반적인 한반도 평화체제의 형성 과정에서 남북 당사자 구조가 정착되었다.

한반도 평화체제와 관련해서는 기본합의서 전문, 제1장 남북화해의 제5조를 비롯하여 제2장 남북불가침의 제9조-14조에서 상세하게 규정하고 있다. 제9조는 "쌍방이 무력 사용을 하지 않고 침략하지 않기로 약속"하는 상호 불가침에 관한 합의이고, 제10조는 "의견대립과 분쟁 문제들을 대화와 협상을 통하여 평화적으로 해결한다."는 '분쟁의 평화적 해결원칙'이다. 기본합의서의 제11조는 "남과 북의 불가침경계선과 구역은 군사정전협정에 규정된 군사분계선과 지금까지 쌍방이 관할하여 온 구역으로 한다."고 합의했다. '쌍방이 관할하여 온 구역'이라는 표현을 이후 남한은 북한이 북방한계선을 인정한 근거로 주장했다.

휴전체제를 관리해 왔던 군사정전위원회를 대신할 평화관리기구인 "남북군사공동위원회"를 처음 약속했다는 점도 중요하다. 기본합의서 제12조는 남북군사공동위원회에서 해야 할 일들을 적고 있다. "남북군사공동위원회에서는 대규모 부대이동과 군사 연습의 통보 및 통제 문제, 비무장지대의 평화적 이용 문제, 군 인사교류 및 정보교환 문제, 대량 살상무기와 공격 능력의 제거를 비롯한 단계적 군축 실현 문제, 검증 문제 등 군사적 신뢰 조성과 군축을 실현하기 위한 문제를 협의 추진한다."는 내용이다. 군사적 신뢰 구축에 포함될 대부분의

---

5 '남북 사이의 불가침 및 교류협력에 관한 합의서'의 제3장 남북교류협력의 이행과 준수를 위한 부속 합의서(1992년 9월 17일) 통일부, 『분야별 남북공동위원회 편람』(통일부, 1998) 432~441쪽 참조.

과제를 담고 있음을 주목할 필요가 있다.

남북기본합의서 제13조는 우발적 충돌 방지를 위한 직통전화설치를 합의했다. 군사 당국자 간 직통전화 설치는 1982년 2월 1일 당시 손재식 국토통일원 장관이 북한에 제안한 20개 항의 시범 사업 중 하나였다. 당시 전두환 정부는 서울·평양 도로 연결, 이산가족 상봉, 설악산·금강산 자유 관광 개방, 공동어로 구역, 비무장지대 생태 공동연구 및 군사시설 철거 등을 북한에 제안했다.[6] 이후 1988년 11월 북한이 '포괄적 평화방안'을 제안하면서 '직통전화 설치'를 제안했고, 1990년 9월 서울에서 열린 제1차 남북 고위급 회담에서 남한이 "군사적 대결 상태 완화 방안"의 하나로 이 방안을 다시 제안했다.

남북기본합의서는 왜 이행되지 못했을까? 김영삼 정부의 대북 강경정책과 그 결과인 '공백의 5년' 때문에 남북기본합의서가 사문화되었지만, 자세히 보면 이미 노태우 정부 후반기에 남북관계의 동력이 약화되었음을 알 수 있다.

6   국토통일원, 『남북대화 28호』(1981.11~1982.2) 제3부 참조(서울: 국토통일원, 1982).

IV
김대중 정부와 노무현 정부:
두 번의 정상회담

1. 김대중 정부와 6·15 공동선언

한반도 정세에서 '평화문제'의 진전을 이루기 위해서는 남북미 3각관계의 선순환이 필요하다. 선순환을 이루는 과정에서 중요한 것은 한국의 적극적 역할이다. 김대중 정부 시기의 외교안보 정책을 평가할 때 가장 중요한 것은 남북미 삼각관계에서 한국이 주도적 역할을 발휘했다는 점이다. 1998년 6월의 한미 정상회담에서 김대중 대통령은 한국의 대북정책을 설명했고, 클린턴 대통령은 대북정책의 핸들을 한국에 넘기겠다고 약속했다.

클린턴 대통령은 1998년 11월 23일 대북정책 조정관으로 윌리엄 페리 전 국방장관을 임명했다. 민주당에서 가장 강경파였기에 공화당의 지지를 얻을 수 있는 인물이었다. 페리는 초당적 협력을 위한 적임자였다. 12월 페리는 한국을 방문해서 김대중 대통령과 임동원 외교안보 수석을 만났다. 1999년 1월에는 임동원 수석이 미국을 방문했다. 당시 김대중 정부는 북핵문제를 '한반도 냉전체제의 산물'로 보았고, 북핵 문제를 해결하기 위해서는 한반도의 냉전체제를 해체해야 한다고 주장했다. 페리는 나중에 한국 측의 구상을 처음 들었을 때 '내 생각과 너무 달라 어안이 벙벙했다.'고 털어놓았다.

한미 양국은 초기의 차이에도 불구하고, 서로 긴밀하게 협의해서 '페리 보고서'를 만들었다. 1998년부터 시작된 이른바 '페리 프로세스' 국면은 남북미 삼각관계의 선순환을 이루면서, 남북정상회담과 북미 대화의 긍정적 상호 보완

관계를 가져왔다. 미국의 적극적인 포용정책(Engagement Policy) 추진이 남북정상회담의 환경을 조성했고, 남북정상회담이 2000년 북미 대화의 활성화로 이어졌다.

남북관계의 역사는 정상회담 이전과 이후로 구분할 수 있다. 그 이전에도 남북한의 주요 합의가 적지 않았지만, 남북정상회담을 계기로 합의의 시대에서 실천의 시대로 전환했다. 남북정상회담은 김대중 대통령의 남북관계 개선에 대한 의지와 지속적인 노력으로 가능했다.

6·15 정상회담은 다양한 시각에서 평가할 수 있지만, 가장 중요한 것은 공존의 약속이다. 서로가 체제를 인정하고 공존하며, 공동번영을 위해 노력하자고 합의했다. 특히 6·15 공동선언 2항에서 양측은 남측의 '남북연합'과 북측의 '낮은 단계의 연방제'안의 공통점이 있음을 인정하고, 서로 협의해 나가기로 합의했다. 2항의 합의에 대해 보수 세력은 김대중 정부가 북한의 연방제 통일방안에 합의한 것을 비판했다. 그러나 북한이 남측의 '통일방안'에 합의한 부분도 무시할 수 없다.

통일방안 합의에서 가장 중요한 것은 양측 통일방안의 공통성이다. 남북이 합의한 핵심 내용은 통일 과정의 중요성, 즉 '과도적 과정' 혹은 '중간단계'가 필요하고, 점진적이고 단계적으로 통일을 추구하자는 약속이다. 통일을 지향하면서도 당장의 통일보다는 평화공존과 화해·협력을 통해 평화통일의 기반을 구축해 나가자는 합의이기도 하다.

남북 양측의 통일방안은 차이도 분명했다. (높은 단계의) 남북연합과 낮은 단계의 연방제는 내용적으로 접근할 수 있지만, 국제법적으로 연합과 연방은 다른 개념이다. 남측의 연합제는 '2국가 2체제 2정부'를 의미하지만, 북측의 낮은 단계라고 하더라도 연방제는 '1국가 2제도 2정부'를 의미한다. 다시 말해 연합은 주권이 구성국 각자에 있지만, 연방은 연방국가가 보유하는 것이다.

남북 양측은 6·15 공동선언 2항에서 '통일은 과정이다.'라는 점을 합의했다. 일반적으로 독일은 '통일을 말하지 않았기에 통일을 이룰 수 있었다.'고 한다. '결과로서의 통일'이 아니라, '과정으로서의 통일'을 강조하는 이유는 현재의 분단 상황에서 교류와 협력, 평화공존이 중요하기 때문이다. 그런 점에서 남한의 역대 정부가 강조해 온 '남북연합'을 '제도적 구속력'이 있는 개념 대신, '통일 과정의 역동성'을 표현하는 개념으로 재해석할 필요가 있다.

통일 과정의 제도적 수준은 2000년 6·15 공동선언 합의 이후 남북한이 발전시켜 온 분야별 협의체의 자연스러운 진전을 가정할 수 있다. 정치 분야에서는 남북 총리급 회담을 총괄회담체로 하고, 분야별 장관급 회담을 정례화, 제도화하는 것이 필요하다. 남북 국방장관 회담을 정례화하여 군사적 신뢰 구축을 비롯한 한반도 평화체제를 논의하는 중심적 대화기구로 발전시키고, 경제협력 분야에서는 '남북경제협력추진위원회'를 정례화하고 실무기능을 결합하여 상설화하는 것이 필요하다. 사회·문화 분야에서는 '사회문화공동위원회'를 가동하여 남북 사회문화교류를 제도적인 측면에서 발전시킬 필요가 있다.

김대중 정부의 마지막 1년 동안, 부시 행정부의 흔들리는 대북정책과 신 보수주의자(네오콘)들의 강경한 북한 인식에도 불구하고, 개성공단, 철도와 도로 연결, 그리고 금강산 육로 관광 등 이른바 '평화회랑'을 만들었다. 철도·도로 연결은 2000년 7월에 개최된 제1차 남북장관급회담과 8월에 열린 제2차 남북장관급회담에서 경의선 철도(서울–신의주) 및 도로(문산-개성) 연결을 합의해 본격적으로 추진되었다. 또한 2002년 8월 제7차 남북장관급회담 및 남북경제협력추진위원회 제2차 회의에서 '개성공단건설의 착공'에 합의하였다. 평화회랑은 저절로 만들어진 것이 아니다. 김대중 정부는 어려운 조건에도 좌절하지 않고 부시 행정부를 설득해서 평화로 가는 길을 만들었다.

2. 노무현 정부와 10·4 정상회담

2007년 남북정상회담에서 가장 중요한 합의는 한반도 평화정착에 관한 약속이다. 평화를 만드는 과정은 갑자기 이루어진 것이 아니다. 노무현 정부는 임기 초부터 서해에서의 우발적 충돌을 방지하고 휴전선에서의 긴장 완화 조치를 구준하게 추진했다. 그리고 정상회담에서 종전선언을 합의하고, 한반도 평화체제를 함께 만들어 가자고 약속했다.

노무현 정부에서 남북한의 군사적 충돌은 한 번도 발생하지 않았다. 초보적이지만 군사적 신뢰를 구축하기 위해 노력한 결과였다. 남북 군사대화는 2000년 남북정상회담의 성과로 그 이전에는 한 차례도 없었지만, 2000년 남북정상회담 이후부터 2007년 12월까지 44회 열렸다. 이들 회담은 국방장관회담 (2회), 장성급 군사회담(7회), 남북군사실무회담(35회) 등으로 구성되어 있으며, 2000년 남북정상회담 이후 남북군사대화는 전체 남북대화(226회)의 19.5%에 해당한다. 노무현 정부에 들어와서 군사 분야 남북대화는 총 28회 있었는데, 이 가운데 2007년에만 11회의 군사회담이 열렸고, 이는 연도별 기준으로 가장 많은 군사회담 횟수이다.

노무현 정부에서 군사 충돌이 발생하지 않은 이유는 2004년 6월 4일 제2차 남북 장성급 군사회담에서 우발적 충돌 방지를 합의했기 때문이다. 1999년과 2002년 서해에서 군사 충돌이 벌어진 이유는 오해와 오판 때문이고, 그래서 충돌을 막기 위해서는 의사소통이 필요했다. 꽃게잡이 철에 기본 장비도 갖추지 않은 북한 배가 길을 잃고 남하하면 북한 경비정이 따라 내려오고, 그러다가 충돌이 벌어졌다. 남북 함정 간 무선통신망이 운용되고 해군 당국 간 긴급연락체계를 마련한 이후, 북한은 어선을 데려가기 위해 내려온다거나, 기관 고장으로 표류한다거나, 안개 때문에 방향을 잃었다는 점을 알렸다. 왜 내려오는지를 사전에 알았기 때문에 과거처럼 긴장할 필요가 없었고, 접근 과정에서 더 이상 우발적 충돌을 할 이유가 사라졌다.

당시 남북한은 서해에서의 우발적 충돌 방지와 동시에 군사분계선에서의 비방을 중단하기로 합의했다. 2004년 6월 15일부터 남북 양측은 아주 오랫동안 대결 시대의 상징인 휴전선의 확성기 방송을 중단하기로 했다. 6월 14일 밤 양측은 고별방송을 내보냈다. 2007년 남북정상회담의 핵심은 바로 한반도 평화체제에 대한 약속이다. 휴전은 전쟁을 일시적으로 중단한다는 의미고, 종전은 전쟁이 끝났다는 뜻이다. 종전선언은 사실 매우 간단한 것으로, 종전, 즉 전쟁이 끝났음을 선언하면 된다. 그러나 선언이 미칠 '사실상의 효과'는 적지 않다.

2007년 남북 정상이 합의한 10·4 공동선언은 당시의 남북관계에서 분야별로 협력할 수 있는 내용을 상세하게 정리했다. 그중에서 서해 평화협력 지대 구상은 한반도 평화정착에서 중요한 의미를 지닌다. 서해 평화협력에서 가장 쟁점이 되었던 부분은 북방한계선(NLL) 문제였다.

북방한계선은 유엔군사령관이었던 클라크 장군(Mark W. Clark)이 1953년 8월 30일 동해 및 서해에서 우발적 무력충돌을 방지하기 위해 설정한 해상경계선이다. 이후 1953년 7월 해상 경계선에 관한 규정을 포함하지 않은 채, 정전협정이 체결되었다. 북한은 1955년 12해리 기준으로 자신들의 영해를 선포하고, 이후 간헐적으로 NLL을 침범하였고, NLL을 둘러싼 남북 갈등이 지속되었다. 1999년 남북 간의 무력충돌 사태인 연평해전이 발생하였으며, 2002년에는 서해교전이라는 불행한 사태가 발생하였다.

2007년 남북정상회담에서 합의한 서해평화협력지대 구상은 해상경계선이라는 민감한 문제를 건드리지 않고, 경제협력을 통해 서해에 평화를 정착시키자는 남쪽의 구상이다. 북한이 이 제안을 수용했다. 노무현 대통령은 서해에 평화를 만들면서, 해주특구를 개발하고 인천~해주 항로를 활성화하며, 공동어로를 통해 바다에서 호혜적 경제구조를 만들고, 한강하구를 공동으로 개발하자고 제안했다. 해주는 북한의 해군기지가 있는 곳으로, 정상회담에서 노무현 대통령이 해주특구를 제안하자, 김정일 위원장은 국방위원회 관계자를 불러 해주를 열어도 되느냐고 물었다고 한다. 군사적으로 민감한 해주를 받아들인 것은 서해의 평화 정착에 대한 북한의 의지로 해석할 수 있다.

또한 한강하구로 배가 다니면, 분단의 강 임진강이 평화의 강이 되고, 서울은 바다로 통할 수 있다. 어쩌면 한강 선착장에서 쾌속 유람선을 타고 백령도로 인당수로 장산곶으로 여행을 떠날 수 있을 것이다. 서해가 안보관광지가 아니라, 평화관광지로, 생태관광지로 진화할 수 있을 것이다.

V
이명박 정부와 박근혜 정부
시기의 남북관계

1. 이명박 정부의 대북정책과 비핵개방 3000

이명박 정부의 대북정책은 '비핵개방 3000' 구상으로 요약된다. 대통령 선거 당시의 구호를 집권 이후 대표정책으로 내세웠다. 이 구상은 북한이 핵을 폐기하면 1인당 국민소득을 3,000달러 수준으로 올려주겠다는 제안이다.

비핵개방 3000은 북핵문제의 국제적 합의 정신과도 충돌했다. 6자회담은 '병행 해결론'에 입각해 있다. 북한의 핵 폐기에 따른 상응 조치, 즉 외교관계 정상화, 에너지 경제지원, 한반도 평화체제 등이 동시 병행적으로 제공된다. 비핵개방 3000은 북한이 핵을 폐기하면 경제협력을 하겠다는 '선핵 폐기론'이다. 정부 출범 이후 핵 폐기를 단계적으로 구분하여 접근하고 있지만, 병행이 아니라 선후라는 기본인식은 변하지 않았다.

당연히 이명박 정부는 인도적 지원을 비롯한 모든 현안을 핵문제 해결에 연계했다. 모든 현안을 핵문제와 연계하면, 북한 입장에서 남북관계의 효용성이 떨어진다. 6자 회담만 진행하면 남쪽에서 받을 수 있는 실리를 챙길 수 있는데, 대남관계를 지속할 이유가 없어진다. 언제나 연계론은 기다리는 전략이고 소극적이고 수동적인 전략이다.

이명박 정부는 과거 정부의 남북합의를 부정했고, 기존의 남북협력을 계승할 생각이 없었다. 금강산 관광객의 사망으로 금강산 관광이 중단되고 이산가족 상봉도 어려워졌고, 시험 운행을 마친 경의선과 동해선 철로에는 다시 잡초가 자라나고, 개성공단은 바람 앞의 촛불처럼 흔들렸다.

2008년 7월 11일 새벽, 금강산 관광객 박왕자 씨는 해 뜨는 풍경을 보러 바닷가로 나갔다. 안타깝게도 가로등이 켜져 있는 산책로가 아니라, 철조망이 있는 어두운 쪽으로 방향을 잡았다. 하필이면 백사장 근처에 철조망이 없었다. 어두워서 보이지 않았지만 그곳은 북한군의 초소가 있는 지역이었다. 동이 트기 전이라, 초소의 북한군은 모두 졸았다. 첫 번째와 두 번째 초소 옆을 지나 세 번째 초소 근처까지 걸어갔을 때, 초병이 인기척에 놀라서 소리를 질렀다. 놀란 박왕자 씨는 발걸음을 돌려 숙소 쪽으로 뛰기 시작했고, 졸다가 깨어난 첫 번째와 두 번째 초소의 북한군은 북쪽에서 남쪽으로 뛰어오는 검은 물체를 향해 경고 사격을 했다.

북한군의 총탄에 맞아 관광객이 사망했다. 처음 있는 일이기에 국내적 충격은 컸다. 이명박 정부는 금강산 관광을 중단하고, 북한 측의 사과와 재발 방지, 그리고 신변 안전 보장 조치를 요구했다. 우여곡절을 거쳐 1년여 시간이 지난 2009년 8월 16일 현대그룹의 현정은 회장이 김정일 위원장을 만났다. 그 자리에서 김 위원장이 유감을 표시하고, 앞으로 이런 일이 일어나지 않도록 하겠다는 재발 방지 약속을 했다. 남측 정부가 주장한 사과와 재발 방지 요구를 수용했다.

2010년 2월 8일 금강산에서 열린 금강산 관광 재개를 위한 실무회담에서 남측은 현장 조사와 책임자 처벌을 비롯한 선결조건을 주장했고, 북측은 조기 재가동을 주장했다. 금강산 관광 재개를 위한 실무협상에서 더 이상 진전하기 어려웠다. 당시 회담에서 북한은 선결조건을 거부한 것이 아니라, 이미 해결(즉 김정일 위원장과 현정은 회장 면담)되었다는 입장을 고수했다.[7] 이명박 정부는 관광 재개 자체에 부정적이었기 때문에 재개조건에 관한 유연성을 발휘하지 않았고, 선행과제에 대한 강경한 협상 태도를 유지했다. 남북관계에서 금강산 관광이 차지하는 의미는 중요했다. 금강산은 이산가족 상봉 장소였고, 남쪽 예산

연합뉴스, 2010년 2월 8일

을 들여 이산가족 면회소가 들어설 예정이었다. 금강산 관광이 중단되면서 이산가족 상봉의 동력도 사라졌다. 남북 이산가족 상봉은 2000년 6·15 공동선언에서 합의한 이후 2007년까지 16차례의 대면 상봉과 7차례의 화상 상봉이 이루어졌지만, 이명박 정부에서는 두 차례의 일회적인 상봉만 이루어졌다.

2010년 서해에서 '북한의 어뢰 공격'으로 천안함이 침몰했다. 김대중 정부 시기였던 1999년과 2002년 두 번 서해에서 우발적 충돌을 겪었지만, 노무현 정부는 보복의 악순환이 아니라 서해 평화정착을 선택했고, 2007년 10·4 정상회담에서 포괄적인 서해 평화협력지대를 합의했다. 이명박 정부가 10·4 합의를 부정하면서 남북관계가 악화되자 서해는 다시 긴장의 바다, 냉전의 바다로 돌아갔다.

정부는 천안함 사건 이후 개성공단(신규투자 금지)을 제외한 모든 남북 경협을 중단했다. 제재 조치인 '5·24 조치'의 주요 내용은 ① 북한 선박의 우리 해역 운항 전면 불허 ② 남북교역 중단: 모든 교역의 반출과 반입 금지 ③ 우리 국민의 방북불허: 제3국 접촉 제한 ④ 북한에 대한 신규투자 불허 ⑤ 대북지원 사업 원칙적 보류 등이다.

5·24 조치로 일반교역과 남쪽에서 원자재를 제공하고, 북쪽에서 조립가공하는 위탁가공이 중단되었다. 교역과 위탁가공은 1988년 노태우 정부의 7·7 선언으로 시작되었다. 교역은 주로 고사리 같은 농산물과 바지락이나 명태와 같은 수산물이 많이 들어왔다. 위탁가공의 주요 업종은 의류 봉제 분야가 60~70%, 신발, 단순 가전제품 등이 그 뒤를 이었다.

남북경제협력 통계를 시작한 1989년 이후 남북관계는 가다 서다를 반복했고 정부 차원의 대화가 중단되고 때로는 군사적 충돌을 겪었지만, 한 번도 교역과 위탁가공을 중단한 적은 없었다. 그동안 위탁가공 사업이 지속된 것은 낮은 가공비용에 비해 북한의 기술력이 뒷받침되었기 때문이다. 한마디로 경제적 이익이 크기 때문에 삼성과 LG 등 대기업도 의류 봉제와 단순 전자 조립 분야의 위탁가공을 오랫동안 유지했다. 동시에 노동 집약 산업의 해외투자 환경이 악화되었기 때문에 생산기지로서의 북한의 가치는 매우 높았다. 2011년 이후 남북교역 통계를 보면, 개성공단을 중심으로 반출과 반입이 이루어지면서, 전체적인 남북교역 통계와 개성공단 반출입 통계가 일치하는 현상이 발생했다. 결국 개성공단만 남았다.

2. 박근혜 정부의 통일대박론

박근혜 정부는 이명박 정부와 마찬가지로 '과정으로서의 통일'이 아니라, '결과로서의 통일'을 강조했다. 남북관계의 현안을 어떻게 해결할 것인지에 대한 정책은 없고, 어느 날 갑자기 이뤄질 '통일'을 강조했다. 박근혜 정부가 들고 나온 '통일대박론'은 모순과 혼돈 그 자체였다.

통일대박론은 통일비용보다 통일편익이 훨씬 크다고 주장한다. 지금까지 많은 논의가 이루어진 통일비용 논의는 연구자들마다 편차가 크다. 작게는 500억 달러에서 5조 달러까지 100배 이상의 차이가 난다. 남북한의 소득격차를 계산하는 시점을 언제로 얼마로 잡느냐, 또는 소득 격차의 해소 수준을 어느 정도로 하느냐에 따라 차이가 많이 난다. 그런 점에서 어쩌면 "구체적으로 예측하기 어려운 미래의 통일에 대해 그 비용을 정확히 계산하기란 불가능"하다는 표현이 정확할 것이다.

물론 통일비용과 관련, 국내 민간기업과 외국 투자 유치로 정부의 재정지출을 최소화할 수 있다. 그런 점에서 모든 비용을 재정지출로 하고, 그것을 국민 1인당 부담액으로 계산하는 것은 바람직하지 않다. 또한 비용 중에는 반드시 소비성 지출만 있는 것은 아니다.[8] 투자성 지출은 단기적으로 비용으로 볼 수 있지만, 장기적으로 편익이 될 수 있다.

2016년 2월 10일 박근혜 정부는 개성공단의 문을 닫았다. 개성공단의 문이

---

8 동서독 사례에서 서독에서 동독으로의 이전 비용은 대체로 사회복지비에 해당하는 것으로 일종의 소비성 이전지출이 대부분이라고 할 수 있다. 김석진, "통일비용·편익 논의의 재조명" 『KDI 북한 경제리뷰』 2014년 3월호 참조.

닫히자, 입주 기업들은 뿔뿔이 흩어졌다. 일부 기업은 해외에서 대체 생산지를 찾았다. 대체로 형편이 좋은 몇몇 기업들이다. 물론 임금과 물류 측면에서 상당한 손실을 감수할 수밖에 없다. 국내 지자체를 중심으로 대체 생산지를 제공하겠다는 제안도 적지 않았지만, 성사된 사례는 거의 없다. 문제는 공간이 아니라 임금이고 국내에서 개성공단 임금 수준을 충족할 곳은 없기 때문이다.

개성공단의 124개 업체 중 섬유·봉제 기업이 73개사다. 한국은 한때 세계 2위의 의류 수출 강국이었다. 2000년대 들어 인건비가 올라가고 그나마 인력을 구할 길이 없자 해외로 나갔다. 국내의 봉제공장들은 중국으로 인도네시아로 미얀마로 떠났다. 자리를 잡은 기업들도 있다. 그러나 인건비는 계속 오르고 금방 현지 기업들에게 따라잡혔다. 돌고 돌아간 곳이 개성이다. 개성이 닫히면 더 이상 갈 곳은 없다.

개성에서 우리가 잃은 것은 북한의 숙련공이다. 국내든 해외든 봉제공장은 열악한 환경 때문에 숙련공을 키우기 어렵다. 이 세상 어디에서 15만 원의 월급으로 안정적인 숙련공을 고용할 수 있단 말인가? 개성공단의 북한 노동자 5만 4천 명은 우리 중소기업이 애써 키운 인력이다. 이미 남북 위탁가공 시절에도 확인되었지만, 북한 노동력은 교육 수준이 높고 손재주가 있고 기본적으로 성실하다.

한국의 경우 의류산업의 전후방 업종에서 핵심적인 봉제 생산기지가 없어졌다. 개성의 봉제공장만 망하는 것이 아니다. 의류산업 전체의 타격이 불가피하다. 동대문이나 남대문의 의류 패션 산업에서 가깝고 저렴한 생산지가 사라졌다. 이에 비해 중국은 국내의 임금상승에 따른 의류산업의 전환 국면을 넘길 시간을 벌었다. 의류 봉제 산업에서 한중 간의 격차는 더욱 벌어질 것이다.

VI
제재와 핵개발의
악순환을 넘어서

북한은 제재의 효율성과 관계없이 제재의 의도를 주목한다. 제재의 목적이 북한체제에 대한 붕괴라고 해석하기 때문에, 붕괴압력에 대응하기 위해 더욱 적극적으로 억지력을 강화하는 것이다. 북한은 제재를 강화하는 동안 우라늄 농축방식으로 핵물질을 지속적으로 생산하고, 중장거리 미사일에 탑재할 수 있는 탄두의 소형화 경량화도 진전시키고, 운반수단의 성능개선에도 적극적으로 나섰다. 또한 잠수함 발사 탄도미사일(SLBM)이나 이동발사 미사일 등 운반수단의 다양화를 위해서도 노력했다.

북한의 핵능력이 강화되었는데, 과연 과거의 방식인 협상으로 해결할 수 있을까, 라는 의문을 던져볼 수 있다. 강화된 핵능력만큼 협상도 그만큼 어려워진 것이 사실이다. 그러나 다른 한편으로 제재만으로 해결할 수 없다는 점도 분명하다. 현재 가장 중요한 것은 악순환 구조에서 벗어나는 것이다.

우선 북한의 핵능력 강화 속도를 늦추고 중단시키는 것이 급선무다. 그런 점에서 미국의 핵 전문가인 헤커(Siegfried S. Hecker) 박사가 제안한 북핵 문제 해결을 위한 3NO 주장을 참조할 필요가 있다. 그는 No More(북한이 핵물질과 핵탄두의 추가획득은 물론 더 이상의 핵실험과 미사일 시험발사를 중단), No Better(핵탄두의 소형화·경량화를 통한 핵무기의 고도화 중단), No Export(제3국에 대한 핵무기 확산 방지)를 해법으로 제시했다.[9]

---

9   헤커 박사의 북핵문제에 대한 진단과 해결방안의 기조에 대해서는 Siegfried S. Hecker, "North Korea's Nuclear Capabilities and Recommendations for Future Six-Party Talks. September.

북핵문제는 한반도 냉전체제의 산물이다. 당연히 냉전 종식에 대한 전략과 비전 없이 북핵문제를 해결할 수 없다. 그렇기 때문에 북핵문제 해결은 하나의 과정이기도 하다. 관계가 개선되어야 북한이 억지 필요가 해소되기 때문이다. 서로 핵을 가진 인도와 파키스탄 사례에서 보듯이 양국관계의 포괄적 개선이 훨씬 중요하다.

북한이 협상에 참여할 의지가 있는지는 의문이고, 북한의 요구도 국제사회가 수용할 수 있는 수준과 거리가 멀다. 그러나 협상은 주고받는 것이고, 북한을 6자회담 테이블로 데려올 수 있다면 얼마든지 조정할 수 있다. 협상이란 문제를 해결하는 데 목적이 있지만, 동시에 서로의 의도를 파악할 수 있는 기회다.

제재와 압박을 강조하는 사람들은 '북한의 핵 폐기'라는 결과를 강조한다. 그러나 협상은 일방적인 폭력이 아니고, 합의를 만들고 합의 이후 이행도 과정이 필요하다. 결과가 아니라 과정의 필요성을 이해하는 것이 협상의 출발이다. 상대에 대한 불신이 깊기 때문에 조심스럽게 신뢰를 만드는 일부터 시작해야 한다. '신뢰 만들기'로 '대결 국면'을 '협상 국면'으로 전환하면 과감하게 줄 것은 주고 받을 것은 받는 협상의 기본에 충실할 필요가 있다.

30. 2013. East Asia Institute. Smart Q&A. no. 2013-08 참조.

제3장

분단질서 70년: 국제 질서의 법칙성과 핵문제

진희관 인제대학교 통일학부 교수

국제 질서의 역사는 그리 길지 않다. 지난 2,500년 동안의 국제관계사에 대한 얘기가 전부라 해도 과언이 아닐 것이다. 물론 인류의 문명은 메소포타미아, 마야, 황하 문명 등 BC 3,000년경부터 존재했지만, 자세한 기록이 남아있는 역사는 BC 400년경부터이기 때문이다. 이 기록의 시작은 요즘 많이 회자되는 '투키디데스의 함정'과 관련이 있는 스파르타와 아테네 간의 전쟁을 다룬 '펠레폰네소스 전쟁사'에서부터라 할 수 있다.

2017년 그레이엄 앨리슨 교수의 하버드 대학 연구팀도 『예정된 전쟁(Destined For War)』을 발간하면서 이 같은 언급을 하고 있다. 결론적으로 말하면, 국제 질서는 초강대국과 신흥강대국의 대립의 역사라 해도 틀리지 않을 것이다.[1]

1   그레이엄 앨리슨 저, 정혜윤 옮김, 『예정된 전쟁』 (서울: 세종서적, 2017).

I
국제질서 변화는 국내총생산(GDP) 때문!

앨리슨 교수뿐 아니라 많은 국제정치학자들이 [펠레폰네소스 전쟁](BC431 ~404)과 100년 전 [제1차 세계대전](1914~1918) 그리고 지금의 '미중갈등'을 같은 유형으로 이해하고 있다. 결국 초강대국에 맞서는 신흥강대국의 갈등이 벌이는 상황을 말하는 것이다. 흥미로운 것은 대립의 원인은 다양하겠지만 결국 국내총생산인 GDP가 결정적인 원인을 제공한다고 보고 있다. 물론 마이클 베클리, 누이 몬테로이와 같은 현실주의자들은 이러한 주장을 반박하기도 한다. 즉 군사력과 또 다른 변수들을 포함하여 판단해야 하며, 따라서 중국과 인도의 발전 전망이 과장되었다는 주장을 펴고 있다.[2] 이러한 주장도 설득력을 가진다. 그러나 세계사가 말하는 초강대국과 신흥강대국의 대립에서 나타난 결과들을 볼 때 GDP 경쟁과 역전 현상들이 있었다는 점은 공통된다.

2,500년 전에도 신흥강대국인 아테네의 민주주의와 상업발달로 인한 급성장이 초강대국 스파르타를 자극할 수밖에 없었고, 100년 전에는 식민지 쟁탈전의 성격을 띠었다고 하지만 결국 '태양이 지지 않는 나라' 영국과 '신생통일국가' 독일의 GDP 역전 현상이 갈등을 키워 세계대전으로 확산된 것이라는 해석이 가능하다.

그리고 지금의 미국과 중국 역시 마찬가지이며 아직 실질 또는 명목 GDP의 역전은 이루어지지 않고 있지만, 경제학자들이 주로 활용하고 있는 구매력

---

2 Michael Beckley, *Unrivaled: Why America Will Remain the World's Soul Superpower* (Ithaca, NY: Cornell University Press, 2018), pp. 150-154를 전재성, "세계질서에 대한 국제정치이론적 고찰," 통일연구원·한국국제정치학회 공편, 『질서의 충동, 움직이는 패권』(서울: 박영사, 2022), pp. 7-8에서 재인용.

(PPP) 개념을 포함시킨 GDP는 이미 2015년에 역전된 것으로 평가하고 있다. 그리고 실질 또는 명목 GDP 역시 10년 내에 중국이 미국을 앞질러서 역전할 것으로 예상하고 있다. 학자들은 이것을 기존 초강대국이 가지게 되는 '공포심'이라고 표현하고 있다. 결국 세계의 경향(트렌드)은 초강대국의 경향을 예의주시하고 관심을 갖기 때문에 GDP 1, 2위 국가의 역전 현상은 국제질서의 중대한 변화를 수반한다고 분석하고 있다.

그림 1 ┃ 독일과 영국의 GDP, 1860~1913

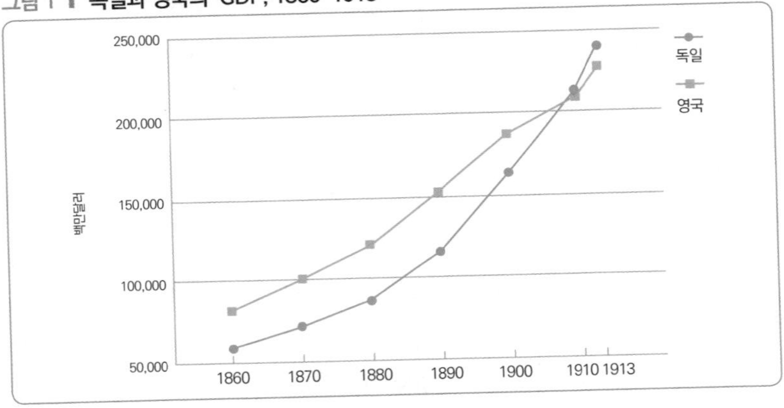

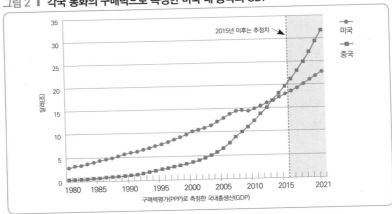

* 출처: 그레이엄 앨리슨, 『예정된 전쟁』(서울: 세종서적, 2017), p. 115.

그림 2 ┃ 각국 통화의 구매력으로 측정한 미국 대 중국의 GDP

* 출처: 위의 책, p. 39.

미국 국가정보국(DNI) 산하 국가정보위원회(NIC)가 작성한 보고서를 보더라도 국제질서에서 GDP의 중요성을 알 수 있다. 1997년부터 4년에 한 차례 대통령 당선자 또는 취임 직후에 제공되는 이 보고서는 미국의 CIA, FBI, NSA, DIA 등을 포함한 16개 정보기관의 정보를 취합한 종합보고서이다. 당선자 시절 트럼프 대통령이나 취임 직후 바이든 대통령에게 제공된 보고서에 나타난 미국의 아시아 관심 국가들은 대체로 인구가 많은 나라들이었다. 2017년 보고서에서 5년 후 미래의 지역별 변화를 분석한 내용[3]에는 동아시아 및 동남아시아 지역의 5년 후 미래를 예측하면서 언급하는 국가들이 있다. 중국과 일본, 인도에 대한 언급 다음으로 이어지는 국가는 선진국 대열에 들어서고 있는 한국 또는 대만, 싱가포르 등이 아니라 인도네시아와 베트남이다. 2022년 현재 인도네시아의 인구는 2억 8천만 명에 이르며 베트남은 약 1억 명이다. IMF를 비롯한 여러 통계들을 보면 인도네시아가 2050년에 인구 3억 5천만 명이 될 것이며 GDP도 한국을 제치고 세계 6~9위까지 올라갈 것으로 예상하고 있다. 기술 격차는 줄어들 것으로 예상되고 있고 결국 그 나라의 인구수가 GDP를 결정하는 중요한 요인이 된다는 것을 말해주고 있다.

바이든 대통령에게 2021년 3월에 제공된 보고서에서는 세계적으로 영향력 있는 국가들을 예측하면서 '국제적 지위를 강력하게 요구하는 중국'과 '기타 강대국'으로 러시아, EU, 영국, 일본, 인도 그리고 '더 큰 영향력을 추구하는 주변 국가'로는 호주, 브라질, 인도네시아, 이란, 나이지리아, 사우디아라비아, 터키(튀르키예), 아랍에미리트 연합국을 언급하고 있다.[4] 여기서도 아시아 국가는 중국, 일본, 인도, 인도네시아 순서라는 것을 알 수 있다. 미 정보당국이 미래의 트렌드를 살피면서 관심을 갖는 나라는 이런 나라들이다. 물론 미래에 달라질 수 있는 어떤 변수가 전혀 없는 것은 아닐 것이다. 4년 사이에 베트남이 관심의 영역에서 제외된 것도 주목할 필요가 있다.

---

3   미 국가정보위원회 저, 이미숙, 이영래 옮김, 『미국 대통령을 위한 NIC 미래예측보고서』 (서울: 예문, 2017), pp. 132-146. 원 제목은 Global Trends 2035 이다.

4   미 국가정보위원회 저, 곽지원, 주정자, 김주희 역, 『글로벌트렌드 2040』 (수원: 투나미스, 2021). pp. 165-170.

이런 점에서 본다면 세계인구 1, 2위를 다투는 인도의 입장도 매우 복잡할 것으로 예상할 수 있다. 최근 미국이 중국을 견제하기 위해서 인도와 협력하고 있고 '인도-태평양전략'으로의 변화를 꾀하고 있지만, 인도는 머지 않아 2050년 경에는 세계 3위의 GDP 생산국이 될 것으로 전망되고 있기 때문에 미국과 인도와의 협력관계 역시 그리 오래 가지 않을 것으로 예상할 수 있다. 2022년 초에 발생한 러시아-우크라이나 전쟁 이후 미국을 포함한 서방 진영은 대러시아 금수조치를 단행하고 있지만 러시아산 원유의 가격이 하락하자 인도는 하루평균 76만 배럴 가량을 수입하여, 전쟁 이전과 대비해서 25배 많은 원유를 러시아에서 수입한 바 있다. 이와 같이 진영 외교도 중요하지만 무엇보다 자국의 이익이 더욱 중요하며, 이것이 바로 고전적이면서 변함 없는 '외교의 철칙'이 아닌가 생각된다.

따라서 한반도의 주변 정세를 보면, 미국은 트럼프 정부시기에 이미 '태평양전략'을 '인도-태평양전략'으로 바꾸고 새로운 전략을 전개하고 있지만, 과거 태평양전략만큼 안정적으로 오래가는 체제(regime)가 될 수 있을지는 모를 일이다. 왜냐하면 냉전 시기에는 이념대립 변수가 유일하다시피 했지만 탈냉전 이후 오늘날에는 국제질서와 국가관계를 변화시킬 수 있는 변수가 너무나 다양하고 많기 때문이다.

GDP만이 아니라, 기술과 에너지 그리고 민주주의 문화와 인권 등 여러 다른 가치들이 작용할 수 있다. 내연기관이 곧 사라질 처지에 놓여있고 전기배터리 자동차 시대가 곧 다가오고 있다. 2030년까지 탄소배출량을 줄여야 하고 'RE100'이 보편화 될 조짐을 보이고 있다.

탄소중립이란?

2015년 파리협정에서 2℃ 보다 훨씬 아래(well below)로 유지하고, 나아가 1.5℃로 억제하기 위해 노력해야 한다는 목표가 설정됐다. 유엔기후변화협약(UNFCCC) 당사국 총회가 IPCC에 공식적으로 요청하여 작성된 것으로, 2100년까지 지구 평균온도 상승폭을 1.5℃ 이내로 제한하기 위해서는 전 지구적으로 2030년까지 이산화탄소 배출량을 2010년 대비 최소 45% 이상 감축하여야 하고, 2050년경에는 탄소중립(Netzero)을 달성하여야 한다는 경로를 제시했다.

RE100(Renewable Electricity 100%)

기본적으로 재생 가능한 에너지원을 통해 생산되는 전력를 말하며, 태양광·태양열·풍력·수력·지열·바이오매스·바이오가스·그린수소를 활용한 연료전지 등 친환경 발전을 통해 생산된 전력을 의미한다.

내연기관을 사용할 수 있는 화석연료(Oil, Gas)를 많이 보유한 국가들은 탄소중립을 받아들이기 쉽지 않은 일일 것이다. 유럽은 북해산 브랜트유의 고갈과 러시아 금수로 인해 인해 탄소중립이 오히려 불가피한 점이 있겠지만, 미국은 셰일가스와 셰일오일 채굴이 성공하면서 향후 100년간 사용해도 될만큼 막대한 양의 화석연료를 보유하고 있다. 이로 인해 미국과 사우디를 비롯한 중동과의 관계가 과거와 같이 긴밀하지 않고 변화하고 있다는 사실은 잘 알려져 있다. 그리고 눈여겨 볼 점은 미국의 셰일가스와 셰일오일 매장량이 862 Tcf(=1조 ft^3/세제곱피트)인데 반해 중국은 1,275 Tcf로 1.48배 많다는 점이다.[5] 아직 중국의 채굴 기술이 완성되지 않아 상업적 채굴이 미미하지만 향후 기술이 안정화될 경우 세계 에너지 패권은 또 다시 큰 변화를 겪을 수 있을 것이다..

이처럼 세계질서는 과거 진영 간 대결 구도에서 기술과 에너지 등의 복합적인 변수로 인해로 인해 재편되어가고 있다.

---

5   주영근, "중국도 셰일가스 본격 개발 '시동'," 『POSRI 보고서』, 포스코경영연구소, 2012.8.22., p. 2.

II
태평양질서에서
인도-태평양질서로 전환

그런데도 여전히 한반도가 70여 년 전 냉전체제에서 벗어나지 못하고 있다는 것은 안타까운 일이다. 가장 중요한 원인은 북한의 핵개발을 꼽기도 하지만, 이뿐만 아니라 여전히 구체제를 선호하는 국제질서의 영역이 남아있기 때문이라고 볼 있다. 그것은 바로 태평양전쟁 이후 만들어진 전후체제이자 태평양질서를 지속적으로 유지하려는 국가와 세력이 존재하기 때문이라 할 수 있다.

대다수의 우리 국민들은 우리가 살아가고 있는 태평양질서(체제)를 만들었고 여전히 국제법적 효력을 가지고 있는 '샌프란시스코강화조약'이라는 용어에 낯설어 한다. 이미 이 책 서론에서 언급한 바와 같이 전후의 태평양질서는 1951년 9월에 샌프란시스코의 오페라하우스에 48개국이 모여 패전국 일본과 체결한 조약에 의해 만들어진 체제이다. 일종의 태평양전쟁(2차세계대전)의 전후 처리를 위한 조약이라고 할 수 있으며, 아직도 유효하다. 그런데 이 조약 조문에 의해 일본에 대한 전후 처리를 했지만 여전히 해결되지 않은 문제가 남아있다. 예컨대 일본이 독도 문제를 일으키고, 중국과는 조어도(센카쿠열도), 러시아와는 북방 4개 섬 문제로 분쟁을 야기하는 이유가 바로 이 조약의 허술함에서 비롯된 것이다. 2장 a항에 따르면 일본은 한국에 대한 권리와 아울러 옛 항해지명으로 'Quelpart, Port Hamilton and Dagelet' 즉, 제주도, 거문도 그리고 울릉도에 대한 권리를 포기하게 되어 있다. 여기서 독도가 빠져있다는 것을 알 수 있다. 조어도와 북방 4개 섬도 마찬가지다. 일본은 이것을 빌미로 비열한 영토분쟁을 야기하고 있는 것이다. 이러한 일본의 태도를 보면 침략국이자 패전국으로서 가져야 할 사죄와 반성의 입장은 보이지 않고, 마치 정당한 계약자의 입장에서 강화조약의 문장에만 국한해 책임지겠다는 자세를 보이는 것이 아닌가 싶다.

Article 2 (샌프란시스코강화조약)

(a) Japan recognizing the independence of Korea, renounces all right, title and claim to Korea, including the isls of Quelpart, Port Hamilton and Dagelet.
일본은 한국의 독립을 인정하고, 제주도, 거문도 및 울릉도를 포함한 한국에 대한 모든 권리, 권원(權原) 및 청구를 포기한다.

그런데 놀랍게도 샌프란시스코강화조약은 침략영토 반환 이외에 일본이 피해 국가들에게 배상금을 지불하는 등의 어떤 처벌도 하지 않기로 했다는 점에서 일반적인 강화조약과는 다르다. 따라서 당시 참가국들의 거센 반발이 있었던 것도 이런 이유에서이다. 그럼에도 이런 논리가 통했던 것은 20여 년 전 1차세계대전 직후 체결된 '베르사이유강화조약'에서 패전국 독일의 배상금이 1,200억 마르크에 이르는 등 막대한 처벌이 가해진 것이 결국 2차세계대전의 원인 중에 하나가 되었다는 주장이 있었고, 또 그 이면에는 아시아에서 소련의 공산화 확산을 막기 위해 일본을 기지화해야 한다는 이유가 작용했다고 할 수 있다. 그래서 강화조약 체결 직후 같은 날 샌프란시스코의 다른 장소에서 최초의 '미일방위조약'이 체결되었던 것이다. 즉 이 당시 만들어진 태평양질서의 기초는 바로 미일군사동맹에 의해 만들어진 것이라고 할 수 있다.

그런데 그로부터 30년이 지난 1991년 소련이 해체되고, 동구 공산권이 무너졌다. 그리고 오늘날에도 공산화가 될 염려를 하는 국가는 드물다고 해도 지나치지 않을 것이다.

그렇다면 냉전 시기 태평양 체제에서 기초를 이루었던 미일군사동맹은 왜 아직도 필요할까!

누구나 예상할 수 있겠지만, 바로 중국을 견제하기 위한 것이라 할 수 있다. 그런데 중국을 견제하기 위한 명분을 찾아내기가 쉽지 않았다. 오늘날은 과거와 같이 이념에 따른 진영논리로 대립하는 것도 쉽지 않을 것이다.

이런 상황에서 북한이 핵을 개발하고 핵폭탄 실험과 미사일 실험을 하는 것은 소련 해체 이후 동아시아의 긴장을 유발하는 중요한 원인을 제공하고 있다. 1989년 프랑스 인공위성이 발견했다는 북한 영변의 핵시설은 역내 긴장을 유발하여 기존의 냉전 분위기를 유지할 수 있는 새로운 동력이 된 것이다. 부시 대통령(George Herbert Walker Bush, 1989~1992) 시기와 클린턴 대통령(1993~2000) 집권 초기에는 북한 핵문제로 전쟁 위기까지 갔었지만, 김일성 주석 사망 이후 1994년 10월 20일 제네바에서 핵합의가 이루어져 해결의 실마리를 찾았던 경험이 있다. 그런데 아들 부시 대통령 (George Walker Bush, 2001~2009) 시기인 2002년 10월, 제2차 핵위기가 발발했고 지금에 이르고 있는 것이다. 사후에 밝혀진 일이지만 2002년 '북한이 HEU프로그램을 인정했다'고 알려진 사건의 실상은 당시 평양을 급거 방문한 미국 제임스 켈리 국무부 동아태 담당 차관보의 추궁에 대해 강석주 제1부상이 "그보다 더한 것도 가질 수 있게 되어 있다"라고 받아친 게 근거였다고 한다. 아무튼 이로부터 3년 만에 북한은 2005년 2월 10일 '핵보유 선언'을 했고, 2006년 10월 9일에 최초의 핵실험을 전개해서 최근까지 6차례의 핵실험을 단행하게 된 것이다.

결국 북한 핵시설을 의심의 눈초리로 들여다 보게 된 지 17년 만에 핵실험을 통해 세상에 드러난 것이다. 이후 2차 핵실험은 2008년 8월 중순경 뇌졸중으로 건강에 이상이 온 김정일 위원장이 2009년 5월 25일 후계구도의 완성과 북한체제에 이상이 없다는 점을 과시하기 위해 단행한 것으로 해석할 수 있고, 3차 핵실험은 김정일 위원장 사망 3개월만인 2012년 2월 12일에 단행됐다. 이후 뜸하던 북한이 2016년과 2017년 세 차례의 핵실험을 단행한 것은 수소탄으로의 완성을 위한 단계가 아닌가 생각된다. 뿐만 아니라 이 시기에는 북한이 중거리미사일(MRBM)과 대륙간탄도탄(ICBM) 실험을 단행해 일본과 미국을 압박해나갔다.

이처럼 북한은 자신들의 스케줄에 의해 무기체계를 완성해 나갔겠지만, 이로 인해 일본과 미국의 군사안보동맹의 필요성이 더욱 증대된 것이 사실이며, 한국에는 2017년 4월, 사드(THAAD) 가 배치되어 한중관계가 악화되는 결과를 낳게 되었다.

사드(THAAD: Terminal High Altitude Area Defense)

미국이 개발한 미사일방어체계로서 적의 탄도 미사일을 높은 고도에서 요격할 수 있는 성능을 가지고 있다. 기존의 패트리어트 미사일(PAC-3)이 40Km 고도까지 담당하게 되고, 사드는 150Km 가량의 고고도 종말단계에서 적의 미사일을 요격할 수 있는 시스템이다. 다만 강력한 X-밴드 레이더를 사용하기 때문에 한국 성주에 설치한 레이더는 최대로 가동할 경우 중국 전역(4,800Km)을 살펴볼 수 있다는 점에서 중국의 반발이 거세었던 것이다.

이처럼 북한의 핵도발은 미일방위조약을 중심으로 하는 샌프란시스코체제 유지에 적지 않은 동력을 제공하고 있다. 따라서 영토분쟁을 야기하게 된 조약의 조문도 여전히 유효한 것이라는 해석이 가능한 것이다.

그래서 만약 북한 비핵화가 이루어진다면 샌프란시스코체제의 유용성은 사라지게 된다고 할 수 있다. 그리고 미일방위조약 역시 큰 의미를 가지기 어렵게 된다. 따라서 최근 미국은 기존의 태평양전략으로 중국을 포위하기 어렵다는 판단을 했을 것으로 짐작된다. 결국 인도-태평양전략을 언급하면서 2017년에 '쿼드(Quad)'를 등장시켰고 2020년에는 '오커스(AUKUS)'를 출범시켰고, 'D10'을 언급하는 등 지속적으로 중국 포위전략 체계를 갖춰나가고 있다.

쿼드(QUAD)

미국, 인도, 일본, 호주 등 4개국이 참여하고 있는 안보대화체. 2020년 8월 31일 쿼드를 공식 국제기구로 만들었고, 미국은 향후 한국, 뉴질랜드 등을 더해 '쿼드 플러스'로 확대할 의도를 내비친 바 있다.

오커스(AUKUS)

호주, 영국, 미국(Australia, United Kingdom, United States) 세 국가가 2021년 9월 15일 공식 출범한 안보대화체. 미국의 대중국 포위망이자 영국과 호주의 인도·태평양 지역에서의 역할 증대하기 위해 만든 체제이다.

D10

민주주의 10개국을 의미하며, 주요 7개국 G7에 한국, 호주, 인도를 포함하여 민주주의 문화를 확산하겠다는 취지의 대화체로서 중국을 비롯한 비민주주의 국가들을 압박하기 위한 하나의 방안이자 체제라 할 수 있다.

이러한 변화는 기존 태평양전략의 강화를 의미하기도 하지만 일본이나 북한의 위상이 달라질 수도 있기 때문에 불가피하게 나온 전략이라 할 수 있다. 중요한 것은 일본이 이러한 변화, 즉 태평양에서 일본의 위상이 'n분의 1'로 줄어드는 상황을 그대로 지켜보지는 않을 것이란 점이다. 따라서 일본 보수정당에게는 북한의 비핵화가 달갑지 않을 수 있으며, 한국과는 갈등을 증폭시키는 것이 더 효과적이라고 판단할 수도 있다. 즉 북한으로부터의 위협은 동아시아 전략을 공고히 하는 데 활용할 가치가 높다고 보는 것이다.[6] 대만 문제가 발생해서 미중 간의 군사적 위기가 고조되는 것도 일본의 군사안보적 위상이 높아진다고 생각할 수 있다. 결국 동북아시아와 인도-태평양에서 일본은 군사안보적 위치를 유지하거나 발전시키기 위해서 역내 위기가 지속되는 것이 국익에 유리하다고 판단할 수 있다는 뜻이다.

이처럼 미국은 중국의 성장을 견제하기 위해 남중국해와 대만 인근에서 군사안보적 갈등을 유발할 수도 있는 상황이며, 일본은 자국의 위상 유지와 발전을 위해 역내 군사적 긴장을 활용할 수도 있는 입장에 있다. 이에 편승해서 북한은 핵문제를 포기하지 않을 가능성이 높아지고 있다. 따라서 이런 가설의 현실화 가능성이 높을 수록 한반도 문제와 북한 비핵화는 풀기 어려운 퍼즐이 되고 만다.

6　임은정, "세계질서 재편과 일본의 동아시아 전략," 통일연구원·한국국제정치학회 공편, 『질서의 충동, 움직이는 패권』 (서울: 박영사, 2022), p. 133. 북한의 도발은 일본 내의 개헌논의를 앞당기는 데도 이바지 한 것으로 보고 있다.

III

북한 핵문제의 해법은 없을까!

북한이 비핵화 대가로 요구해 온 것은 첫째 미국의 대북(조선) 적대시 정책 철회이며, 둘째 경제제재 해제이다. 적대시 정책 철회는 북미 간 관계를 개선하고 수교에 이르는 것을 말한다. 수교가 된다면 워싱턴과 평양에 대사관이 설치되는 것을 의미하며, 미국 외에도 대부분의 국가들이 북한과 평양을 자유롭게 왕래하게 된다. 그리고 북한이 북미관계를 개선하려는 궁극적인 이유는 세계경제에 편입되려는 의도 때문이다. 미국이 반대하지 않을 경우 북한은 세계은행(World Bank), 국제통화기금(IMF), 아시아개발은행(ADB) 등의 기금과 차관을 도입할 수 있을 것이다. 물론 그러기 위해서는 북한도 재정계획과 경제 현황을 명확히 밝혀야 한다. 이렇게 된다면 북한은 70여 년 만에 최초로 고립국가에서 보통국가로 변화한다는 것을 의미한다. 지난 2021년 7월, 북한이 유엔에 지속가능개발목표(SDGs)와 관련하여 자발적국가리뷰(VNR)를 최초로 제출한 것을 볼 때, 경제 현황을 공개하는 것도 어려운 일이 아닐 것으로 예상되고 있다.

유엔 안보리 **대북제재** 주요 일지

2006.10.14 안보리, 9일 북한이 1차 핵실험을 감행한 것을 규탄하고
대북제재 이행과 제재 위원회 구성을 결정한 결의 1718호
만장일치 채택.

2009.6.12 안보리, 5월25일 북한이 2차 핵실험을 감행한 것에 대해
'가장 강력히 규탄'하고 전문가 패널 구성등 강경한 제재를
담은 결의 1874호 만장일치 채택.

2013.1.22 안보리, 지난해 12월 북한이 로켓 발사를 감행한 것에 대해
규탄하고 기관 6곳·개인 4명 추가해 대북 제재 대상을
확대·강화한 결의 2087호 만장일치 채택.

3.7 안보리, 북의 3차 핵실험 관련 '핵·탄도미사일' 개발과
관련된 것으로 의심되는 북한의 금융거래 금지를 골자로
한 결의 2094호 채택.

2016.3.2 안보리, 북한의 4차 핵실험과 장거리 로켓 발사에 대응
강력한 대북 제재 결의 2270호 만장일치 채택.

11.30 안보리, 북한의 5차 핵실험에 대응
하는 결의 2321호 만장일치 채택.

2017.6.2 안보리, 북한의 거듭된 탄도미사일 발사에 '심각한 우려'를
표명하면서 이런 실험이 북한의 핵무기 운반체계 개발에
기여하고 있다'고 비판. 기관 4곳·개인 14명 추가 제재를
담은 결의 2356호 만장일치 채택.

8.5 북한 ICBM(대륙간탄도미사일)급 미사일 시험발사에 대한
대북제재 결의 2371호 만장일치 채택. 북한 주력 수출품
석탄, 철·철광석 등 주요 광물과 수산물 수출 전면 금지,
신규 해외 노동자 송출 중단.

9.11 북한의 제6차 핵실험에 대한 대북제재 결의 2375호
만장일치 채택. 원유공급 연400만배럴로 동결·정유제품
절반에 가까운 200만 배럴로 제한 등 '유류 첫 제재'.
북한산 섬유제품 해외수출 전면 금지

12.22 북한의 ICBM급 '화성-15형' 발사에 대응한 대북제재
결의 2397호 채택. 정유제품의 공급량은 연간 200만
배럴에서 50만 배럴로 감축. 원유 공급량 현행 수준으로 알려진
연간 400만 배럴 상한선 설정. 해외파견 북한 노동자 24개월
이내 귀환 조치. 북한의 추가 도발 시 사실상 유류 제한을
강화하는 조치를 명문화

* 출처: 『연합뉴스』 2017년 12월 23일.

경제제재 해제는 주로 유엔 안전보장이사회의 1718호부터 2397호까지 10개의 결의안에 담겨 있는 제재 내용의 해제를 의미하며, 북한은 우선적으로 최근 4건의 결의안에 대한 민생문제, 민수경제와 밀접한 부분부터 해제를 희망해 왔다.

그러나 2022년 9월 8일, 제14기 7차 최고인민회의에서 했던 김정은 위원장의 시정연설 내용을 보면 "절대로 먼저 핵포기란, 비핵화란 없"다고 밝힌 바 있다.[7] 특히 "비극적인 마감을 맞은 20세기, 21세기의 수많은 력사의 사건을 잘 알고 있"다고 밝히고 있다. 이라크의 후세인(2006)과 리비아 카다피의 처형(2011) 그리고 러시아의 크림반도 점령(2014), 또한 최근 러시아-우크라이나 전쟁(2022) 등을 의미하는 것으로 볼 수 있다. 즉 핵무기를 완성하지 못했거나, 지원금을 받고 팔았던 국가들의 지도자가 참수되거나, 주변국가로부터 군사적 침략을 당해야 했던 상황을 말하는 것으로 보인다.

---

7   "조선민주주의인민공화국 최고인민회의 제14기 제7차회의에서 하신 경애하는 김정은동지 시정연설." 우리민족끼리 홈페이지 http://www.uriminzokkiri.com/index.php?ptype=crevo4&mtype=view& no=10286 (검색일: 2022년 9월 10일).

따라서 북한은 "지금 겪고 있는 곤란을 피해보고자"하는 선제적 비핵화는 없다고 주장하면서 이러한 자신들의 정책이 바뀌자면 "세상이 변해야 하고, 조선반도의 정치군사적환경이 변해야 한다"고 주장하고 있다. 그리고 핵무력정책에 대한 법령을 처음으로 채택하고 공포했다.[8]

그러나 미국의 입장도 확고하다. 북한의 선제적인 비핵화가 없다면 제재 해제는 불가능하다는 입장이다.

이렇게 북미관계는 평행선을 달리고 있어서 해결의 기미를 찾는 것이 쉽지 않다.[9] 더욱이 미국은 미중갈등으로 인한 문제만이 아니라 이란과의 핵협상 문제, 과거 우방이었던 사우디아라비아, 튀르키예 등과 관계변화 문제가 있고 더욱이 러시아~우크라이나 전쟁으로 인해 한반도와 북한 문제에 집중하기 어려운 실정이다. 내부적으로는 2022년 11월 초 중간선거에 이어 2024년 대선 준비에 들어가야 한다. 이러한 상황을 북한도 잘 알고 있을 것이고 이러한 것이 최고인민회의에서 김정은 위원장 시정연설에 반영된 것으로 볼 수 있다. 특히 북한은 한국에서 보수정당이 집권을 하게 되자 남북관계 개선 가능성이 높지 않다고 판단한 것으로 보인다.

아마도 북한은 2024년 이후 미국과 한국에 새로운 정부가 구성될 때까지 도발을 지속하면서 핵을 포기하지 않을 것으로 전망된다.

다만 입구가 있으면 출구가 있기 마련이다. 그 때를 위해 차분히 준비해나가는 것이 필요하다. 그러기 위해서는 무엇보다 국가 간 신뢰를 쌓아가는 것이 중요하다. 북한의 비핵화도 마찬가지 문제이다. 남북관계도 그러하지만 주변국과 북한의 신뢰관계가 만들어지지 않는다면 북한 비핵화는 어려운 일이다. 과거 남아프리카 공화국의 핵사찰이 이러한 사례를 잘 말해준다. 90년대 초에 2

8 "조선민주주의인민공화국 최고인민회의 법령 – 조선민주주의인민공화국 핵무력정책에 대하여." 『로동신문』 2022년 9월 9일.
9 2022년 윤석열 대통령의 8·15 경축사와 관련해 미 국무부 네드 프라이스 대변인은 '북한과 비핵화 협상 초기 단계에서 대북 제재가 해제되는지 혹은 유지되는지' 묻는 질문에 "북한이 외교나 대화에 관심이 있다는 어떠한 징후도 보여주지 않았다"며 구체적인 답변을 피했다. 다만 "우리는 대화와 외교에 준비돼 있음을 분명히 했고, 외교가 한반도의 비핵화라는 궁극적 목표 달성을 위한 최선의 방법을 제공한다고 생각한다"고 강조했다. 『한국일보』 2022년 8월 16일.

년 6개월 가량 진행된 핵사찰에서 명확히 검증되어서 핵사찰 완료를 선언한 것이 아니었다. 즉, 남아공을 신뢰하기 때문에 핵사찰 이 완료된 것으로 간주한 것이다.[10] 왜냐하면 우라늄 광산 채굴량과 핵연료인 우라늄 추출량은 반드시 비례하지 않으며, 우라늄 농축 질량과 핵무기 수량 또한 비례하지 않는다. 기술력에 따라서는 많게 또는 적게 핵무기가 만들어진다. 따라서 이 과정을 모두 검증하고 증명하는 것은 과학적으로 불가능에 가까운 일이다. 따라서 신뢰하는 관계를 만들어야 비로서 핵사찰이 종료될 수 있다고 볼 수 있다.

그럼 신뢰를 어떻게 만들 수 있는가의 문제가 발생한다. 국가 간의 신뢰는 관계개선 및 수교 그리고 경제적 의존관계 속에서 형성될 수 있다. 이 밖에도 사회문화적 교류 등을 통한 방법도 있을 것이다. 앞서 말했듯이 수교를 맺고 대사관을 설치하는 것은 신뢰관계를 형성하는 데서 가장 중요한 외교적 행위이다. 이를 통해 많은 정보를 교류할 수 있으면서 동시에 상호 효과적인 감시가 가능하기 때문이다. 경제적 의존관계는 국익 차원에서 매우 중요하다. 수 많은 다국적 기업들이 세계에 퍼져 있으며, 국제금융기관의 차관도 지원되고 있다. 북한이 이러한 구조에 편입되어 들어온다면 비교적 투명하게 경제를 운영해야 하며, 혹여라도 발생할 수 있는 관계 악화 및 중단 상황을 고려할 때 신뢰관계를 유지하려 할 가능성이 높아진다.

이와 같이 신뢰는 제도와 구조를 통해 만들어지는 것이라 할 수 있다. 대화하지 않거나 교류하지 않으면서 상대의 진정성과 신뢰를 말하는 것은 현실성이 없는 방안이라 할 수 있다.

---

10 남아공은 소련 해체 이후 보유하고 있던 핵무기 6기를 1991년 7월까지 모두 해체하였다. 그리고 1991년 7월 핵비확산방지조약(NPT)에 가입하고, 국제원자력기구(IAEA)와 안전조치협정을 체결하였으며, 1991년 11월부터 IAEA 사찰을 115회 수용하였다. 그리고 1993년 9월 드 클레르크 대통령은 핵무기 해체가 종료되었음을 선언하였다.

IV
국제질서에서 북한과
한반도의 과제

최근 동북아와 태평양 일대는 새로운 구조를 만들어가고 있다. 그 원인은 이미 30년 전 소련의 해체에서 비롯된 것이지만 사실상 북한 핵문제가 등장하면서 변화의 방해요인으로 작용해왔다. 그러나 최근 중국의 급성장은 부득이하게 태평양질서의 빠른 변화를 제촉하고 있다. 소련 공산주의 확산이라는 냉전시기의 대용품으로 북한 핵문제를 바라보고만 있을 수 없는 시점에 온 것이다. 과거에는 미일방위조약을 배경으로 하는 태평양 전략과 보조 전략들이 필요했다면, 지금은 미일 동맹관계의 구조만으로 대응하는 데 한계가 드러나고 있다. 결국 북한 핵문제와 별개로 인도-태평양전략이 전개되고 있다고 보는 것이 맞을 것이다.

다만, 북한 핵문제가 동북아에서 위기요인을 제공하는 것은 변함없는 사실이다. 따라서 개별 국가들이 이러한 위기에 대해 어떻게 판단하는지는 또 다른 문제이다. 언급했듯이 일본의 집권 자민당은 기존 샌프란시스코체제를 유지하지 못하더라도 역내의 갈등을 통해 군사안보적 위상을 유지하려 할 것으로 예상되고 있다. 미국은 북한에 관심을 가질 겨를이 없고, 한국의 보수정부도 남북관계 개선에 적극성을 띨 것으로 보기 어렵다. 국가관계만이 아니라 세계는 기술, 에너지, 민주주의 가치 등 많은 변수들에 의해 복합적으로 얽혀있다.

그럼에도 불구하고 우리는 우리의 명확한 목표와 방향을 설정해야 할 것이다. 아마도 우리가 가야할 길과 목표는 한반도의 평화와 국가 이익 그리고 민족 번영에 있을 것이라 생각된다. 남북관계가 안정되고 한반도가 평화롭다면

'코리아 디스카운트(마이너스 효과)'는 감소할 것이다. 그래야 경제가 안정되고 외국인 투자가 증가할 수 있다. 글로벌 트렌드가 예상하는 바와 같이 20~30년 후에 한국은 지금보다 경제력 순위가 떨어지는 것으로 전망되고 있다. 즉 임금 상승률과 일자리 증가율이 감소한다는 것을 의미한다. 더욱이 OECD 국가 중에 인구감소율이 최고를 기록하고 있다는 것은 세계에서 한국의 GDP 순위가 점점 뒤로 밀린다는 것을 의미한다. 인구 5천만으로도 부족한 점이 많다. 그러나 만약에 2천 5백만이라는 북한의 인구가 우리와 경제적으로 협력하는 인구가 된다면 세계의 예측과 전망은 수정될 수밖에 없을 것이다. 여기에 재외동포 730만 명은 또 하나의 중요한 민족 자산이다. 우리의 통일방안이 '민족공동체통일방안'인 이유는 민족이 정치적으로 하나가 되어야만 하는 것이 아니라 바로 문화공동체이자 경제공동체로 발전해 나가야 한다는 것을 의미하는 것이 아닐까 싶다.

지금과 같은 전 지구적 격변기에 북한에 대해 호불호(好不好)를 말하는 것은 자칫 한가해 보일 수 있다. 머지 않은 미래와 글로벌 트렌드를 눈여겨 보면서 좀 더 큰 목표와 민족 번영을 위한 계획을 그려가야 하지 않을까 생각된다.

남북교류 현황과 과제
그리고 대안

제**4**장

남북교류협력의 의미: 한반도 평화와 번영을 위한 노력

문인철 서울연구원 도시외교연구센터 연구위원

I
서론

    북한의 평창동계올림픽(2018년) 참가를 계기로 한동안 단절되었던 남북 대화의 물꼬가 터지기 시작했다. 2017년의 한반도 전쟁 위기설이 무색할 만큼 2018년은 평화 분위기가 고조되었다. 2018년 4월에는 분단 이후 세 번째 남북 정상회담이 개최되었고, 이후 2019년 이전까지 두 번의 만남이 더 이루어졌다. 2018년 첫 번째 남북정상회담에서는 김정은 국무위원장이 북한 최고지도자로 서는 처음으로 남쪽 땅을 밟기도 하였다. 2018년 세 번째 만남에서 문재인 대통령은 15만 평양 주민이 모인 '5·1능라체육관'에서 한반도의 비핵화와 평화, 통일을 연설하기도 하였다. 2018년 5월 26일, 판문점 평화의집에서 열린 두 번째 남북정상회담을 제외하고, 나머지 두 차례의 만남에서는 '판문점 선언(4.27)' 과 '평양공동선언(9·19)', '역사적인 판문점선언 이행을 위한 군사분야 합의서 (일명 9·19 군사분야합의서)'가 발표되었다. 이밖에도 사상 처음으로 남북미 정상 간 만남(2019.6.30)이 판문점에서 이루어졌다.[1]

    한반도 평화체제 구축의 최대 장애물인 북한 핵문제 해결도 속도를 내는 듯했다. 북핵 문제 해결을 위해 북미 정상이 두 차례(1차 싱가포르, 2차 하노이) 만남을 가졌다. 그 과정에서 남북한 정상도 한반도의 완전한 비핵화에 합의했다. 그러나 현재 남북대화는 중단되었고, 북미 핵협상은 교착상태에 빠져 있다. 북한은 새로운 길로 '정면돌파전'을 제시했다. 김정은 위원장은 미국의 제재 해제를 더 이상 기대하지 말고 자력갱생과 중단 없는 전략무기 개발로 지금의 상

---

1   트럼프(Donald Trump) 대통령은 현직 미국 대통령으로는 최초로 북한 땅을 밟았다.

황을 정면돌파해야 한다고 주문했다. 그러한 가운데 코로나19 바이러스 팬데 믹이 발생했고, 설상가상으로 최악의 자연재해를 겪었다. 대북제재, 코로나19 사태, 자연재해 등 소위 3중고 상황에서 북한은 '타협 없이 자력갱생으로 버티 기' 혹은 '북한판 전략적 인내'로 새로운 장기전을 대비하고 있다.

녹록지 않은 남북관계 및 국제환경에도 불구하고 문재인 대통령은 '행동 하 는 평화'를 위해 한국이 더욱 운신의 폭을 넓혀 나가겠다고 언급했다. 대북제재 로 인해 그동안 우리 정부는 북한과의 합의에도 불구하고 남북교류협력 사업 을 과감히 추진하지 못했다. 잘 알려져 있듯이, 인도주의 영역은 대북제재 예외 사항이다. 그러한 이유로 2020년 초 발생한 코로나19 사태를 계기로 우리 정부 는 북한과의 인도협력을 모색했다. 그러나 북한은 이를 거부했고, 오히려 우리 정부를 비난하였으며, 급기야 남북관계 개선의 상징이자 성과였던 개성공동연 락사무소를 폭파했다. 역사에는 가정이 없다고 하지만 금강산 관광이 중단되지 않았더라면, 또 개성공단이 폐쇄되지 않았더라면, 그리고 인도협력을 좀 더 과감 히 추진했다면 남북관계가 지금과 같이 완전히 중단되지는 않았을 것이다.

어떤 이들은 햇볕정책이 총체적인 실패라 하고, 또 다른 이들은 햇볕정책만 한 대북정책은 없다고 말한다. 어떤 것이 옳은 주장인지는 보는 관점에 따라 달 라질 수 있다. 그러나 남북관계의 지난 70여 년의 경험은 싸우더라도 최소한의 교류와 협력이 이루어져야 한다는 것이고, 그것이 평화의 작은 씨앗이 될 수 있 다는 것이다. 1950년에 이미 경험한 바 있듯이 전쟁보다는 갈등이 낫고, 갈등하 면서도 대화는 이루어져야 한다.

평화가 경제이고 경제가 평화라는 의미는 바로 이러한 맥락에서 이해할 수 있다. 즉, 경제는 갈등하면서도 대화와 협력이 이루어질 수 있게 만든다. 지속적 인 대화와 협력은 갈등을 해결하기 위한 평화적 방법을 모색하게 만든다. 갈등 을 해결하기 위한 평화적 접근은 서로의 이해를 바탕으로 한다는 점에서 편견 과 불신을 감소시키고, 그것이 반복될수록 상호 신뢰를 증진시킨다.

사전적으로 경제는 "인간의 생활에 필요한 재화나 용역을 생산, 분배, 소비하는 모든 활동 또는 그것을 통하여 이루어지는 사회적 관계"로[2] 정의된다. 여기서 핵심은 행위자 간 접촉 활동에 의한 '사회적 관계 형성'이다. 즉, 목적이 어떻든 경제활동에 참여하는 모든 행위 주체는 유기적인 사회적 관계에 기반을 둔 상호작용을 한다. 물론 그 과정에서 행위 주체들은 갈등하기도 하며 협력하기도 한다. 그러나 중요한 것은 지속적 상호작용과 그로 인한 복합적인 상호의존이고, 그것이 두 행위자 사이를 극단적 갈등으로 확대시키지 않는다는 것이다. 오히려 지속적인 경제적 상호작용과 상호의존은 경제뿐만 아니라 정치, 사회적 협력 관계를 강화시킨다. 갈등하면서도 대화와 접촉은 이루어져야 하며, 이는 평화의 가능성을 높인다. 두 차례의 세계대전 중심지였던 유럽은 이에 관한 대표적 사례이다. 유럽은 갈등하면서도 대화와 협력을 지속했다. 석탄 및 철강은 단순한 에너지 및 경제 자원이 아닌 국가 전략 물자로, 특히 전쟁을 경험한 유럽에서는 주요한 갈등의 원인이었다. 유럽은 갈등하면서도 석탄 및 철강의 공동시장 형성에 합의해 '유럽석탄철강공동체(European Coal and Steel Community)'를 만들었다. 유럽석탄철강공동체는 유럽 국가들을 정치적, 경제적으로 통합시킨 '유럽연합(European Union)'으로 발전하였다.

이에 본 저자는 남북한이 갈등 상황에 있고, 또 관계가 경색되어 있어도 대화와 교류, 협력이 필요하다고 본다. 대화와 교류, 협력은 궁극적으로 남북관계 개선과 한반도 평화, 나아가 번영에 도움이 될 것이다. 그러한 이유로 제8장에서는 남북교류협력이 갖는 의미를 논의하고, 그동안 그것이 어떻게 진행되었는지를 살펴보고자 한다.

---

2 표준국어대사전(https://ko.dict.naver.com/#/entry/koko/280c028fe781435192ffb506b26 cf423)

II
한반도 분단체제 이해하기

　남북한 교류협력이 관계 개선 및 한반도 평화와 통일에 주는 의미를 알기 위해서는 기본적으로 한반도 분단체제를 이해해야 한다. 1945년 분단 이래로 남한과 북한은 갈등을 지속해 왔다. 특히 1950년 6월에는 민족상잔의 비극인 전쟁을 치르기도 하였다. 이처럼 한반도는 불안정한 상태를 지속해 왔는데, 역설적으로 갈등 구조라는 안정적인 모습을 보이고 있다. 일반적으로 '체제'는 유기적으로 구성된 조직이나 양식 또는 상태를 의미한다. 그렇기 때문에 분단된 한반도체제는 남북한 사회체제나 국가체제가 유기적으로 연결되어 있고, 이는 상호 영향을 미치며 다시 전체적인 질서를 구성한다. 한반도 분단체제는 남북관계를 '하나의 유기체'로 보며, 이러한 유기체는 '일정한 정치 원리'와 '질서'를 가지고 있다.

　이러한 관점에서 볼 때 냉전기의 남북관계는 오히려 탈냉전기보다 더 안정적인 모습을 보인다. 여기서 남북관계의 안정적 모습은 갈등의 지속이라는 연속성과 예측성을 의미하며, 결코 긍정적 의미가 아니다. 이와 같이 남북한 분단의 지속은 하나의 갈등체제로서 오히려 한반도가 어떠한 분쟁지역보다 효과적으로 관리되게 만들었다.

　갈퉁(Johan Galtung)에 따르면 평화는 '단순히 전쟁이 없는 상태'와 '구조적이고 물리적이며 문화적인 폭력이 사라진 상태'로 이해할 수 있다. 갈퉁은 전자를 '소극적 평화'로 후자를 '적극적 평화'로 정의하였다. 이러한 구분에 따르면, 한반도는 소극적 평화 상태에 있다. 휴전 이후 남북 간에는 무수히 많은 군사적 긴장과 충돌이 있었지만, 전쟁이 재개되지는 않았기 때문이다. 한반도는 전쟁 가능성이 존재하는 불안정한 상태 속에서 오히려 높은 군사적 긴장으로 인해 전쟁이 억제되고 있는 안정적 모습을 보이고 있다. 그러나 적극적 평화 개념에 따르면 한반도의 평화는 반쪽짜리 상태이다. 남한과 북한의 전쟁 가능성이 완전히 사라지지 않았으며, 각자의 내부에는 갈등과 폭력이 존재하기 때문이다.

적극적 평화 개념에 따라 한반도가 평화롭다고 말하려면 남북한 간에, 또 각자의 차원에서 문화적이며, 구조적이며, 물리적인 '폭력'과 상호 '전쟁 가능성'이 완전히 제거되어야 한다. 그런데 세계 어느 나라도 적극적 평화 상태를 이룬 곳은 없다. 이는 인류 역사 전체를 살펴보아도 마찬가지이다. 그러한 점에서 적극적 평화는 이상적 또는 관념적이라고 폄하되기도 한다. 사실 평화는 개인에서부터 국가, 나아가 국제사회에 이르기까지 모두 같은 모습, 같은 상태일 수 없다. 평화는 행위 주체와 환경에 따라 모두 다르게 이해되기 때문이다. 그럼에도 불구하고 대부분의 사람들은 평화를 '좋은 것' 또는 '정의로운 것'으로 생각한다. '좋은 평화'와 '정의로운 평화'가 무엇이건 간에 모두가 화목하고 조화롭게 살 수 있는 상태가 평화라면 사람들은 이를 반대하지 않을 것이다.

이밖에도 한반도 분단체제는 모순적인 모습도 존재한다. 남한과 북한은 국제사회에서 각각 하나의 국가로 인정받고 있다. 1991년 9월 18일 남한과 북한은 독자적인 발언권을 가진 회원국으로 유엔에 가입했다. 그러나 동시에 남한과 북한은 1991년 12월에 체결한 '남북기본합의서'에서 서로의 관계를 국가관계가 아니라고 합의했다. 주지하듯이 남북한은 원래 하나의 민족이기 때문이다.

남북기본합의서(1991)

7·4남북공동성명에서 천명된 '조국통일 3대 원칙'을 재확인하고, 정치·군사적 대결상태를 해소하여 민족적 화해를 이룩하며, 무력에 의한 침략과 충돌을 막고 긴장 완화와 평화를 보장하며, 다각적인 교류와 협력을 실현하여 민족공동의 이익과 번영을 도모하며, 쌍방 사이의 관계가 나라와 나라 사이의 관계가 아닌 통일을 지향하는 과정에서 잠정적으로 형성되는 특수관계라는 점을 인정

그러한 이유로 '남북기본합의서'에는 '민족'이 여러 차례 등장한다. 남북기본합의서에 따르면 남한과 북한은 서로 '통일'을 지향하는 특수관계를 인정한다. 여기서 주목할 점은 이러한 남북한 특수관계가 한반도 분단체제의 작동 원리가 되고 있다는 것이다. 남한과 북한은 분단 이래 서로가 한반도의 유일한 합법적인 국가라 주장해 왔다. 남한과 북한은 각자의 방식대로 통일을 주장했고, 이는 다시 정권의 존립 근거로 활용되었다. '대한민국 헌법' 제3조는 대한민국의 영토를 한반도와 그 부속도서로 규정하고 있고, 제4조는 자유민주적 기본질서에 입각한 평화적 통일 정책을 추진한다고 밝히고 있다. 헌법에 따르면 대한민국 영토에는 북한 지역이 포함된다. 결국 헌법은 북한을 합법적 국가 또는 정부가 아닌 불법 단체로 보는 근거가 된다. 그리고 헌법은 남한을 한반도의 유일한 합법적인 주체로 규정한다. 즉, 대한민국 헌법은 한반도 통일의 정통성을 남한에 둔다.

이는 북한도 마찬가지이다. 2021년 1월, 제8차 당대회에서 개정된 '조선로동당 규약'에 따르면, "조선로동당은 온 사회의 김일성-김정일주의화를 당의 최고강령으로 한다." 또한, "조선로동당의 당면목적은 공화국북반부에서 부강하고 문명한 사회주의사회를 건설하며 전국적 범위에서 사회의 자주적이며 민주주의적인 발전을 실현하는데 있다." 그리고 "최종목적은 인민의 리상이 완전히 실현된 공산주의사회를 건설하는데 있다." 제8차 당대회에서 개정된 '당 규약'은 "전국적 범위에서 민족해방민주주의혁명의 과업을 수행"을 삭제했다. 대신 북한은 이를 "전국적 범위에서 사회의 자주적이며 민주주의적인 발전을 실현"하는 것으로 대체했다. 이를 두고, 일각에서는 북한이 '남조선혁명론', 즉 '통일'을 폐기했다고 주장하기도 했다. 그러나 한편에서는 '전국적 범위에서 사회의 자주적이며 민주주의적인 발전'이 '민족해방민주주의혁명'을 달리 표현한 것으로 평가하기도 한다. 북한이 말하는 '전국적 범위'나 '온 사회'는 '남한사회'를 포함하는 것이며, '사회의 자주적'이라는 표현은 남한이 미제국주의에서 벗어난 민족해방혁명을 의미한다는 것이다. 또한, 북한이 말하는 '민주주의적인 발전'은 남한에서 인민민주주의 혁명을 통한 사회주의 건설을 의미한다는 것이다.

상반된 두 주장 모두 일견 타당하다. 하지만 이 정도로는 북한이 통일을 폐기했다거나 폐기하지 않았다고 주장하기엔 무리가 있다. 특히, 북한의 통일 폐기론을 주장하기 위해서는 좀 더 다양하며 실증적인 분석이 필요하다. 그러나 중요한 점은 상반된 두 주장의 중심에는 여전히 '통일' 문제가 존재한다는 것이다. 남북관계가 일반 국가와 달리 특수관계인 이유이다.

이처럼 남한과 북한은 각자가 통일의 주체이자 정통성이 있다고 주장하며 자신만의 방식으로 통일 한반도를 추구한다. 평화도 남과 북은 각자의 방식대로 상(像)을 그린다. 결국 어느 한 측이 이를 받아들이거나 아니면 굴복시키거나 그것도 아니면 서로가 합의해 이전과 전혀 다른 새로운 형태가 되지 않으면 통일을 이룰 수 없다. 가장 바람직한 통일은 각자가 이전에 고수하던 것과 전혀 다른 체제의 한반도가 되는 것이다. 그러나 전혀 다른 새로운 체제는 개인의 정치·경제·사회적 인권 및 자유를 전제로 건전한 자본주의 시장질서와 민주주의가 보장된 상태여야 한다.

북한의 입장에서 유리한 것은 자신이 원하는 방식을 남한이 받아들이거나 이에 굴복되어야 한다. 방금 언급한 통일 한반도의 새로운 체제는 현 북한이 원하지 않는 형태이다. 그럼에도 불구하고 북한이 이를 받아들인다는 것은 사실상의 현존 체제를 부정하는 것으로 자신에게 절대로 불리하다. 북한에게 유리한 통일 한반도가 되려면, 자신의 현존 체제가 유지되는 가운데 남한의 군사력과 경제력, 외교력을 그대로 흡수하되 개인의 정치·경제·사회적 인권 및 자유가 정권에 의해 효과적으로 통제되어야 한다.

반면 앞서 제시한 새로운 체제의 통일 한반도는 남한에게 유리하다. 결국 한반도의 통일 문제는 각 정부에게 있어 국가 생존 문제와 같은 것으로 이해된다. 이러한 이유로 남한과 북한은 75년 동안 갈등 했고, 서로에게 굴복당하지 않기 위해, 또 서로를 굴복시키기 위해 내적으로는 힘을 키우고 외적으로는 세력을 형성하기 위해 노력했다. 여전히 외적으로 남한과 북한은 한미동맹과 북중동맹을 유지하고 있고, 내적으로 북한은 핵개발을, 남한은 막대한 군비 지출을 하고 있다.

한반도 분단체제는 단순히 남북 간의 문제로만 그치지 않는다. 냉전기부터 탈냉전기인 현재에 이르기까지 소위, 남북미 '남방삼각관계'와 북중러 '북방삼각관계'라는 두 진영 간 견제(갈등)와 균형이 한반도를 중심으로 존재하기 때문이다. 한국, 중국, 일본, 러시아가 긴밀한 협력 관계를 맺고 있음에도 불구하고 여전히 한반도는 미국과 중국을 중심으로 힘의 균형을 이루고 있다. 게다가 동북아는 냉전기부터 이어져온 군사력과 경제력에 기반을 둔 '힘의 구조'와 아직 청산되지 못한 '역사적 관념 구조'가 동시에 작동하고 있다. 이처럼 한반도 분단체제는 동북아 국제질서와 남북한 관계 구조가 상호 영향을 주고받으며 작동하고 있다. 이는 한반도의 평화와 통일이 남북한의 의지와 노력만으로는 달성하기 어렵다는 것을 말해준다.

정리하면, 한반도 분단체제에 관한 이해는 복잡한 남북관계에 관한 설명력을 높인다. 그리고 이를 통한 남북관계 이해는 남북교류협력이 갖는 의미와 필요성, 중요성을 강조한다. 남북교류협력은 일반적인 국제관계 속 국가 간 교류협력에 그치지 않는다. 남북교류협력은 같은 민족이지만 서로 다른 체제, 서로 다른 형태로 존재하는 두 국가 행위자가 서로 다른 한반도 평화와 통일의 인식 간극을 줄이는 평화적 수단이자 과정이 된다. 또한 남북교류협력은 이 과정에서 서로에 관한 이해와 이익을 증진시킨다. 평화와 통일에 관한 인식 간극을 줄이고 서로의 이해를 증진시키는 것은 남북 갈등을 억제시키고 협력의 지속가능성을 높인다. 물론 이는 편견을 감소시키고 상호 신뢰를 증진시킨다. 따라서 남북교류협력은 또 다른 형식의 대화와 화해의 과정이며, 이는 궁극적으로 한반도 평화·통일 구조 건설에 기여한다.[3]

---

3   참고로, '남북교류협력에 관한 법률(남북교류협력법)' 제1조를 보면 이 법의 목적이 나온다. 법에 비추어 볼 때 남북교류협력은 한반도 평화와 통일을 목적으로 하고 있다.

III

남북교류협력의 이론적 토대:
(신)기능주의 이론

　　비정치적 영역의 남북교류협력이 군사적 갈등을 억제하고 정치적 협력으로 이어져 한반도 평화와 통일에 기여할 것이라는 주장은 기능주의(Functionalism) 이론에 기반을 두고 있다. 비정치적 영역의 교류협력으로 정치적 통합을 이룬 유럽연합은 기능주의 이론을 증명한 대표적 사례이다. 그리고 같은 맥락에서 교류협력의 필요성과 타당성을 증명한 분단국 사례로는 독일이 있다. 이러한 이유로 과거 정권에서부터 현재에 이르기까지 기능주의 이론은 남북관계 개선 및 평화·통일을 위한 신뢰구축 방법(론)으로 많은 관심을 받아왔다. 노태우 정권 당시 체결된 '남북사이의 화해와 불가침 및 교류 협력에 관한 합의서(남북한기본합의서)'는 기능주의 이론에 토대를 두고 있다. 또한 김대중·노무현 정권의 '햇볕정책'은 기능주의 이론이 적용된 대표적인 대북·통일정책이다. 이명박 정부의 '비핵·개방·3000'이나 박근혜 정부의 '한반도신뢰프로세스'도 기능주의적 대북정책이라고 할 수 있다.

　　기능주의 이론은 반복된 국가 간 비정치적 영역의 협력이 점차 정치적 영역으로 확산되어 마침내 통합으로 이어진다고 주장한다. 기능주의 이론은 미트라니(David Mitrany)에 의해 발전되었다. 그에 따르면 기능적인 비정치 분야의 협력은 서서히 정치적 통합으로 이어져 국제사회의 평화를 가져온다. 다시 말해, 국가 간 정치·외교·군사적 문제는 첨예한 이해관계로 인해 협력이 매우 어렵다. 반면, 경제나 사회·문화적 영역은 정치·외교·군사적 문제보다 유연성이 높아 협력이 상대적으로 용이하다. 여기서 경제·사회·문화적 영역은 사실상 평화와 통합의 실질적 당사자인 국민과 직접적으로 연관된다. 어떠한 정치체제의 정권도 국민의 지지 없이 유지될 수 없다는 점에서 경제·사회·문화적 교류협력은 정치적 영역과 밀접한 관계를 맺게 된다. 따라서 비정치적인 영역의 교류협력은 점차 정치적 영역으로 확산되어 갈등보다는 안정적 관계 구조를 형성하는 데 기여한다. 갈등이 억제된 또는 제거된 두 국가 간 안정적 관계 구조는 통합을 촉진한다.

기능주의 이론의 핵심은 비정치적 영역의 협력과 그로부터 이어지는 통합과 평화의 확산효과(Spill-over Effects)이다. 또한 기능주의 이론의 핵심은 통합과 평화의 과정이 단계적이고 점진적으로 이루어지며, 그 과정에서 행위 주체 간 상호의존성, 지속가능성, 안정성을 형성한다는 데 있다. 이러한 미트라니의 기능주의 이론 또는 '기능주의 통합이론'은 2차 세계대전 이후 창설된 다양한 국제기구의 이론적 근거가 되었다.

그런데 유럽연합 사례를 보면 통합과 평화의 전제로 반드시 비정치적 영역의 협력을 필요로 하지는 않는다. 하지만 비정치적 영역의 협력은 통합과 평화에 분명 기여한다. 초기 기능주의자들은 비정치적인 기능주의 영역을 경제, 통신, 과학, 기술과 같은 분야 정도로 생각했다. 그런데 문제는 국가 간 관계에서 경제나 기술적 영역이 명확하게 정치와 분리될 수 있는가 하는 점이다. 오히려 국가관계에서 경제나 기술 영역의 협력은 정치에 의해 활성화되거나 제약되기 때문이다. 즉 현실적으로 국가관계에서 정치는 상수이다. 그러한 점에서 기능주의는 많은 비판을 받았다.

이에 관한 주요 내용을 정리하면 다음과 같다. 첫째, 현실적으로 비정치적 영역의 협력만으로는 정치적 협력이 이루어지기 어렵다. 그러한 점에서 둘째, 국가 간 통합과정에 정치 지도자 등 정치적 행위자들의 영향력은 매우 중요하다. 셋째, 비정치적 영역의 협력이라도 국가관계에는 정치적인 기본 이익을 전제로 한다.[4] 넷째, 이질적 문화를 가진 두 국가 간에는 아무리 비정치적 영역의 협력이 있더라도 정치적 협력으로 확산돼 통합에 이르기에는 한계가 존재한다.[5]

---

4 정치적인 기본 이익을 저해하지 않는 선에서 협력이 이루어진다.
5 프랑스가 유럽 통합 과정에서 민족국가와 민족주의의 중요성을 강조했던 점은 이러한 이질적 문화 간 통합의 한계성 문제를 잘 나타낸다.

이러한 한계를 극복하고자 하스(E. Haas)는 기능주의를 수정하여 '신기능주의(Neofunctionalism)'를 주장하였다. 기능주의와 마찬가지로 신기능주의도 국가 간 교류협력을 통한 정치적 통합의 파급효과를 강조하고 있다. 다만, 신기능주의는 비정치적 영역의 협력이 무조건 정치적 협력으로 이어진다고 보지 않는다. 앞서 기능주의 한계로 지적된 것과 같이 신기능주의는 통합에 관한 국가 간 협력의 파급효과에서 정치적 문제가 중요한 기능을 한다고 본다. 그 때문에 신기능주의는 비정치적 영역의 협력이 정치적 영역으로 확산되기 위해서는 매개적 역할이 필요하다고 보았다. 신기능주의자들에 따르면, 정치엘리트 간 합의와 지도력이 국가 간 통합의 매개체가 된다. 정치적 역할의 중요성과 필요성을 강조한 신기능주의 이론은 비정치적 영역을 하위정치(Low Politics)로 보았고, 정치·외교·군사 영역을 상위정치(High Politics) 영역으로 보았다. 신기능주의자들은 상위정치 영역인 정치통합을 하위정치 영역인 경제통합의 부수효과로 보았다. 여기서 경제통합은 정치적·경제적 상호의존성을 전제로 한다. 따라서 신기능주의자들은 경제적 이익 추구를 위한 교류협력이 정치적 통합으로 확대된다고 보았다.

그동안 역대 정부의 기능주의적 대북정책은 기능주의와 신기능주의가 결합된 형태였다. 앞서 논의했듯이 한반도 분단체제 속 남북관계는 사실상 모든 영역이 정치적 문제와 연관되어 있기 때문이다. 남한과 북한은 정치, 경제, 사회, 문화적 우위성을 두고 치열한 체제경쟁을 해왔다.[6] 그러나 신기능주의가 주장하듯이 국가 간 통합 또는 평화는 한순간에 이루어지지 않으며 매개체가 필요하다. 경제를 비롯한 사회·문화적 교류협력이 정치적 영역의 협력을 촉진시키고 마침내 통합으로 이어지기 위해서는 수많은 단계와 점진적 과정을 거쳐야 한다. 그리고 동시에 정치적 협력을 통해 지속가능한 경제, 사회, 문화적 교류협력도 보장되어야 한다. 그것이 곧 신뢰를 구축하는 과정이며 평화·통일의 과정이다.

---

6 최근 논란이 되었던 순수한 차원의 인도적 지원은 국내적으로 또 남북한 간에 정치적 문제로 인식되어 그 의미가 축소되고 왜곡되었다.

그동안 남북한에는 많은 정치적 합의가 체결되었다. 그럼에도 불구하고 비정치적 영역의 교류협력은 제한적이었다. 다시 말해 비정치적 영역의 협력이 정치적 영역의 협력으로 확산되기에는 남북한 교류협력이 턱없이 부족하다. 그리고 그나마 존재했던 남북교류협력도 지속되지 못하고 재개와 단절을 반복하고 있다. 게다가 아직 남북교류협력에는 중앙정부 및 지자체, 시민사회 등 다양한 행위주체가 자유롭게 참여하지 못하고 있다.[7] 이는 반대로 다양한 행위 주체가 참여하는 남북교류협력의 필요성과 중요성을 부각시킨다.

한반도 분단체제 특성 상 남북한 간에는 비정치적 영역과 정치적 영역의 교류와 협력이 동시에 추진되어야 한다. 남북교류협력이 한반도 평화와 통일을 지향한다면 단기적인 관점보다 장기적인 접근이 필요하다. 무엇보다 지속가능한 남북교류협력이 되기 위해서는 단계적이고 점진적이며 안정적으로 이루어질 수 있는 대내외적인 지지와 보장이 수반되어야 한다.

---

7   기능주의 이론은 교류협력의 주체를 국가로 한정하지 않는다. 기능주의 이론은 다양한 행위 주체들을 통합 과정에 포함시킨다.

IV
남북교류협력의 의미

남북교류협력에는 경제를 비롯한 사회·문화 전 영역이 해당된다.[8] 2018년 북한의 평창올림픽 참가는 남북교류협력이 한반도 평화와 통일을 촉진시킬 수 있는 가능성을 잘 보여준 스포츠 교류협력 사례였다. 사실 오랜 분단으로 인해 남북한 간에 존재하는 사회·문화적 이질성은 정치적 문제만큼이나 심각하다. 남과 북이 통일을 지향한다면 사회·문화적 문제는 정치·군사·외교적 문제보다 그 중요성이 결코 낮지 않다. 그렇게 볼 때 남북교류협력은 단순히 정치적 협력을 위한 촉매제 또는 유화적 수단에 그치지 않는다. 오히려 남북교류협력은 한반도 평화와 통일을 위한 매우 중요한 수단 중 하나이다. 따라서 중앙정부 뿐만 아니라 지자체, 민간 등 전 사회가 남북교류협력에 적극 참여해야 한다.

그동안 정치적 민감성이 상대적으로 낮다는 점에서 남북교류협력은 정치적 협력의 보조적 수단으로 간주되어 왔다. 때문에 남북교류협력은 그 자체로 동력을 확보하지 못하고 언제나 정치적 문제에 종속되었다. 평창올림픽은 남북교류협력이 정치적 협력으로 이어진 대표적 촉매 사례로 인식된다. 그러나 이미 그에 앞서 우리 정부는 다양한 방식으로 북한에 대화를 제의했었다. 또한 북한은 고조된 한반도 긴장을 해결하기 위해 평창올림픽을 적절히 활용했다. 결과적으로 평창올림픽 사례도 남북한 정치적 문제에 종속되었음을 알 수 있다. 하지만 기능주의에 관한 비판과 같이 비정치 영역의 교류협력과 정치적 협력은 명확

---

[8] 교류와 협력은 정치, 외교, 군사적 영역에서도 이루어진다. 그러나 본 장에서 의미하는 교류협력은 비정치적인 영역으로 한정된다. 실제로 그동안 남북교류협력은 정치, 외교, 군사적 영역을 제외한 비정치 영역의 교류협력을 의미했다.

히 분리되기 어렵다. 남북교류협력이 정치적 협력의 보조적 수단이 되는 건 큰 문제가 되지 않는다. 비록 정치적 수단으로 활용된다 하더라도 남북교류협력의 핵심은 소통과 교류를 통한 상호 신뢰구축에 있기 때문이다. 남북한 상호 신뢰구축은 통일(또는 통합)과 평화를 위한 단계적이고 점진적이며 안정적인 관계 형성을 위한 토대가 된다.

남북한 간 사회·문화적 이질성은 매우 심각한 상황이다. 정치가 사회·문화와 밀접히 연관되어 있다는 점에서 이러한 이질성은 남북관계 개선 및 한반도 평화·통일을 저해한다. 2020년 8월 발표된 KBS의 '국민 통일의식 조사'와 같은 해 10월 발표된 서울대학교 통일평화연구원의 '통일의식조사'는 남북한 이질성을 잘 나타낸다. 우선 KBS의 '국민 통일의식 조사'에 따르면 응답자의 69.4%가 통일에 관심이 있다고 답했다. 반면, 통일에 관심이 없다고 답한 응답률은 30.6%였다. 통일에 관한 긍정적 인식이 부정적 인식보다 두 배 가량 높지만, 이전 조사와 비교해 감소 추세에 있다. 2018년에는 75.9%가, 2019년에는 73.0%가 통일에 관심이 있다고 응답하였다. 통일의 필요성에 대해서도 59.6%가 긍정적으로 응답한 반면, 40.5%가 부정적으로 응답하였다. 특히, 부정적 응답 중 24.3%가 '상당기간 현 공존상태를 유지해야 한다'고 응답했고, 나머지 16.2%가 '통일되지 않는 편이 낫다'고 답했다.[9]

이와 마찬가지로 서울대학교 통일평화연구원의 '2020 통일의식조사'에 따르면, 응답자의 52.8%가 '통일이 필요하다'고 응답한 반면, 24.7%가 '통일이 필요하지 않다'고 답했다. 이 조사에 따르면 통일에 관한 부정적 인식은 전년대비 4.2%p 증가한 것이다. 특히 통일에 관한 세대별 부정적 인식은 20대가 35.3%, 30대가 30.8%, 40대가 19.3%, 50대가 18.8%로 젊은 층에서 더 높게 나타났다.[10] 또한 서울대학교 통일평화연구원의 '2020 북한 사회변동과 주민의식조사'에 따르면 우리 국민인 북한이탈주민의 80.7%는 '통일이 매우 필요하다'고

---

9   "국민 넷 중 셋 '北에 반감'...통일에 도움되는 국가 '없다' 59%", KBS NEWS, 2020.08.16.
10   "국민 4명 중 1명 '통일 필요 없어'...文정부 출범 이후 가장 높아", 매일경제, 2020.10.14.

응답했다.[11]

두 기관의 설문조사 결과를 보면 절반 이상의 남북한 주민 모두 통일의 필요성을 공감하고 있다. 그러나 남한 주민과 북한 주민의 통일 필요성에 관한 인식 격차는 매우 크다. KBS의 조사에 따르면 우리 국민은 통일 위한 선결과제로 '북핵 문제 해결(43.8%)'과 '군사적 신뢰 구축(42.1%)'을 가장 많이 지적했다. 다음 과제로는 '경제 교류협력(29.6%)'과 '문화·인적 교류(25.3%)'가 필요하다고 응답했다.[12] 이러한 결과는 지금까지 논의한 남북교류협력의 필요성을 잘 나타내는 지점이다.

이질성은 남북한 의사소통 및 상호작용에 큰 제약이 된다. 이질성은 연구자에 따라 비유사성, 다양성 등으로 표현된다. 하지만 이질성의 핵심은 유사성과 반대된다는 점에 있다. 사실 외부의 이질성은 내부의 결집 효과를 가져온다는 점에서 긍정적 측면과 부정적 측면이 동시에 존재한다. 그동안 남한과 북한은 서로에 대한 이질성을 활용해 체제 결집을 이루어왔다. 그러나 동시에 이질성은 남북한 상호 배타성을 한층 더 커지게 만들었다. 유사성이 커지면 커질수록 상대에 대한 긍정적 태도와 믿음을 갖게 된다. 그렇게 본다면 남북교류협력은 단순히 상호 이익을 창출하거나 막연한 한반도 평화·통일의 기여 작업이 아니다. 남북교류협력은 남북한 사회·문화적 유사성 증진 사업이라 볼 수 있다.

베버(Max Weber)에 따르면 문화는 사회변동과 밀접한 연계성을 가진다. 문화는 행위자에 내면화되어 특정한 사회적 행위양식을 만들어 내기 때문이다. 베버는 문화를 의미의 생산 및 소통과 관련이 있다고 보았다. 비슷한 맥락에서 뒤르켐(Emile Durkheim)은 문화를 신념 및 인간의 실천으로 간주했다. 그는 문화를 단순한 외적 구조가 아닌 자율적 과정으로 보았고, 가치와 관념을 통해 개인들이 효과적으로 동기화되는 공유된 의미 체계로 규정하였다. 그는 개인들이 문화적인 집합구조를 통해 경험과 관념, 신념을 공유하게 되고 이는 효과적인 의사소통을 가능케 만든다고 보았다. 하지만 그는 이러한 사회적 연대가 외

---

11 "북한 주민 10명 중 8명 '통일 매우 필요하다'", 매일경제, 2020.10.28.
12 "국민 넷 중 셋 '北에 반감'…통일에 도움되는 국가 '없다' 59%", KBS NEWS, 2020.08.16.

부로부터 단순히 부과되는 것이 아닌 상호주관적 행위를 매개로 하여 이루어진 다고 보았다. 베버와 뒤르켐에 따르면 남북한 교류협력과 이를 통한 문화적 유사성 증대는 한반도 평화와 통일을 위한 사회적 행위양식을 만들어 낼 수 있다. 또한 남북교류협력은 남북한 간 공유된 문화적 의미체계를 형성하여 사회적 연대를 이룩할 수 있다. 따라서 지금 이대로 남북이 분단된 채 영원히 살 것이 아니라면 정치·군사·외교적 문제 못지않게 교류협력 사업이 중요하다.

남북교류협력은 통일과 평화의 실질적 당사자인 남북한 주민의 결속 또는 통합에 필요한 가치와 의미를 인식하게 만든다. 그리고 남북교류협력은 그 과정에서 남북한 주민의 실질적인 의사소통행위의 창구가 된다. 남북교류협력의 참여자들은 자신의 경험과 믿음을 집합적으로 공유하게 되고 이는 다시 각자가 속한 사회와 연결된다. 분단 속에서 각자의 방식으로 고착화된 복잡한 사회성이 교류협력과 소통을 통해 한반도 통일과 평화라는 중요한 사회적 가치체계를 생산한다.

국가와 사회를 구성하는 개인은 외부의 경제적, 물질적 힘에 의해서만 오로지 수동적이고 기계적으로만 반응하지 않는다. 개인의 신념은 인간 행위에 동기를 부여한다. 이러한 인간 행위는 사회변동에 필요한 의미를 발생시키는데, 그 핵심은 문화적 영역이다. 따라서 남북교류협력은 한반도 평화와 통일을 추동하는 사회·문화적 영역과 관련된 중요한 의미가 내포되어 있다.

V
남북교류협력의 역사와 현황

1. 남북교류협력의 역사

　　분단 이후 남북교류협력은 1960년대까지 거의 이루어지지 않았다. 그러나 사실 한국전쟁 이후부터 남북한 간에는 다양한 교류협력 시도들이 있었다. 1954년 4월 27일 제네바 회담에서 북한은 남한에게 사회문화적 차원의 교류를 제안했다. 또한 1960년 8월 8·15해방 15주년 경축대회에서 김일성 주석은 "남북조선 문화사절의 왕래와 과학, 문화, 예술, 체육 등 모든 분야에서 문화교류를 하자"고 남한에 제의했었다. 이에 1962년 7월 28일 북한 올림픽위원회는 남한 올림픽위원회에 1964년 동경올림픽 단일팀 구성을 협의하기 위해 체육회담 개최를 제안하였고, 1963년 1월 최초로 스위스 로잔에서 남북 체육회담이 개최되었다. 이로부터 13차에 걸쳐 남북 체육회담이 개최되었지만 아쉽게도 어떠한 합의도 도출되지 못했다.

　　1970년대에 들어서면서 남북교류협력이 제한적으로 이루어지기 시작했다. 1970년 8·15 광복절 경축사에서 박정희 대통령은 북한에 대화를 제의하였다. 1971년 8월 김일성 주석은 평양에서 개최된 시아누크 환영대회에서 남한의 제안을 받아들였다. 이에 1971년 8월 12일 대한적십자사가 이산가족 상봉을 위한 남북적십자회담을 제안했고, 북한이 이를 받아들여 본격적으로 남북대화가 진행되었다. 비록 남북적십자회담은 아무런 성과도 없이 끝났지만, 이를 계기로 남한과 북한은 '남북조절위원회'를 운영하기로 합의하였다. 그리고 마침내 1972년 7월 4일에 '7·4 남북공동성명'이 발표되었다. 공동성명에서 남과 북은 다방면적인 교류협력을 실시하기로 합의하였다. 그러나 남북한 간에는 실질적인 교류가 이루어지지 않았다. 이러한 가운데 남북조절위원회를 통한 남북 경제인 및 물자 교류 제의(1973년)가 이루어졌다. 또한 남북조절위원회 전체회의가 서울과 평양에서 총 세 차례 개최되었다. 하지만 아무런 성과도 얻지 못했고 더 이상 남북조절위원회는 운영되지 않았다.

1980년 1월 북한은 남북총리회담을 남한에 제안했고, 남한이 이를 받아들여 2월 6일부터 8월 20일까지 총 10차례의 실무접촉이 이루어졌다. 이번에도 아무 성과 없이 대화가 끝이 났다. 하지만 남북대화를 북한이 먼저 제안했다는 점에서 또 남북관계 개선의 가능성을 발견했다는 점에서 큰 의미가 있었다. 이후 북한은 다시 한 번 1984년 LA 올림픽과 개최 예정인 아시아 및 세계선수권대회 참가를 위한 단일팀 구성을 제안하였고, 남한이 이를 받아들여 총 세 차례의 남북회담이 이루어졌다. 이러한 가운데 1983년 10월 9일 북한은 미얀마의 수도 양곤의 아웅산 묘소를 방문한 한국 외교사절단에 폭탄테러를 단행했다. 이로 인해 남한의 외교사절단 중 17명이 사망하였고 13명이 크게 다쳤다. 북한의 테러에 대해 국제사회는 일제히 비판했고, 급기야 미얀마 정부는 단교를 선언하였다. 당시 북한은 경제적으로 심각한 위기를 겪고 있었다. 특히 사회주의권의 심각한 불황은 대북 원조가 줄어들게 만들었고, 이는 북한의 경제 위기를 가속화했다. 그러한 가운데 남한의 경제성장과 1986년 아시안게임 및 1988년 서울올림픽 개최로 인한 국제사회의 위상 강화는 북한의 대남 상대적 박탈감을 고조시켰다. 절대로 정당화될 수 없지만 북한의 아웅산 묘소 테러는 이러한 위기 상황을 반영한 것이었다.

북한은 대남 우위를 나타내기 위해 노력했고, 1984년 남한의 대규모 수해는 이를 위한 하나의 기회가 되었다. 북한은 남한에 수해지원을 제안했고, 남한은 이를 받아들였다. 여러 해석이 존재하지만 일반적으로는 남한이 북한의 수해지원을 거부하면 이를 통해 남북대화의 주도권을 확보하려는 북한의 정치적 술책이었다는 것으로 의견이 모아진다. 왜냐하면 북한은 남한에 대규모 원조를 추진할 수 있는 상황이 아니었기 때문이다. 결과적으로 북한은 남한의 승낙으로 인해 수해지원을 진행하였는데, 그 과정에서 북한의 낙후된 실태가 낱낱이 드러나게 되었다. 오히려 북한은 본인 스스로 남한의 대북 우위를 드러나게 만들었다. 당시 북한은 구식 어선까지 동원하여 물자 운반을 했고, 보내온 식량과 물자는 질이 매우 낮아 남한주민의 호응을 얻지 못했다. 북한의 진짜 의도가 무엇이었는지는 알 수 없으나 어쨌든 이를 계기로 남북대화가 재개되었고, 나아가 교류협력의 기틀이 마련되기 시작했다.

1984년 11월부터 1985년 11월까지 남북경제회담이 진행되었고, 1985년 9월 20일에는 '남북이산가족 고향방문 및 예술 공연단' 행사가 개최되었다.[13] 그리고 1985년 10월에는 남북체육회담이 개최되었으며, 1990년 9월부터 1991년 12월까지 총 다섯 차례의 남북고위급 회담이 진행되었다. 1991년 12월 13일 서울에서 개최된 제5차 남북고위급 회담에서 남한과 북한은 '남북한 화해 및 불가침, 교류협력' 등에 관한 '남북기본합의서'를 체결하였다. 남북기본합의서는 총 4장 25조로 구성되어 있고, 이중 제3장은 남북교류협력에 관한 내용으로 채워져 있다.

그 내용을 살펴보면 다음과 같다. 첫째, 남과 북은 자원의 공동개발, 물자교류, 합작투자 등 경제교류와 협력을 실시한다(15조). 둘째, 남과 북은 과학, 기술, 교육, 문학, 예술, 보건, 체육, 환경과 신문, 라디오, 텔레비전 및 출판물을 비롯한 출판, 보도 등 여러 분야에서 교류와 협력을 실시한다(16조). 셋째, 남과 북은 민족구성원들의 자유로운 왕래와 접촉을 실현한다(17조). 넷째, 남과 북은 흩어진 가족, 친척들의 자유로운 서신거래와 왕래와 상봉 및 방문을 실시하고 자유의사에 의한 재결합을 실현하며, 기타 인도적으로 해결할 문제에 대한 대책을 강구한다(제18조). 다섯째, 남과 북은 끊어진 철도와 도로를 연결하고 해로, 항로를 개설한다(제19조). 여섯째, 남과 북은 우편과 전기통신교류에 필요한 시설을 설치, 연결하며 우편, 전기통신 교류의 비밀을 보장한다(제20조). 일곱째, 남과 북은 국제무대에서 경제와 문화 등 여러 분야에서 서로 협력하며

13 공연 기획 단계부터 체제경쟁 양상이 나타나면서 역설적으로 남북한 심리적 이질감과 갈등이 증폭되었다.

대외에 공동으로 진출한다(제21조). 여덟째, 남과 북은 경제와 문화 등 각 분야의 교류와 협력을 실현하기 위한 합의의 이행을 위하여 이 합의서 발효 후 3개월 안에 남북 경제교류·협력공동위원회를 비롯한 부문별 공동위원회들을 구성·운영한다. 아홉째, 남과 북은 이 합의서 발효 후 1개월 안에 본회담 테두리 안에서 남북교류·협력분과위원회를 구성하여 남북교류협력에 관한 합의의 이행과 준수를 위한 구체적 대책을 협의한다.

1992년 9월에는 판문점 공동경비구역 내에 '남북연락사무소'가 설치되었고, 같은 해 11월에는 경제인사 방북 및 위탁가공교역 기술자 방북 허용 등 '제1차 남북경협 활성화 조치'가 발표되었다. 1995년 6월부터 10월에는 남한의 대북 식량지원(15만 톤)이 실시되었고, 1998년 4월에는 위탁가공교역을 위한 생산설비 반출제한 폐지, 협력사업 투자규모 제한 폐지 등을 골자로 한 '제2차 남북경협 활성화 조치'가 발표되었다. 1998년 11월 18일에는 금강산 관광이 시작되었고, 1999년 6월에는 사상 처음으로 대북 비료지원이 이루어졌다. 그리고 마침내 2000년 6월 13일부터 15일까지 분단 이후 처음으로 평양에서 남북 정상회담이 개최되었다. 2000년 9월 1일 개최된 제2차 남북장관급회담에서는 임진강 수해방지사업 공동 추진이 합의되었고, 같은 해 10월부터 2001년 3월까지는 쌀 30만 톤과 옥수수 20만 톤의 대북 식량차관이 처음으로 실시되었다. 2002년 9월 18일에는 경의선과 동해선 철도·도로 연결 착공식이 거행되었다. 2003년 6월 30일에는 개성공단 착공식이 진행되었고, 같은 해 8월 20일에는 '투자보장', '이중과세방지', '상사분쟁 해결 절차', '청산경재' 등 남북 4대 경협 합의서가 발효되었다. 또한 8월 28일에 개최된 제3차 남북경제협력추진위원회에서는 '남북 사이에 거래되는 물품의 원산지 확인절차에 관한 합의서'가 체결되었다.

착공식 이후 만 1년 만인 2004년 6월 30일에는 개성공단 시범단지가 준공되었고, 같은 해 10월 31일에는 경의선·동해선 도로공사가 완료되었다. 2005년 6월 13일에는 수송장비 운행 및 선박 운행과 관련된 기존 고시를 통합한 '남북한 간 수송장비 운행승인신청 및 승인기준에 관한 고시'가 제정되었고, 이어서

8월 1일에는 '남북해운합의서' 및 '남북해운합의서의 이행과 준수를 위한 부속합의서'가 발표되었다. 또한 같은 해 8월 11일에는 남북 해사당국 간 유선통신망이 연결되었고, 8월 18일에는 제1차 남북농업협력위원회가 개최되었다. 2006년 6월 6일에는 제12차 남북경제협력추진위원회가 개최되어 '남북 경공업 및 지하지원개발 협력에 관한 합의서'가 채택되었고, 2007년 5월 17일에는 남북 열차 시범운행이 실시되었다. 이러한 과정을 거쳐 2007년 10월 2일부터 4일까지 역사상 두 번째의 남북정상회담이 평양에서 개최되었다.

남북교류협력이 활발히 진행되는 가운데 북핵 문제는 점점 더 심각해지고 있었다. 게다가 김대중·노무현 정부 시기 크고 작은 군사적 충돌도 발생하였다. 이러한 가운데 등장한 이명박 정부는 대북·통일정책으로 '비핵·개방·3000'을 제시했고, 경제교류와 북핵 문제를 연결시켰다. 남북관계가 급격하게 경색되기 시작했고, 급기야 2008년 7월에는 금강산 관광이 중단되었다. 북한은 남북육로통행 제한 조치를 실시했고, 2009년 5월 25일에는 제2차 핵실험을 실시하였다. 2010년 3월 26일에는 천안함 사건이 발생했다. 이명박 정부는 이를 북한의 소행으로 규정하여 2010년 5월 24일에 개성공단과 금강산 관광을 제외한 방북 불허, 남북교역 중단, 대북 신규 투자 금지, 북한 선박의 우리 해역 운항 불허, 인도적 지원까지 차단하는 모든 대북 지원사업의 원칙적 보류 등의 대북 제재조치(5·24조치)를 발표하였다.

5·24조치에도 불구하고 2010년 10월부터 11월까지 북한 수해지역에 대한 인도적 지원이 이루어졌다. 그러나 2010년 11월 23일 한국전쟁 이후 처음으로 북한이 남측 지역에 직접적인 공격을 감행한 연평도 포격사건이 발생했고, 남한의 대북 수해지원은 전면 중단되었다. 2011년 4월 8일 북한은 현대아산의 금강산 관광사업 독점권을 일방적으로 취소하는 발표를 하였다. 2013년 2월 12일 북한은 제3차 핵실험을 감행했고, 새롭게 등장한 박근혜 정부는 4월 9일 개성공단 가동을 잠정적으로 중단시켰다. 이후 같은 해 9월 16일 개성공단이 재가동되었다. 그러나 2016년 1월 6일 북한은 국제사회와 우리 정부의 우려에도 불구하고 제4차 핵실험을 감행했고, 이어서 2월 7일에는 장거리미사일을 발사했

다. 이에 박근혜 정부는 2016년 2월 10일 공단에서 발생한 수익이 북한 핵개발에 이용된다는 이유로 개성공단을 전면 중단시켰다.

남북관계가 급속도로 경색되었고, 북한은 4차 실험 이후 불과 8개월 만인 9월 9일에 제5차 핵실험을 단행하였다. 국제사회와 우리 정부의 추가적인 대북 제재 조치가 이루어졌고 남북관계는 더욱더 악화되어 갔다. 더불어 북미관계도 더욱더 악화되었는데, 2017년은 한반도 전쟁설이 돌기도 하였다.

2017년 박근혜 대통령의 탄핵으로 문재인 정부가 새롭게 들어섰다. 문재인 정부는 한반도 신경제지도 구상을 발표하며 남북경제협력을 비롯한 교류협력 을 적극 추진하고자 하였다. 한동안 경색국면을 지속하다 2018년 북한의 평창 올림픽 참가를 계기로 남북대화가 재개되었다. 남북정상회담이 세 차례 개최되 었고, '4·27 판문점 선언', '9·19 평양공동선언', '9·19 군사분야 합의서'가 채택 되었다. 그러나 국제사회의 대북제재는 남북한 사회문화 분야의 교류협력을 제 외하고 어떠한 경제협력도 진행되지 못하게 만들었다. 게다가 사회문화교류협 력도 미국 등 국제사회의 승인을 전제로 한 것이고, 이마저도 대북제재에 해당 되는 물품이 동반될 경우 교류협력이 불허되었다. 이는 남한의 대북 인도적 지 원 사업에도 해당되었다. 남북 합의에도 불구하고 실질적인 경제협력은 이루어 지지 않았고, 북한의 대남 불만은 점차 커지기 시작했다. 2019년 남한은 대북제 재 예외 사항인 인도적 지원 사업을 추진하고자 했으나 북한은 이를 거부했다. 2020년 6월 고조된 북한의 대남 불만은 개성남북공동연락사무소 폭파로 이어 졌다. 현재 남북 대화는 완전히 중단된 상황이다.

2. 남북교류협력 현황

1989년부터 2020년 12월까지 남한과 북한을 왕래한 총 인원은 147만 9,858명이다. 이중 9,163명이 북한에서 남한을 방문했다. 2020년 12월을 기준 으로 2003년부터 남북한 차량 왕래는 총 189만 4,047회(경의선 171만 5,285

회, 동해선 17만 8,762회)이다. 마찬가지로 1994년부터 남북한 선박 왕래는 총 4만 9,777회이고, 2000년부터 항공기 왕래는 856회이다. 남북한 철도차량 왕래는 2001년부터 총 451회 이루어졌다.

북한 관광을 시행했던 기간은 총 11년으로 1998년 11월 18일부터 2008년 11월 29일까지이다. 이 기간 금강산 지역의 누적 관광객 수는 193만 4,662명이고 개성 지역 누적 관광객 수는 11만 2,033명이다. 평양 관광은 2003년 1,019명, 2005년 1,280명으로 총 2,299명이다.

2018년 7월 기준 남한과 북한의 총 교역액은 248억 달러로 교역 건수는 80만 9,316건이다. 이 중 1991년부터 2018년 7월까지 남북 경제협력 사업 수는 483건이다. 대북지원은 1995년부터 시작되었고, 2018년까지 총 2조 3,911억 원이 투입되었다. 이중 대북 무상지원은 1조 5,183억 원, 식량차관은 8,728억 원이 이루어졌다.

표 1 ∥ **정부의 대북지원 현황**   단위: 억 원

| 구분 | 정부차원 | | | | | |
| | 무상지원 | | | | 식량 차관 | 계 |
	당국 차원	민간단체 기금지원	국제기구 등을 통한 지원	계		
'95	1,854	–	–	1,854	–	1,854
'96	–	–	24	24	–	24
'97	–	–	240	240	–	240
'98	–	–	154	154	–	154
'99	339	–	–	339	–	339
'00	944	34	–	977	1,057	2,034
'01	684	63	229	976	–	976
'02	832	65	243	1,140	1,510	2,650
'03	811	81	205	1,097	1,510	2,607

구분	정부차원					
	무상지원				식량차관	계
	당국차원	민간단체 기금지원	국제기구 등을 통한 지원	계		
'04	949	102	262	1,314	1,359	2,673
'05	1,221	120	19	1,360	1,787	3,147
'06	2,000	133	139	2,273	–	2,273
'07	1,432	216	335	1,983	1,505	3,488
'08	–	241	197	438	–	438
'09	–	77	217	294	–	294
'10	183	21	–	204	–	204
'11	–	–	65	65	–	65
'12	–	–	23	23	–	23
'13	–	–	133	133	–	133
'14	–	–	141	141	–	141
'15	–	23	117	140	–	140
'16	–	1	1	2	–	2
'17	–	–	–	–	–	–
'18	12	–	–	12	–	12
'19	–		106	106	–	106
'20		7	118	125	–	125
합계	11,258	1,188	2,969	15,415	8,728	24,142

*자료: 통일부

당국 차원에서 이산가족 상봉을 신청한 사람은 1988년부터 2021년 11월 30일까지 총 13만 3,596명이다. 생사확인, 서신교환, 방남 및 방북, 화상 등의 형태로 총 8만 4,751명이 이산가족 상봉을 했다.

표 2 ▎ 당국차원의 이산가족상봉 현황(2021년 12월 20일 기준)

유형 연도	당국차원									
	생사확인		서신교환		방남상봉		방북상봉		화상상봉	
	건	명	건	명	건	명	건	명	건	명
'85	65	157			30	81	35	76		
'00	792	5,276	39	39	201	1,720	202	674		
'01	744	4,937	623	623	100	899	100	343		
'02	261	1,635	9	9			398	1,724		
'03	963	7,091	8	8			598	2,691		
'04	681	5,007					400	1,926		
'05	962	6,957					397	1,811	199	1,323
'06	1,069	8,314					594	2,683	80	553
'07	1,196	9,121					388	1,741	278	1,872
'08										
'09	302	2,399					195	888		
'10	302	2,176					191	886		
'11										
'12										
'13	316	2,342								
'14							170	813		
'15	317	2155					186	972		
'16										
'17										
'18	292	1996					170	833		
'19										
'20										
'21.11										
합계	8,262	59,563	679	679	331	2,700	4,024	18,061	557	3,748

*자료: 통일부

2019년 기준 남북회담은 총 667회 개최되었다. 이 중 정치 분야는 261회, 군사 분야는 53회, 경제 분야는 135회, 인도 분야는 156회, 사회문화 분야는 62회 개최되었다. 2012년과 2016년, 2017년에는 모든 분야에서 남북회담이 열리지 않았다.

표 3 ‖ 남북회담 분야별 개최 현황(2020년과 2021년 12월 20일 기준)

	정치	군사	경제	인도	사회문화
'71~01	197	6	11	122	34
'02	4	9	14	3	2
'03	5	6	17	7	1
'04	2	5	13	2	1
'05	10	3	11	4	6
'06	5	4	8	3	3
'07	13	11	21	4	6
'08	–	2	3	–	1
'09	–	–	4	2	–
'10	–	1	3	4	–
'11	–	1	–	–	–
'12	–	–	–	–	–
'13	1	–	22	1	–
'14	14	1	3	1	1
'15	3	–	1	1	–
'16	–	–	–	–	–
'17	–	–	–	–	–
'18	19	4	4	2	7
'19	–	–	–	–	–
'20	–	–	–	–	–
'21.11	–	–	–	–	–
합계	261	53	135	156	62

*자료: 통일부

1989년부터 2018년까지 남북한 교역액은 총 248억 5,000만 달러로 이 중 반입액은 126억 700만 달러, 반출액은 122억 4,300만 달러이다. 같은 기간 남북한 교역 건수는 총 80만 9,776건으로 이 중 반입 건수는 37만 7,187건, 반출 건수는 43만 2,589건이다. 또한 남북한 교역 품목 수는 총 1,192개로 이 중 반입 품목 수는 902개, 반출 품목 수는 1,177개이다.

표 4 ▮ 남북교역 현황

	남북교역 액 (단위: 백만 불)		남북교역 건수 (단위: 건)		남북교역 품목 수 (단위: 개)	
	반입	반출	반입	반출	반입	반출
'89~02	2,066	1,505	25,268	22,732	585	1,254
'03	289	435	6,356	4,853	186	530
'04	258	439	5,940	6,953	202	575
'05	340	715	9,337	11,828	381	712
'06	520	830	16,412	17,039	421	697
'07	765	1,033	25,027	26,731	450	803
'08	932	888	31,243	36,202	482	813
'09	934	745	37,307	41,293	486	771
'10	1,044	868	39,800	44,402	448	740
'11	914	800	33,762	40,156	363	676
'12	1,074	897	36,504	45,311	377	705
'13	615	521	20,566	25,562	359	644
'14	1,206	1,136	38,460	47,698	349	697
'15	1,452	1,262	45,640	55,267	362	718
'16	186	147	5,352	6,072	226	447
'17	0	1	1	3	1	60
'18	11	21	212	487	238	410
'19	0	7	49	385	82	292
'20	0	4	2	43	2	137
합계	12,607	12,254	377,238	433,017	910	1,192

*자료: 통일부
**품목은 반입과 반출에서 중복되기 때문에 '계'는 항목 간 합과 일치하지 않음

VI
결론

　그동안 남한과 북한은 다양한 분야에서 대화와 교류협력을 진행해 왔다. 남북 간 어떤 대화는 아무런 성과 없이 끝난 반면 어떤 대화는 실질적인 진전을 보이기도 했다. 그러나 기본적으로 남북대화와 교류협력은 재개와 단절을 반복했고, 그 과정에서 신뢰보다는 불신이 더욱 쌓여만 갔다. 2018년의 큰 기대와 달리 2019년과 2020년, 그리고 2021년 12월 현재 남북관계는 더 이상 진척되지 못하고 있다. 남북관계 개선과 한반도 평화, 나아가 통일 환경 조성을 위해서는 무엇보다 신뢰를 쌓는 게 중요하다. 남북교류협력은 상호 이해를 위한 신뢰구축 과정이자 중요한 수단이다.

　과거 서독과 동독의 교류협력 사례는 남북 간 교류협력의 필요성과 중요성을 부각시킨다. 서독과 동독은 남북한과 같이 다양한 분야에서 많은 합의와 협정을 맺었다. 분단 독일이 남북관계와 다른 점은 다양한 갈등 속에서도 대화와 교류협력의 끈을 놓지 않았다는 것이고, 합의(또는 협정)를 지키기 위한 상호 노력이 수반되었다는 것이다.

　애초에 남북 분단과 그것의 장기화는 정치적 문제가 크기 때문에 한반도에서 정치적 영역과 비정치적 영역을 명확히 구분하는 건 어렵기도 하지만 사실상 큰 의미가 없다. 그리고 군이 정치와 비정치적 영역을 나눌 필요도 없다. 동서독 사례와 같이 오히려 정치는 비정치적 영역의 교류협력을 활성화시킬 수 있다. 서독과 동독은 오랜 진통 속에 기본조약(1972년)을 맺었고, 이에 기반을 두고 상호 교류협력을 시작하였다. 우리가 주목해야 할 점은 서독과 동독 모두 사회·문화 교류협력의 중요성을 일찍이 자각했다는 것이다. 서독은 동독과의 문화적 접촉을 제한하지 않았고, 다양한 행위 주체들이 문화교류에 참여할 수 있었다. 특히 서독 정부는 다양한 행위자 간 문화교류 네트워크를 활성화하기 위해 노력했다. 동독도 1972년에 맺은 기본조약에 의거하여 1973년부터 문화 부문 교류협력에 관한 협상을 시작했고, 단계적이고 점진적인 대화를 통해 마침내 문화협정을 체결(1986년)했다. 무려 13년에 걸친 문화협정 협상 기간에도 서독과 동독의 문화교류는 진행되었고, 오히려 증가되었다. 문화협정 체결 이후 동서독 간에는 음악, 연극, 예술, 문학, 영화, 교육, 과학, 도서관, 박물관, 문화재 보호, 라디오·텔레비전 방송, 스포츠, 청소년 교류 등 교류협력이 확대되었다. 서독 정부는 민간 협회와 기관, 개인 등의 다양한 행위자가 문화교류를 주관하도록 적극 지원했다. 동독도 이에 적극적인 자세를 취했다.

남북 간 교류협력은 정치적 영역보다 상대적으로 쉬운 문제로 인식되지만 과거 독일 사례에서 볼 수 있듯이 결코 쉬운 문제가 아니다. 남북관계와 마찬가지로 분단 독일에서도 모든 행위는 체제경쟁과 같은 정치 논리로 수렴되었다. 그럼에도 불구하고 동서독 교류협력은 경색된 정치적 문제를 유연하게 접근하고 해결할 수 있는 계기가 되었고 또 수단으로 활용되었다. 그리고 마침내 독일은 통일에 이를 수 있었다. 따라서 남한과 북한은 남북관계 개선은 물론이고 한반도 평화와 통일을 위해 다양한 교류협력을 지속해야 하고 이를 활성화하기 위해 좀 더 집중할 필요가 있다. 교류협력의 시작은 비록 정치적 문제에 종속되지만, 그것이 반복되면 될수록 점차 비정치적이게 되고 궁극에는 자기 동력을 갖게 된다.

정리하면, 안정적인 남북교류협력을 위해서는 제도화가 필요하다. 그리고 지자체를 비롯한 민간 영역 등 다양한 행위 주체가 적극적으로 참여할 수 있어야 한다. 과거 독일이 그랬고, 유럽연합도 그랬다. 물론 제도화가 이루어졌다고 해서 남북교류협력이 활성화되고 안정적으로 전개되는 것은 아니다. 기본적으로 남북관계는 정치적 문제를 비롯한 다양한 갈등 요소가 존재하기 때문이다. 그러나 제도화는 안정적이고 지속가능한 교류협력을 위한 구조적 작업이며 나아가 정치적 영향력을 최소화하기 위한 노력이다. 이러한 노력은 결과적으로 남북 간 문화적 유사성을 높이는 데 기여할 것이다.

2022년은 남한과 북한이 분단된 지 77년이 되는 해이다. 상호 불신의 골은 더욱 깊어만 가고 사회·문화적 이질성은 높아만 간다. 문화는 정적인 것이 아니다. 그 자체로 확산성과 다양성을 가진다. 문화는 끊임없이 변화하는 하나의 과정으로 의미 및 가치의 집합과 인간행위의 장소이다. 남북교류협력은 한반도의 평화와 통일을 추동하는 하나의 문화적 과정이고, 이는 실질적 주체인 남북 주민 간 사회·문화적 이질성 제거하기 위한 효과적인 방법이다.

제5장

지방자치단체 남북교류협력의 돌아봄과 내다봄

황교욱 경남연구원 남북교류협력연구센터장

I
서론

남북교류협력 영역에서 '지방'의 역할에 대한 논의는 그리 오래된 것이 아니다. 1995년 7월 민선(民選) 1기 지방자치단체가 출범하면서 지방행정이 더 이상 중앙정부의 수직적 통제를 받는 지역행정기관에 머무르지 않게 된 것이 '지방의 남북교류협력'을 논할 수 있게 된 환경적 요인이었다. 시민이 자신들을 대리해 지역을 다스릴 단체장을 선출하고, 단체장은 지방의회의 견제와 감시를 받으며 지방행정조직을 관할하게 된 '지방자치단체'의 성립은 풀뿌리 민주주의가 전국적으로 뿌리내리는 데 기여하였다. 지방 차원에서도 자치와 분권의 원리가 적용되면서 지방자치단체는 중앙정부의 대북·통일정책을 획일적·피동적으로 수용해 왔던 객체에서 탈피해 지역의 이익과 발전을 위해 능동적인 남북교류협력을 추진할 수 있는 당사자가 될 수 있었다.

지방의 남북교류협력이 본격적으로 시작된 계기는 김대중 정부 출범과 함께 남북화해협력 정책이 추진되기 시작하던 시점인 1998년 7월 민선 2기 지방자치단체가 출범하면서부터였다. 민선 2기 지방자치단체 출범 직후 제주도와 강원도가 앞서서 남북교류협력사업을 추진하면서 지방의 남북교류협력이 태동하였다. 2000년 남북정상회담이 개최된 이후에는 17개 광역 지방자치단체 모두가 남북교류협력 관련 조례를 제정하고 남북교류에 필요한 재정과 전문성을 확보해 나갔다. 지역별로 편차는 있지만 실제 대부분 지방자치단체가 남북교류협력 추진경험을 축적하면서 지방 또는 지방자치단체의 남북교류협력은 남북관계의 주요 국면마다 재조명을 받아왔다.

향후 지방자치단체를 비롯한 지역사회의 남북교류협력과 통일 노력은 통일 과정과 통일 후 남북통합 과정에서 중요한 역할을 담당할 수 있다. 지방자치 단체는 중앙정부와 민간 영역의 남북교류협력을 유기적으로 연결하는 가교 역할을 할 수 있고, 나아가 지역사회에 기반한 풀뿌리 통일정책을 수행하는 '플랫폼' 기능을 담당할 수도 있다. 동서독의 통합 사례처럼 지방자치단체는 지방 차원의 행정, 경제, 사회, 문화, 도시계획 및 개발 영역에서 남북한 통합 기반을 구축하는 데 효과적인 행위자 역할을 할 수도 있다. 따라서 20년 이상 전국의 각 지방에서 다양하게 축적한 남북교류협력 경험과 성과들은 남북관계의 지속가능한 발전국면이 도래하였을 때 지방자치단체가 한반도 평화번영을 추동하는 새로운 주역으로 등장할 잠재력이 될 것이다.

그동안 중앙정부가 대북·통일정책을 결정한다는 편중된 사고를 넘어 중앙정부와 지방자치단체의 상호협력을 통해 대북·통일정책의 안정성과 실효성을 증대시키는 '분권·협치형 대북·통일정책'의 가능성을 주목할 필요가 있다. 평화통일의 시대는 시민의 참여와 자치 역량의 발전을 동반하며 나아갈 것이다. 이러한 점에서 지방의 남북교류협력에 관한 탐구는 다각적인 측면에서 의의를 지닐 수 있다. 현재는 체계적으로 정립되어 있다고 할 수는 없는 '통일학'의 학문적 영역이 통일 과정의 진척에 따라 발전해 나갈수록, 사람의 기초적인 생활 공간인 지역의 관점에서 한반도 문제를 탐구하려는 '로컬리티 통일학'의 가능성을 모색하는 데 있어서도 시초적인 경험연구 사례를 제공할 수 있다.

이 글에서는 우선 1998년~2017년의 20년 동안 남북관계의 주요 변곡점에 따라 변화·발전한 지방자치단체 남북교류협력의 전개 과정을 다룬다. 다음으로 민선 7기 지방자치단체 출범 이후인 2018년~2022년 동안 지방 남북교류협력을 둘러싼 정책 환경 및 제도 변화의 내용과 시사점을 살펴본다. 마지막으로 향후 지방 차원의 남북교류협력 발전을 위한 과제를 살펴볼 것이다.

II
지방의 남북교류협력 20년사
(1998~2017)

1. 지방 남북교류협력의 태동(1998~1999)

1998년 제주도와 강원도에서 지방 차원의 남북교류협력이 시작되었다. 많은 지방자치단체 중 대한민국의 최남단과 최북단에 위치한 제주도와 강원도에서 남북 간 접촉과 교류협력이 시작되었고, 이를 위한 제도적 기반이 만들어졌다.

제주도는 1998년 최초로 남북교류협력사업을 추진한 지역이다. 1998년 12월 북한에 보낼 감귤 100톤이 제주를 떠나 1999년 1월 북한에 도착했다. 북한에 감귤보내기 운동은 이후 10년 동안 지속됐고 지원 물량도 확대됐다. 제주도의 감귤 대북지원의 배경은 1998년 감귤 풍작으로 과잉 수확된 감귤을 북한에 지원하면 북한 주민에게도 도움이 되고 국내 감귤 가격도 안정화되는 효과를 의도한 것이다. 남북 주민이 상생하는 사업 모델이었고, 그래서 타 지방 사례에 비해 가장 오래 지속된 사업이 되었다. 그뿐만 아니라 당시 제주도를 '평화의 섬'으로 육성하려는 제주 발전 구상의 일환으로 남북교류협력 활동을 펼친 제주도와 주민들의 일치된 지역 발전 요구도 작용했다. 제주도는 2000년대 세 차례에 걸쳐 760명이 직항기를 이용해 방북했고, 북한 감귤보내기 운동을 통해 형성된 '평화의 감귤' 브랜드는 제주를 '평화의 섬'으로 자리매김하는 데 기여하였다.

2009년 1월 제11차 감귤·당근 북한보내기 선적 장면

한편 강원도는 1998년에 남북교류협력의 제도적 추진 기반을 선제적으로 마련했다. 민선 2기 지방선거에 당선된 직후 강원도지사는 지방자치단체 최초로 남북교류협력 관련 조례를 제정했다. 이 조례의 구성과 내용은 이후 17개 광역 지방자치단체(13개 시도교육청 포함) 및 150개 이상의 기초 지방자치단체가 제정한 남북교류협력조례의 '제도적 원형(prototype)'이 되었다. 강원도는 또한 1998년 도청 내 남북교류협력 전담부서를 설치하고, 2000년에 반관반민(半官半民) 성격의 남북교류협력 전담기구인 '남북강원도협력협회'를 설립했다. 2000년 南강원도는 北강원도를 공식 방문해 북한 강원도 인민위원회와 교류협력 합의서를 체결했다. 이후 연어자원 보호증식, 산림 병해충 공동방제, 농업지원 및 사회문화교류사업 등 다양한 사업을 추진했다.

강원도가 남북교류협력에 선제적으로 나선 이유는 한반도에서 강원도가 유일한 분단도(道)이며 남북접경지역에 군사통제시설이 밀집해 있어 지역 발전이 정체돼 있기에 '평화와 지역 발전의 선순환'이 필요했기 때문이었다. 또한 1998년 김대중 정부 출범 후 남북화해협력정책이 본격화하면서 북한의 강원

도 고성군에 위치한 금강산으로 유람선 관광이 개시되었던 점도 중요한 배경
으로 작용했다.

2. 지방 남북교류협력의 확대(2000~2007)

2000년 6월 최초로 남북정상회담이 개최된 이후 강원도, 제주도에 이어 경
기도가 남북교류협력사업에 나섰다. 경기도는 2001년 '경기도 남북교류협력 조
례'를 제정하고, 2003년 북한 민족화해협의회(민화협)와 남북교류협력 의향서
를 체결한 후 북한 협동농장 현대화 사업, 황해북도 개풍군 양묘장 조성 및 산
림녹화 사업, 남북접경지역 말라리아 공동방역 등의 사업을 추진했다.

경기도 남북교류협력의 추진 배경은 2000년 남북정상회담 직후 남북관계
진전에 따른 남북접경지역의 발전 욕구, 2000년 8월 현대와 북한이 개성공업
지구 운영 합의서를 체결함으로써 경기도 파주를 통해 연결되는 개성공단 사업
추진 가능성 등의 요인이 작용했다. 경기도는 이후 전국에서 가장 규모 있고 다
양한 남북교류협력사업을 추진한 지방자치단체가 되었다.

2003년 노무현 정부가 출범한 후 지방자치단체 남북교류협력이 본격화되
기 시작했다. 2003년 8월에는 부산시 대표단이 평양을 방문했다. 2002년 부산
아시안게임에 북한 선수단과 응원단이 참가한 것이 계기였다. 2004년 4월 평안
북도에 위치한 룡천역 부근에서 열차 간 충돌로 인해 거대한 폭발사고가 발생
했다. 이 사건으로 수많은 인명이 희생되었고 주택과 학교 등이 파손되었다. 룡
천역 폭파사고에 대한 긴급구호성 대북지원에 서울, 인천 등 다수의 지방자치
단체들이 참여하면서 남북교류협력이 전국적으로 확산하는 계기로 작용했다.

노무현 정부 시기부터 지역의 남북교류협력 영역에서 민관협력 거버넌스가
정착하고 사업 내용도 다각화하기 시작했다. 2003년 5월 통일부의 '자치단체
남북교류협력사업 추진 지원 지침'은 확산되기 시작한 남북교류협력사업에 지
방자치단체의 독자적 사업 추진을 자제하고 민간단체와의 협력을 필요로 하는

제도적 요인으로 작동했다. 이후 지방자치단체들은 남북교류협력에 경험과 전문성을 보유한 민간단체와 위탁·협력 관계를 맺으면서 사업을 추진하기 시작했다. 이 시기 남북교류협력의 영역도 인도적 대북지원에서 농업 분야 개발지원, 보건의료·사회문화·산림·스포츠·학술 협력 등으로 다양화되기 시작했다. 농업 분야 개발지원사업은 대표적으로 경상남도가 진행한 평양 강남군 장교리의 농촌 개발협력사업, 경기도가 진행한 평양 강남군 당곡리의 농촌 현대화사업이 있다. 보건의료 분야는 서울시의 평양 조선종양연구소 의료장비 지원, 부산시의 '겨레사랑 평양 항생제 공장' 건립사업 등이 대표적이다.

III

지방의 남북교류협력 침체와 단절 (2008~2017)

　　10여 년 동안 발전해 왔던 지방의 남북교류협력은 2008년 이명박 정부 출범 이후 남북관계가 악화하기 시작하면서 침체기를 걷기 시작했다. 이로 인해 2007년 두 번째 남북정상회담의 합의문서인 '남북관계 발전과 평화번영을 위한 선언(10·4 남북정상선언)'이 담고 있는 포괄적이고 장기적인 남북협력 구상이 사문화되었고 이후 10여 년간 남북관계의 악순환 국면이 지속됐다. 2010년 천안함 사건에 대응해 우리 정부가 발표한 '5·24 조치'는 지방자치단체 남북교류협력이 단절되는 계기였다. 과거 10년 동안 빠르게 확대하던 지방자치단체 남북교류협력이 더 이상 발전하지 못하고 그동안 거둔 성과와 경험마저 소실되는 침체와 단절의 시기가 2017년까지 이어졌다.

　　'5·24 조치'에도 불구하고 끈질기게 남북교류를 이어간 지방자치단체도 있었다. 인천시는 '5·24 조치' 후 남북교류가 가로막힌 상황에서도 '우회 전략'을 통해 사업을 추진해 나갔다. 남과 북이 아닌 제3국인 중국에 북한에 지원할 축구화공장을 건립하고, 중국에서 남북 유소년 축구대회를 개최했다. 2014년 개최된 인천아시안게임을 평화스포츠 축제로 만들기 위해 노력한 결과 북한 고위급 대표단의 인천 방문과 북한 선수단 참가를 이끌어내었다.

2014년 인천 아시안게임 북한 선수단 참가

경기도 또한 남북공동 감염병 예방 등 호혜적 사업을 중심으로 남북교류협력을 이어 나갔다. 남북접경지역에서 발생하는 말라리아로 전염 환자가 발생해 큰 피해를 입은 경기도가 개성 및 황해북도를 대상으로 2008년부터 남북공동 방역사업을 추진했다. 2011년부터는 인천시가 동참하며 황해남도까지 공동방역 사업지역을 확대하기도 했다.

남북 공동 말라리아 방역물자 전달

남북관계 악순환의 시기에도 불구하고 남북교류와 지역 발전의 선순환을 모색했던 일부 지방자치단체가 존재했지만, 대부분의 지방에서는 남북교류협력을 중단하거나 보류했다. 특히 북한이 2016년 1월 6일 4차 핵실험, 2016년 2월 7일 대륙간탄도미사일로 전용 가능한 우주발사체 광명성호를 발사한 데 대한 보복조치로 당시 박근혜 정부가 2016년 2월 10일 전격적으로 개성공단 가동 중단을 단행하면서 남북관계는 사실상 '단절 상태'로 치달았다. 이와 같은 환경에서 그동안 간헐적으로 진행되었던 지방자치단체의 남북교류협력사업도 동시에 멈춰 버리고 말았다.

과거 20여 년 동안 지방자치단체가 남북교류협력에 참여하고 전국적인 확산 과정(1998년~2007년)을 거치는 동안 축적한 경험과 전문성을 활용해 앞으로 남북교류협력사업을 질적·양적으로 확대할 수 있었으나, 이명박·박근혜 정부 시기의 남북관계 침체·단절기 동안 성장이 지체되어 왔다고 평가할 수 있다. 10여 년간의 침체·단절기 남북협력 경험이 있는 전문인력도 많이 소실되었다. 그러나 그동안 지방자치단체가 축적한 제도적 기반, 사업추진 경험, 광역 단위뿐만 아니라 기초 단위 지방자치단체까지 전국적으로 남북교류협력을 추진한 성과들은 남북교류협력을 새롭게 시작할 수 있는 동력이다.

IV
지방 남북교류협력의
정책 환경 변화

1. 남북관계 진전과 지방의 대응

2018년 2월 9일 강원도 평창에서 동계올림픽 개막식이 개최되었다. 역대 가장 많은 참가국 선수단들이 연이어 입장했고 마지막으로 남한과 북한 선수단이 함께 한반도기를 들고 공동으로 입장했다. 평창 동계올림픽 개막식에는 북한의 고위급 대표단도 참석하고 있었는데, 여기에 문재인 대통령의 방북을 요청하는 김정은 위원장의 친서를 지닌 김여정 조선노동당 제1부부장도 있었다. 평창 동계올림픽 이후 남북관계는 유례없는 수준으로 급속히 진전되었다. 2018년 한 해에만 4월 27일과 5월 26일 판문점에서, 그리고 9월 18~20일 평양에서 남북정상회담이 3차례 개최되었다. 2018년 6월 12일 싱가포르 센토사섬에서 전쟁 이후 최초로 북미정상회담이 열리기도 했다.

과거 10여 년 동안 침체와 단절의 시기를 거쳤던 남북관계 정세가 극적으로 전환되자 지방 차원의 남북교류협력도 새로운 환경을 맞이하게 되었다. 특히 2018년 3차례 열린 남북정상회담과 남북 간 합의문에는 과거에 찾아볼 수 없었던 지방자치단체의 존재감이 드러났다. 2018년 4월 27일 열린 남북정상회담 합의문인 '남북의 평화와 번영, 통일을 위한 판문점 선언' 1조 4항에는 남북관계에 의의를 가지는 날들을 계기로 민족공동행사를 개최하는데 국회, 정당, 민간단체 등과 함께 '지방자치단체'가 참여할 수 있다고 명시했다. 2018년 9월에 열린 평양 남북정상회담에는 대한민국시도지사협의회장을 겸임하고 있는 서울

시장과 강원도지사가 남측 특별수행원으로 방북하기도 했다. 평양 남북정상회담에서 돌아온 문재인 대통령은 대국민 방북 결과보고에서 김정은 위원장과 구두로 지방자치단체 남북교류를 활성화하기로 했다고 밝히기도 했다.[1] 이후 평양에서 열린 10·4 남북정상선언 12주년 공동기념행사에 부산시장, 인천시장 등 9명의 지방자치단체장 및 부단체장이 방북했고, 10월 20일~23일에는 북측 조선아시아태평양평화위원회 초청으로 경기도·부산시·세종시의 부단체장이 방북하기도 했다. 과거에도 지방자치단체가 개별적으로 추진했던 인도적 대북지원, 사회문화교류, 농업협력사업 등을 계기로 북측의 해당 기관과 합의서를 체결하거나 단체장이 방북했던 선례가 있었다. 하지만 2018년에 남북 정상 간 대화와 합의문에 지방자치단체의 역할을 언급하거나 남북공동행사에 지방자치단체장들이 수시로 방북한 것은 최초다. 이러한 일련의 과정들은 지난 20여 년 동안 지방 차원의 남북교류협력 경험과 성과들이 축적되면서 남과 북의 당국도 지방자치단체가 남북관계의 유의미한 행위자가 될 수 있다는 공동인식을 공식화했다는 점에서 상징성을 지닌다.

지방의 남북교류협력이 재도약할 수 있는 환경과 여건이 변화할 수 있었던 것은 우호적인 남북관계의 변동 요인도 있었지만 2017년 5월 출범한 문재인 정부의 '분권형 대북정책'과 지방자치단체 스스로의 자구적 노력 때문이기도 하다. 문재인 정부는 과거 중앙정부 중심의 대북·통일정책에서 지방자치단체의 자율적이고 책임적인 남북교류협력을 촉진하는 협치와 분권의 대북·통일정책으로 전환하는 것을 국정과제 중 하나로 채택했다.[2] 이러한 정책 방향은 2019년부터 지방자치단체를 남북교류협력의 당사자로 인정하며 새로운 남북교류협

---

1   문재인 대통령은 "합의서에 담지는 못했지만 구두로 합의된 것들도 있다"며 "국회회담을 가까운 시일 내에 개최하기로 합의했고, 지자체의 교류도 활성화하기로 했다"고 밝혔다. '2018 남북정상회담 평양' 홈페이지, "문재인 대통령 2박 3일 평양정상회담 결과 보고" http://www.koreasummit.kr (검색일: 2019.11.30)

2   2017년 청와대가 발표한 '100대 국정과제' 중 하나인 '남북관계 활성화를 통한 남북관계 발전' 항목에는 지자체와 민간단체의 자율적인 활동 공간 확보 지원, 남북교류협력법 등 관련 규정 정비, 법제도화를 통한 교류협력 기반 강화라는 세부과제를 제시한 바 있다. 청와대 홈페이지, '국정과제' http://www1.president.go.kr/government-projects(검색일: 2019.11.30.)

력의 중앙-지방 관계를 형성하는 단계적인 제도 개편으로 이어지게 된다. 한편 2018년 7월 출범한 민선 7기 지방자치단체들은 이전과 다른 규모로 전국 지방에서 남북교류협력사업을 추진하기 위해 전담조직을 신설 또는 승격하고 사업 계획과 재정을 마련하는 자체적인 준비 태세를 갖춰 나갔다.

표 1 ▎ **민선 7기 지방자치단체 남북교류협력 사업 개요**

시도	주요 사업 개요	시도	주요 사업 개요
서울	- 서울-평양 관광루트 '평양의 길' 개척 - 2032서울-평양 하계올림픽 공동유치 - 동북아 국제친선탁구대회 개최 - 남·북·러 녹둔도 공동발굴 - 서울-평양 도시 간 학술대회 - 평양형 에너지 자립마을 조성사업 - 서울-평양 애니메이션 교류 - 대동강 수질개선 협력 사업 - 동북아시아 스마트시티 네트워크 구축 - 서울-평양 문화유산 상호답사 - 산림녹화 협력 - 결핵관리 지원 - 서울-평양 도시협력 포럼	부산	- 2020 부산 세계탁구선수권대회 - 남·북·러 경협 수소생산·운송 프로젝트 - 남북경협기반 글로벌 K-슈벨트 구축 - 스마트시티 구축 공동연구 - 한반도 항만물류 도시협의체 구성 - 북한개발은행 설립 - 인도적 대북지원사업 추진
인천	- 북한 도시협력을 위한 북한 개별관광 추진 - 바이오의약품 제조공장 견학 초청 - 인천경제자유구역 방문 초청 - 북한 원료의약품 협력 - 고려역사 공유를 위한 남북학술회의	대구	- 국채보상운동 남북 공동조사 연구 - 대구 치맥페스티벌-평양 대동강 맥주 축전 교류 - 대구국제마라톤대회 북측 선수단 초청
광주	- 신재생 에너지 자립 마을 구축 시범사업 지원 - 빛가람 국제전력기술엑스포 북한 초청 - 6·15공동선언 20주년 기념행사 남북 공동 개최	대전	- 남북공동학술대회 개최 등 과학기술 분야 학술 교류 - 남북과학기술협력센터 유치 - 대전 통일마라톤 대회 - 평화통일 공감대회 등 교육 - 시민 주도 남북협력 및 통일 공감대 확산사업
울산	- 2021년 전국 체전 북한 선수단 초청 - 남북교류 토론 워크숍	세종	- 김종서 장군 학술, 역사 교류 - 남북 대학생 친선 스포츠 교류 - 시민 통일교육 등 통일기반 조성

시도	주요 사업 개요	시도	주요 사업 개요
경기	– 북한 다제내성 결핵환자 치료 지원 – 개풍 양묘장 대북제재 면제에 따른 북한 산림 복구 지원 – 개성지역 역사·문화유적 탐방 – 북한 농촌시범마을 스마트 온실· 자동화 양돈장 협력 지원	강원	– 금강산 관광 재개 추진 – 고성 UN 평화특별도시 조성 – 2024 강원 동계청소년 올림픽 공동 개최 – 남북 하늘길·바닷길 개척 – 동해 북부선(강릉–제진) 철도 연결 – 보건의료(말라리아 공동방역, 결핵퇴치 의료진 연구) – 인도적(쌀가루) 지원 사업
충북	– 취약계층 의약품 지원 사업 – 남북 체육(무예) 교류 – 단재 신채호 학술 교류 – 묘목 지원 사업 – 우수농업기술 전수 및 전문가 교류 – 북한소장 고문헌 자료 남북 공동조사 연구	충남	– 종자지원·남북공동 연구 – 방역용품 및 식량·의약품 지원 – 태권도 교류
경북	– 북한 소재 목판 공동조사 연구 – 청송사과 재배기술 교류사업	경남	– 남북교류협력연구센터 지원 – 평화통일 교육사업 – 경남통일딸기 등 경남형 농업협력사업 확대 추진 – 농림축산, 보건의료, 주거복지 등 1개 군 현대화사업 시범 추진 – 윤이상 기념사업 등 문화예술 교류
전북	– 태권도 활용 남북교류협력 사업 – 북한 산림복원사업 지원 – 자원 순환형 낙농단지 조성 – 가축전염병 방역약품 및 수의방역기술 지원 – 전북 및 북한 전통 문화예술 교류 – 남북 스포츠 교류	전남	– 평양 발효콩 빵 생산 제2공장 건립 – 서산대사 제향 공동 봉행 – 전남수묵국제비엔날레 북한 작가 초청 – 남북 체육교류 협력 사업 – 화순 백신특구 통일백신 지원 – 국제 농업 박람회 농업기술 교류 – 인도적 지원(의약품, 식품) 등 지원 – 남북 청소년 역사문화 유적지 방문 교류 – 남북 평화 민속 예술제 개최
제주	– 제주포럼 북측인사 초청 – 세계평화아카데미 북한 참여 – 2020 유네스코 세계지질공원총회 북한 초청 – 제주–경기 공동 남북교류협력 워크숍 북한 초청		

*출처: 대한민국시도지사협의회(2020년 1월 기준)

광역 단위뿐만 아니라 기초 단위 지방자치단체도 남북교류협력에 참여하는 추세가 확산한 것도 이 시기의 새로운 특징이다. 2021년 12월 말 기준 기초 단위의 남북교류협력조례 제정 건수가 158곳으로 전국 대비 69%를 차지한다. 2015년 12월 기초 단위 지방자치단체 남북교류협력조례를 제정한 건수가 35곳으로 전국 대비 15%를 차지했던 것에 비하면 확연한 확장 추세를 확인할 수 있다.[3]

이처럼 민선 7기에 접어든 지방자치단체는 남북관계의 해빙 국면에 대응해 남북교류협력 제도 및 전담부서 강화, 남북경협사업 확대 등 정책 방향 및 목표의 확장, 기초 지방자치단체의 남북교류협력 추진 전국화 등의 양상을 보이며 적극적인 남북교류협력사업을 추진해 나갔다.

2. 지방 남북교류협력의 정책 환경 변화

앞에서 살펴본 바와 같이 2018년 민선 7기부터 전국의 지방자치단체들은 새롭게 달라진 남북교류협력 추진 환경에 대응해 내부적 추진 체계를 강화해 나갔다. 지방자치단체들은 보다 높은 단계의 남북관계 발전에 대비 중앙정부의 '분권형 대북정책'에 부응해 남북교류협력 추진 기반을 질적·양적으로 강화해 나갔다. 이런 과정을 통해 지방의 남북교류협력을 둘러싼 정책 환경은 2019년을 기점으로 새롭게 변화하기 시작했다. 여기서는 지방 남북교류협력의 정책 환경이 과거 20여 년에 비해 어떻게 달라졌는지 지방자치단체의 시각에서 분석해 보고자 한다.

---

3 2015년 12월 기준 현황은 황교욱(2016), 「지방의 남북교류협력 변화과정 연구」, 인제대학교 박사 학위 논문, 195~196쪽을, 2021년 12월 말 기준 현황은 국가법령정보센터 홈페이지, http://law. go.kr/(검색일: 2021.12.30.)를 참고하였음.

1) 과거의 정책 환경

지난 20년간 지방자치단체는 남북교류협력 영역에서 많은 성과를 남겼지만 복합적인 상부구조의 제약 아래 추진되어 온 것이 사실이다. 가장 큰 제약 변수는 반복되는 남북관계의 악화 국면이다. 지난 이명박·박근혜 정부 시기 남북교류협력이 침체를 겪다가 2010년 '5·24 조치' 및 김정은 집권 이후 북한 핵 개발 고도화에 따른 국제사회의 대북제재 국면에서 사실상 단절되고 만 것이 이를 반증한다.

또한 지방자치단체의 남북교류협력에 영향을 미치는 중앙정부의 정책도 매개적인 제약 변수이다. 남북관계에 대응하는 중앙정부의 정책 변화에 따라 지방자치단체 남북교류협력의 제도도 부침을 겪어 왔다. 결과적으로 지방의 남북교류협력에 영향을 미치는 제약 요인은 남북관계의 변동이 핵심적이고 중앙정부의 정책 변화도 매개적 변수로 작용했다. 이러한 외부 환경 변화에 따른 지방자치단체의 대응 양상도 달라질 수밖에 없었다.

지난 20년간 지방자치단체 남북교류협력 정책 환경의 변화를 시기별로 살펴보면 다음과 같다. 첫째, 태동기(1998~1999)인 김대중 정부 출범 초기에는 지방자치단체의 남북교류협력이 보편화되지 않았기에 강원도, 제주도 등이 자율적으로 사업을 추진할 수 있었다. 둘째, 확산기(2000~2007)에는 2000년 6월 개최된 남북정상회담 이후 지방자치단체들의 남북교류 움직임이 급속히 확산되자 2000년 7월 행정자치부가 '남북자치단체 간 교류협력 업무 지침'을 신설해 통일부와 협의하에 지방자치단체 사업을 협의·조정하는 제도적 절차를 마련했다. 이후 노무현 정부 출범 후인 2003년 5월 통일부가 '자치단체 남북교류협력사업 추진 지원지침'을 마련해 결과적으로 지방자치단체가 독자적으로 남북교류협력을 추진하지 못하도록 제도를 개정했다. 이후 지방자치단체는 대북지원 민간단체와 위탁·협력 관계를 맺어 민관협력 거버넌스 방식을 통해 남북교류협력을 추진해 나갔다. 셋째, 이명박 정부 출범 후인 2009년 1월 '남북교류협력에 관한 법률'이 개정돼 남북교역의 당사자 조항에서 지방자치단체가 삭제되고, 2010년 천안함 사건에 대응해 우리 정부가 개성공단 현상 유지 등 극히 일부 사업만 제외하고 남북교류협력을 중단시킨 '5·24 조치' 이후 지방자치단체의 남북교류협력은 사실상 단절되고 말았다.

표 2 ▮ **남북교류협력 정책의 중앙-지방 관계 변화**

시기 구분	태동기 (1998~1999)	확산기 (2001~2007)	침체·단절기 (2008~2017)
남북관계 변동 (핵심 변수)	김대중 정부 출범과 대북포용정책 추진	2000년 남북정상회담	남북관계 퇴행 및 '5·24 조치'
중앙-지방관계 (매개 변수)	협력적 관계	협력적 관계 하 지방의 자율성 제약	편승/갈등적 관계
지방자치단체의 대응	강원도·제주도의 선도적 대북교류	전국적 확산과 민관 거버넌스 구축	남북교류협력의 점진적 퇴조

2) 문재인 정부 시기: '분권형 대북정책'의 가시화

2018년 6월 12일 싱가포르 센토사섬에서 최초의 북미정상회담이 개최되고 '싱가포르 북미정상회담 공동성명'도 채택했지만 이후의 한반도 비핵화와 평화 정착, 북미관계 정상화를 위한 북미 간 실무협상은 특별한 진전을 보이지 못했다. 그러다 2019년 2월 베트남 하노이에서 열린 2차 북미정상회담이 양측의 입장 차이로 결렬된 이후부터 한반도 정세는 교착 상태가 이어졌다. 뿐만 아니라 2020년부터 분단 이후 유례없는 '코로나19 팬데믹'이 지속되면서 남북 간 인적·물적 교류가 완전히 단절되는 등 남북관계도 침체기를 지나고 있다.

그럼에도 불구하고 문재인 정부 시기에 지방자치단체는 중앙정부, 민간과 함께 남북교류협력의 당사자 지위를 획득하고 이를 뒷받침할 제도적 기반이 구축되었다는 측면에서 진일보를 이루었다. 이는 문재인 정부의 '분권형 대북정책'이 구체적인 법·제도 개편으로 가시화하면서 중앙정부와 지방자치단체가 남북교류협력의 새로운 동반자 관계를 형성했음을 의미한다. 구체적으로 살펴보면 다음과 같다.

첫째, 지방자치단체의 남북교류협력 당사자 문제에 관한 정부의 입장이 변화했다. 2019년 통일부는 2009년 남북교역의 당사자 조항에 지방자치단체를 삭제한 현행 「남북교류협력에 관한 법률」하에서도 지방자치단체의 남북교류협력사업 추진이 가능하다는 입장을 밝혔다. 이전의 정부는 지방자치단체를 남북교류협력의 당사자 범위에 포함하지 않는 소극적 유권해석을 해 왔으나, 「지방자치법」에 의하면 지방자치단체를 명확히 법인으로 규정하고 있었다. 따라서 통일부는 지방자치단체가 명확히 '법인'에 해당함으로 남북교류협력의 당사자일 뿐만 아니라, 지방자치단체의 자율성을 적극 인정하고 지원하겠다는 입장을 밝혔다.

표 3 ▍ 지방자치단체의 남북교류협력 당사자 문제 관련 법률

남북교류협력법 (제2조 4항)	지방자치법 (제3조 1항)
'협력사업'이란 남한과 북한의 주민 (**법인**·단체를 포함한다)이 공동으로 하는 문화, 관광, 보건의료, 체육, 학술, 경제 등에 관한 모든 활동을 말한다.	(지방자치단체의 법인격과 관할) 지방자치단체는 **법인**으로 한다.

이후 통일부는 2019년 7월 24일 대한민국시도지사협의회와 '한반도 평화와 번영을 위한 협약'을 체결하여 지방자치단체가 남북교류협력의 주체임을 명확히 하고 ▲남북공동연락사무소를 통한 지자체의 대북연락 및 협의 지원 ▲정부-지자체 간 공동 협력사업 적극 발굴 ▲남북교류협력지원협회에 '지자체 남북교류협력 지원 원스톱 서비스' 구축 등 '분권·협치형 대북정책'의 세부 추진 방향을 제시하기도 했다.

둘째, '인도적 대북지원 및 협력사업 처리에 관한 규정' 개정으로 법 제도가 개편됐다. 2019년 10월 22일 통일부는 해당 규정에 지방자치단체를 대북지원사업자로 추가 명시하는 등의 내용을 개정해 공포했다.

표 4 ▮ '인도적 대북지원 및 협력사업 처리에 관한 규정' 개정 내용

기 존 안	개 정 안
제2조(정의) ② '대북지원사업자'라 함은 제1항의 사업을 추진하는 남한주민(법인·단체에 한한다)으로서…	제2조(정의) ② '대북지원사업자'라 함은 제1항의 사업을 추진하는 남한주민(법인·단체·<u>지방자치단체</u>에 한한다)으로서...
제3조(대북지원사업자의 지정) 4. 정관(법인 또는 단체인 경우에 한한다) 및 법인등기부등본(법인인 경우에 한한다) 각 1부	제3조(대북지원사업자의 지정) 4. 정관(법인 또는 단체인 경우에 한한다), <u>조례(지방자치단체인 경우에 한한다)</u> 및 법인등기부등본(법인인 경우에 한한다) 각 1부

지방자치단체가 남북교류협력사업을 자율적으로 추진할 수 있는 법제도 환경이 개선된 직후 2019년에만 서울시, 경기도, 인천시 등 남북접경지역 지방자치단체들이 대북지원사업자로 신청해 지정되기도 했다. 이어서 2021년 9월 14일에 통일부는 또 한 차례 '인도적 대북지원 및 협력사업 처리에 관한 규정' 개정을 단행했다. 골자는 광역 17개, 기초 226개 지방자치단체 모두에 대해 별도의 신청 절차 없이 '대북지원사업자'로 일괄 지정하고, 필요한 경우 지방자치단체의 대북지원사업에 대해서도 남북협력기금을 지원할 수 있도록 한 것이다.

나아가 2022년 1월 5일에 통일부는 지방자치단체의 대북지원 및 인도협력 역할을 보다 확대하는 방향으로 '인도적 대북지원 및 협력사업 처리에 관한 규정'을 추가로 개정했다. 이번에 개정한 내용은 2021년에 전국 모든 지방자치단체를 '대북지원사업자'로 일괄 지정한 것과 관련해 지자체가 자체 재원으로 남북협력사업을 추진하기 어려운 경우에는 연간 최대 1번, 전체 사업비의 50% 범위 안에서 정부의 남북협력기금을 지원할 수 있도록 한 것이다. 2021년 2월 기준으로 전국의 광역 지방자치단체가 보유한 남북교류협력기금을 모두 합하면 1,741억 4천만 원이다.[4] 2022년 통일부의 남북협력기금은 1조 2,714억 원으로 향후 지방자치단체의 남북교류협력이 재개된다면 지방자치단체는 자체의 재원뿐 아니라 정부의 남북협력기금도 사용할 수 있게 되어 보다 안정적인 남북교

---

4   대한민국시도지사협의회 남북교류협력특별위원회 자료(2021년 11월)

류협력사업을 추진할 수 있게 되고, 지방자치단체 간 재정규모의 격차를 완화할 수 있게 되었다. 또한 지방자치단체 남북교류협력 사무의 집행기관으로 '지방자치단체의 장'뿐만 아니라 '교육감'도 함께 명시하여 시도교육청도 남북교류협력의 행위자로 인정하였다.

셋째, 문재인 정부는 2021년 10월 「남북관계 발전에 관한 법률」을 개정해 남북관계 발전 기반을 분권·협치형으로 조성하는 내용을 신규로 명시하였다. 주요 내용은 남북관계 발전에 필요한 기반 조성 사업을 하는 지방자치단체 및 민간단체에 대하여 재정지원 근거를 마련하고, '남북관계 발전 기본계획'에 정부가 지방자치단체 등과 협력 체계를 구축할 것을 명시한 것이다.

문재인 정부의 '분권형 대북정책' 기반 조성 과정

2019 / '분권· 협치형 대북정책' 공식화
✓ 김연철 통일부장관, 대한민국시도지사협의회와 '한반도 평화와 번영을 위한 협약' 체결(2019.7.24)
✓ 지방자치단체를 대북지원사업자로 규정
 - '인도적 대북지원 및 협력사업 처리 규정' 1차 개정 (2019.10)

2021 / 모든 지자체, 일괄 대북사업자 지정
✓ 광역 17개, 기초 226개 지방자치단체를 별도 신청절차 없이 일괄 대북지원사업자 지정
 - '인도적 대북지원 및 협력사업 처리 규정' 2차 개정 (2021.9)
✓ 남북관계발전법 개정 정부-지방자치단체 협력체계 구축을 법제화

2022 / 지자체에 정부 남북협력기금 지원 기능
✓ 지자체 연간 1회 전체사업회의의 50% 이내 정부 남북협력기금 사용 기능
✓ 시도 교육청도 남북교류협력사업 행위자로 명시
 - '인도적 대북지원 및 협력사업 처리 규정' 3차 개정 (2022.1)

*출처: 황교욱(2022), 경상남도 남북교류협력의 돌아봄과 내다봄, 「경남발전」 제159호(2022.07.), 경남연구원.

이처럼 2019년부터 남북관계와 북미관계가 교착 상황을 벗어나지 못했음에도 불구하고 지방자치단체는 중앙정부, 시민사회, 기업과 함께 남북교류협력의 핵심적 행위자로 자리매김하는 진전을 이뤄냈다. 2018년부터 남북관계의 급

진전에 대응해 지방자치단체 스스로의 내부추진체계를 강화하려는 노력과 중앙정부의 '분권형 대북정책' 추진이 맞물려 선순환을 이룬 결과였다. 따라서 지방자치단체는 남북교류협력의 정책 환경이 새롭게 변화된 조건에서 지속가능한 남북관계의 발전 국면이 도래할 때를 대비해 지방의 특성과 장점을 활용한 상생형 남북협력 구상 마련, 지방자치단체 간 유기적인 협력 거버넌스 구축, 중앙정부–광역–기초 지방자치단체 간 다층적인 분업 체계 구축 등 보다 능동적이고 체계적인 준비를 해 나가야 할 것이다.

V

지방자치단체 남북교류협력의 발전 과제: 다층 거버넌스·평화경제 구상

　문재인 정부 시기에 지방자치단체의 남북교류협력은 외부적 제약 요인으로 본격적으로 재가동되지는 못했지만, 지방자치단체가 남북교류협력의 당사자로서 법적·제도적 권한을 부여받음으로써 중앙정부와 지방정부가 새로운 협력관계로 재구성되는 발전 성과를 남겼다. 향후 남북관계가 활성화되는 시기가 오면 지방자치단체가 남북교류협력에서 차지하는 위상과 역할은 분명 높아질 것이다. 다시 '대화와 협력이 시대'가 도래할 때를 대비해 지방자치단체는 지방 차원 남북교류협력의 유기적 추진 기반과 역량을 마련하는 노력을 계속해 나가야 한다.

　이 장에서는 앞에서 지방자치단체 남북교류협력의 전개 과정을 돌아봄으로써 현재 여건을 진단한 것을 바탕으로 미래의 발전 과제를 내다보고자 한다. 첫 번째로는 지방자치단체를 기반으로 다층적이면서도 유기적인 남북교류협력 추진체계를 구성할 것, 두 번째로는 지방 차원의 평화경제 구상을 마련할 것을 제안한다.

1. 다층적 거버넌스를 통한 유기적 협력 체계 구축

　앞에서 살펴보았듯이 문재인 정부 시기에 지방자치단체가 남북교류협력에서 법적 위상을 획득하고 대북·통일정책에서 일익을 담당하게 되면서 남북교류협력에 참여하는 행위자들이 다양해졌다. 물론 지방자치단체가 2000년대에도 남북교류협력에 중요한 역할을 했지만, 민선 8기 지방정부 시기(2022~2026년)부터는 권한과 행·재정 능력 측면에서 더 큰 위상과 영향력을 확보하게 되었다. 따라서 정부, 지방자치단체, 민간단체, 공공기관, 기업 등 남북교류협력에 참여하는 다양한 행위자들 간의 유기적이고 조화로운 협력의 질서를 구성하는 것이 중요한 과제로 대두된다고 하겠다. 특히 지역 차원의 남북교류협력은 '지방정부' 역할을 하는 지방자치단체를 중심으로 남북교류협력 거버넌스를 재구성하고 전문성과 역량을 강화해 나갈 필요가 있다.

1) 다층적 거버넌스: 지자체 간, 중앙-광역-기초 간 협업체계 구축

첫째, 남북교류협력 영역에서 지방자치단체 간 '협력의 문화', '협력의 제도'를 구성해야 한다. 그동안 남북교류협력사업을 추진했던 지방자치단체들은 소통의 부재, 경쟁의 과열, 사업의 유사·중복성 등의 문제들로 효율성이 저하되는 문제들이 발생해 왔다. 앞으로 북한과의 협력을 증진하기 위해서는 우선 '지방' 간의 연대와 협력 체계가 성립되어야 남북협력의 효율성이 높아지고 남북관계 발전에도 기여할 수 있을 것이다.

지방자치단체 간 거버넌스 구축 측면에서 문재인 정부 시기에 지방자치단체 간 연대를 위한 다자협력기구들이 처음으로 만들어지는 성과들이 있었다. 대한민국시도지사협의회 내에 설치한 '남북교류협력특별위원회'[5], '남북평화협력

---

5 남북교류협력특별위원회는 △시·도 차원의 남북교류협력 과제 연구와 발굴, △시·도의 남북교류협력사업에 대한 상호협력·분담 방안 논의 및 개발, △중앙부처, 국회 등 관계기관·단체와 상호협력·분담 방안 논의 및 개발, △남북교류협력 관련 대정부·국회 등 정책과제 건의 등의 기능을 수행한다. 대한민국시도지사협의회, '남북교류협력특별위원회 설치·운영 규정'.

지방정부협의회'[6], '전국 남북교류협력 지방정부협의회'[7] 등이다. 이처럼 지방자치단체 간 협력과 유기적 추진기반을 확대·강화하고 '지방자치단체 간 남북교류 거버넌스'를 구축해 연대의 수준을 획기적으로 발전시킬 필요가 있다. 지방자치단체는 중앙정부와의 효율적 협력체제를 구축함과 아울러 '지방' 간 유기적 거버넌스와 다자협력기구의 기능과 역할을 발전시키는 담론을 실천해야 할 것이다. '지방'은 중앙정부로부터 남북교류협력의 행위자 주체성을 획득하고 자율적인 대북교류를 추진할 수 있는 권한을 부여받은 기회를 통해 중앙-지방, 지방-지방 간의 효율적이고 유기적인 분업체제를 구성할 수 있도록 통일된 규범과 집단적 문화의 영향을 받는 '유기적 정체성'으로 재구성되어야 할 것이다. 이렇게 될 때 과거 중앙정부가 우려했던 지방 간의 경쟁과 혼란, 무질서 상황을 극복할 수 있을 것이다.[8]

둘째, 중앙과 지방 간 협력 거버넌스를 유기적 정책분업체계를 구성해야 한다. 현재 정부(통일부)는 '지방자치단체 남북교류협력 정책협의회'를 구성·운영하고 있으나 행정적·형식적으로 운영하거나 '질서 있는 남북교류'와 같은 중앙정부 중심적 사고가 관철되는 경향이 있는 것으로 평가된다. 앞으로는 한반도 평화협력의 새로운 질서를 만들기 위해서는 중앙정부뿐 아니라 전국의 지방자치단체들도 대북·통일정책의 동반자라는 공동인식하에 제도를 재구성할 필요가 있다. 이를 위해서 통일부는 북한 동향 및 남북교류협력 관련 정보를 지방자치단체와 공유하는 정책정보 공유체계 마련, 남북대화 과정에서 지방자치단체(또는 지자체 간 협의체)의 남북대화 채널 개설 지원, 남북교류 활성화에 대비해 현 남북교류협력시스템(www.tongtong.go.kr)의 지자체 사업절차 간소화(원스

---

6 지방자치법상 지방자치단체 간 행정협의회의 하나로 2021년 5월 21일 출범하였으며 출범 당시 경기도를 비롯해 전국의 기초 지방자치단체 총 61개가 가입해 참여하고 있다. 운영 목적은 "남북 교류와 협력을 촉진하기 위하여 필요한 사무를 관계 지방자치단체가 공동으로 처리하기 위하여 행정협의회를 구성함으로써, 남북의 화해와 한반도의 평화를 증진하고 남북경제를 발전시켜 평화통일에 이바지"하는 것이다. '남북평화협력 지방정부협의회 규약'.

7 남북경제문화협력재단이 제안하여 전국의 기초 지방자치단체들이 구성한 행정협의회로 2021년 9월 기준 총 45개의 지방자치단체들이 가입하였고 2021년 10월 출범해 운영하고 있다.

8 황교욱(2016), 「지방의 남북교류협력 변화과정 연구」, 인제대 박사학위논문, 249쪽.

톱 서비스), 통일부-지방자치단체 간 인사교류·교육 등 지원정책을 획기적으로 강화해 나갈 필요가 있다. 이처럼 중앙-지방정부 관계가 형식적 지원체계 수준에 그치지 않고 유기적인 정책분업 관계로 발전할 때 정부-지자체 간 협의체, 광역 지자체 간 협력, 광역-기초 지자체 간 협력 등 전체적인 다층 거버넌스가 실질적으로 작동하면서 유기적인 정책환류가 이루어져 한반도 평화정책의 성과를 창출하는 다층 거버넌스가 구축될 수 있을 것이다.

2) 지방자치단체-시민사회의 민관협력 거버넌스

지방자치단체가 자율적인 남북교류협력을 추진할 수 있는 법제도 개선이 이루어졌다고 해도 시민사회(민간단체)와의 민관협력은 지속적으로 추진하여야 한다. 지역에서의 남북교류협력은 많은 시민들이 참여할 수 있는 '풀뿌리 통일운동'으로 구현될 때 사업의 지속성, 안정성, 효율성을 거둘 수 있다.

이와 관련해 지방자치단체와 시민사회의 효율적인 민관협력 거버넌스 구축 사례들을 참조할 필요가 있다. 2007년 경상남도와 '경남통일농업협력회'가 협력해 경남도민 20여만 명이 모금에 참여해 '평양 장교리 소학교 건립사업'을 실현한 사례, 전라남도가 기존에 운영되던 '전남도민남북교류협의회'에 참여해 2019년 '전남 남북교류평화센터'를 설립해 전남의 광역-기초 지방자치단체와 민간단체가 협치 운영하는 사례, 강원도의 '반관반민(半官半民)' 남북교류협력 기관인 '남북강원도협력협회'와 제주도의 '남북협력제주도민운동본부' 등 과거 모범적인 민관협력 추진 사례에서 정책적 함의를 발견하고 향후 시민사회와 더불어 만드는 남북교류협력 거버넌스를 지속적으로 육성해 나가야 할 것이다.

3) 지방자치단체 역할 증대에 대응한 '남북 거버넌스' 형성

지방자치단체가 남북교류협력을 시작한 초기에는 북한이 '지방자치단체'에 대한 이해 부족과 거부감이 존재했으나 협력의 경험이 쌓일수록 조금씩 지방자치단체와의 협력의정서(MOU) 체결이나 공동기념행사, 민간단체와의 연계협력 사업에 적극적인 경향이 증대하였다. 앞으로는 북한도 남북교류협력 추진 의지와 역량이 높아진 지방자치단체와 함께 일할 수 있도록 '맞춤형 대응체계'를 위한 근본적 대책을 마련할 필요가 있다. 과거 지방자치단체의 북측 대응창구였던 조선노동당 통일전선부 소속 민족화해협의회(민화협)로는 향후 남북교류협력의 본격화 국면에서 지방자치단체의 사업 수요에 제대로 대응하기 힘들 것으로 예상된다.

따라서 향후 남북 당국 간 대화가 재개되면 중앙정부(통일부 등)는 남북협상 과정에서 지방자치단체에 대응할 수 있는 북한의 제도 마련 대책을 요구하고 유도할 필요가 있다. 예를 들면 지방자치단체가 '지방정부'의 성격을 가진 점을 고려해 북측은 기존의 '민화협' 창구가 아닌 국무위원회 산하 조국평화통일위원회(조평통) 내에 지방자치단체 사업 담당 부서를 신설하고, 지역을 대상으로 하는 협력사업의 경우 지방 인민위원회 및 당위원회와의 연계 기능을 마련하는 방안을 검토해 볼 수 있다.

2. 지방의 한반도 평화경제 구상

1) 지방 차원의 '평화와 경제의 선순환' 접근

'평화경제'라는 용어는 3·1운동과 임시정부 수립 100주년을 맞은 2019년 8·15 광복절 경축사에서 '한반도 평화와 번영의 새로운 시대'라는 국가 대전략 개념 제시의 일환으로 문재인 대통령이 언급한 것이다. 남북 간 평화와 경제협력의 역동적 상호 관계, 즉 '평화와 경제의 선순환'을 실현해 한반도 평화와 번영의 시대를 열겠다는 정책 의지의 표명인 것이다. 평화경제를 위한 남북경협의 추진은 한국경제의 새로운 도약의 기회로서 어쩌면 선택이 아닌 필수적 과제라고 할 수 있다. 우리는 이미 금강산 관광과 개성공단 사업을 통해 평화경제 효과를 이미 체험한 바 있다. 남북 간 공고한 경제적 유대와 경제적 공동체를 형성함으로써 동시에 평화도 정착시키고 지속가능한 평화번영, 나아가 경제통일을 달성하자는 국가 비전에 지방은 어떤 역할을 할 것인지 모색해 나가야 한다.

2018년 남북관계가 급진전되자 전국의 대부분 지방자치단체들이 남북경제협력을 준비하기 시작했다. 이러한 배경에는 대체로 '저성장의 늪'에 빠진 지역경제의 새로운 돌파구 중 하나로 평화경제를 통한 신성장동력을 창출하려는 것이다. 따라서 과거의 지방자치단체 남북교류협력 방식이 대체로 물자지원이나 개발협력이 주를 이루었다면, 앞으로는 남북이 상호 이익을 얻을 수 있는 경제협력 사업을 병행하려는 접근으로 해석된다. 북한도 김정은 위원장 집권 이후 과학기술혁신에 기반한 '단번 도약'을 위해서 국가의 모든 자원을 경제발전에 집중하고 있다.[9] 그렇기에 북한도 과거의 남북협력 프레임을 탈피해 규모 있는 비즈니스성 협력사업, 과학기술 지식공유 및 기술인력 교류 등을 통해 남북의 공동이익을 창출하는 경제협력 모델을 추구할 것으로 전망된다. 따라서 지방자치단체를 포함해 지역사회의 민간기업 및 공기업, 경제인 단체 등은 자기 지역의 산업적 강점을 활용해 남북한 당국의 평화경제 이니셔티브와 연계한 남북경협 전략을 중장기적으로 준비할 필요가 있다.

2) 원칙과 방향

지방 차원의 평화경제 구상을 수립하기 위해서는 몇 가지 공통된 원칙과 방향을 살펴볼 필요가 있다. 아직까지 중앙정부나 개별 기업이 아닌 지방 차원의 남북경협에 관한 사례나 선행 연구가 없기 때문에 시론적 수준에서 지방자치단체의 평화경제 구상의 원칙과 방향을 검토해 보면 다음과 같다.

첫째, 선경후정(先經後政)의 원칙이다. 즉 지역 기업을 앞세우고 지방자치단체는 지원과 협력에 주력해야 한다. 경제협력의 당사자는 기업이기 때문에 지방

9   최은주, 2019, 『김정은 시대 북한의 경제발전 전략: 단번도약과 혁신체제 구현』, 세종연구소, 41쪽.

자치단체는 남북경협 여건 조성을 위해 정부나 북측과의 협의, 경협 컨설팅 및 정보 제공 등 지원에 주력하며 기업과 밀접한 협력 체계를 구축할 필요가 있다. 또한 해당 지역이 가진 산업적 강점을 활용해야 한다. 지역이 보유한 농수축산업, 제조업, IT·스마트산업, 에너지·인프라 등 다양한 산업 분야 중 북한과의 경제협력이 가능한 분야에 대한 사업 타당성을 구체적으로 검토해 추진해야 한다.

둘째, 선이후난(先易後難)의 원칙이다. 국제사회의 대북제재가 완화 및 해제될 시 단계적으로 실현 가능한 중장기 추진계획을 수립해야 한다. 대북제재 부분 완화 국면에는 제재 면제 검토 조항에 해당하는 민생과 직결된 사업이나 공공 인프라 부문이 우선 추진될 가능성이 높다. 초기에는 중앙정부와 공공부문이 선제적으로 남북경협을 추진할 것으로 전망되기에 여기에 지역 기업의 참여 방안을 모색할 필요가 있다. 또한 조기에 실현가능한 개성공단, 금강산을 비롯한 관광사업 등에 지역 기업의 대북진출을 지원하고, 중장기적으로 대북제재 완전해제 후 경제협력이 본격화될 국면에 대비해 산업연계, 항만물류, 자원에너지 협력 등 중장기적인 단계별 추진계획을 수립해 나가야 한다.

셋째, 중앙-지방 간 유기적 협력 필요성이다. 중앙정부가 검토하고 있는 '한반도 신경제 구상'은 북한이 지정한 경제특구·경제개발구를 주요 대상으로 환동해·환서해·접경지역의 3대 축을 중심으로 평화경제벨트를 조성한다는 구상이다. 이러한 중앙정부의 정책과 연계된 남북경협을 추진하기 위해서는 중앙정부, 지방자치단체, 기업의 유기적 역할 분담이 필요하다. 중앙정부의 평화경제 구상이 가시화되는 시기에 지방 차원의 경제협력사업 연계를 위한 중앙-지방 간 소통, 협의 구조를 마련해야 한다. 이를 위해 지역 소재 경제인 단체나 대기업 등과 남북경협을 위한 TF, 경제협력추진위원회 등 협의기구를 구성해 정보 공유 등 사전 준비가 선행돼야 한다. 중앙정부 차원의 '한반도 신경제 구상'이 실행되는 단계에 지방자치단체의 남북경협 구상이 반영될 수 있도록 중앙-지방의 분업 체계도 모색할 필요가 있다.

넷째, 지방 간 초광역 협력 필요성이다. 북한의 경제특구 진출 등 규모가 큰 남북경협의 경우 진출 대상 지역이나 사업내용의 중복을 방지하고 지방 간 협력을 통한 시너지 효과를 위해 지방자치단체 간의 역할 분업 체계를 형성할 필요가 있다. 개별 지방자치단체의 노력만으로 '한반도 신경제 구상'의 환동해·환서해·접경지역 평화경제벨트와 연결되는 북한의 경제특구·경제개발구 지역에 진출하기는 어렵다. 지역 조건이나 산업 인프라가 유사한 인접 지방자치단체 간의 초광역 협력 체계를 통해 개별 지방이 추진하고 있는 사업계획의 공유와 전략사업의 공동 추진을 위한 정책 개발, 협의기구, 네트워크 형성을 통해 체계적으로 준비해 나갈 필요가 있다.

3) 남북한 평화경제 구상과 연계한 추진 전략

북한은 2013년 5월 '경제개발구법'을 제정한 후 같은 해 11월 13개의 경제개발구 지정을 발표했다. 경제개발구는 지방행정기관이 주도권을 갖고 추진하는 중소규모의 경제특구로 북한 기업과 외국 투자자 사이의 합영기업 형태의 개발사업 추진이 가능하다. 2015년에는 양강도 삼지연군 지역의 무봉경제개발구, 함경북도 경원경제개발구를 지정했고, 2017년에는 평양시 강남군 고읍리 일부 지역에 강남경제개발구를 지정했다. 2017년 기준으로 북한의 경제특구 및 경제개발구는 27개로 파악되고 있다.[10]

표 5 ▎ **북한의 경제특구 및 경제개발구 현황(2017년 기준 27곳)**

기존 중앙급 경제특구(4)	중앙급 경제개발구(4)	지방급 경제개발구(19)
• 개성공업지구 • 나선경제무역지대 • 황금평·위화도경제지대 • 원산·금강산국제관광지대	• 신의주국제경제지대 • 은정첨단기술개발구 • 강령국제녹색시범구 • 진도수출가공구	• 경제개발구(압록강, 혜산, 만포, 청진, 경원, 강남) • 공업개발구(위원, 청남, 흥남, 현동) • 수출가공구(송림, 와우도) • 농업개발구(숙천, 북청, 어랑) • 관광개발구(온성섬, 청수, 신평, 무봉)

지방자치단체는 중장기적으로 우리 정부의 '한반도 신경제 구상'과 북한의 특수경제지대(경제특구·경제개발구) 구상이 겹치는 북한 지역을 중심으로 남북 산업연계 평화경제 구상을 마련할 필요가 있다.

한반도의 환동해권 평화경제벨트의 경우 교통물류 측면에서는 동해안 주요 항만들을 연계한 항만축 형성, 전략적 활용도가 높은 나진항, 청진항, 원산항 등 북한 항만개발을 위한 다자협력 가능성이 높고, 산업 측면에서는 배후지로 지하자원과 목재 등 자원이 풍부한 중국 동북지역과 극동러시아가 위치하고 있다. 또 북한의 금강산·원산, 극동러시아, 중국 동북지역 관광지와 연계한 관광산업 발전 가능성이 높으며, 에너지 측면에서는 단천, 무산 등 광물자원과 고원탄전, 함북부탄전, 함북남부탄전 등 석탄산지를 포함하고 있어 에너지 자원 분야 개발 잠재력이 높다.[11]

한반도의 환서해권 평화경제벨트의 경우 교통물류 측면에서는 남북한 수도권 및 주요 경제거점을 연결하는 고속교통 체계 및 첨단 물류망 구축이 가능하고, 산업 측면에서는 남북한 수도권을 연결하는 핵심지대로서 북한의 주요 산업단지, 공업단지와의 남북경협이 활발히 전개될 수 있는 지역이다. 에너지 측면에서는 경제, 산업적 특성과 인프라, 자원 측면에서 향후 남북 에너지 협력이 가장 활발히 이루어질 수 있는 잠재력을 보유하고 있다.[12]

지방자치단체는 자기 지역과 연결되는 환동해·환서해·접경지역 평화경제벨트를 대상으로 인근 지역과의 초광역 협력 체계를 통해 평화경제를 실현할 수 있는 역량과 잠재력을 강화해 나가야 한다. 이를 위해 지방자치단체 간 상호 협력하에 추진이 가능한 경제협력 사업의 범위, 성격, 목표, 추진전략 등을 공동으로 마련한 다음, 각자의 세부적인 남북경협 대상 지역과 사업 영역을 설정하는 협업체계를 마련할 필요가 있다. 이러한 접근을 통해 초광역권 공동의 이익과 개별 지방자치단체의 이익을 동시에 달성할 가능성이 높아진다. 초광역권 차원의 남북경협 구상과 중앙정부의 '한반도 신경제 구상'과의 유기적 연계 가능성

---

11 이현주 외, 2018, 『한반도 신경제지도 구상을 위한 기초 연구』, 국토연구원, 79~81쪽 참조.
12 이현주 외, 2018, 『한반도 신경제지도 구상을 위한 기초 연구』, 국토연구원, 79~81쪽 참조.

이 높아질 뿐 아니라 장기적으로 남북한 중앙정부 차원의 통합적 국토 발전계획과 연계한 실제적인 중앙정부–지방자치단체 간의 평화경제 구상 실현을 위한 협력 거버넌스가 형성될 수 있다.

제6장

남북 해양수산 협력의
현황과 새로운 패러다임

진희권 부산대학교 통일한국연구원 연구원

I
바다의 경제적 가치,
무한한 성장과 협력의 가능성

　　지구가 푸른색으로 보이는 것은 바닷물 때문이라고 한다. 바다는 지구 표면의 71%를 차지하고 있으며, 지구의 물(Water) 중 97%는 바다이다. 바다는 지구 산소의 75%를 공급하고 있으며, 지구 전체 생물의 90%(약 1,000만 종)가 서식하고 있다.[1] 바다는 각종 해조류부터 물고기까지 제공하는 커다란 식량 창고로서 우리를 살찌우고, 우리의 지친 일상을 위로하고 치유하는 장소이기도 하다. 또한 바다는 세계 어디라도 연결해 주는 물류의 통로이자, 수많은 사람들에게 일자리를 제공해 주는 거대한 일터이기도 하다. 바다는 인류의 생존과 번영에 없어서는 안 될 필수적인 공간이다.[2]

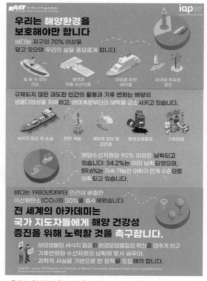

그림 1 ┃ 국제한림원연합회 해양환경보호 성명서 인포그래픽

*출처: 한국과학기술한림원, https://kast.or.kr/ (검색일: 2022.1.11.)

1 　박광서·황기영, "세계 각국의 해양정책과 Blue Economy에 관한 소고", 「해양정책연구」 제24권 2호, 2009, p. 36.

2 　국제한림원연합회(IAP: the InterAcademy Partnership) 해양환경보호 성명서, 2021.6.1.

유엔 식량농업기구(FAO)의 보고서에 따르면 2018년 전 세계 수산물 생산
량은 약 1억 7,850만 톤이며, 1인당 수산물 소비량은 20.5kg이라고 한다. 전
체 수산물 생산의 64.5%를 바다가 담당하고 있다. 수산업 종사자는 약 5,950
만 명이며, 이 중 아시아가 약 5,038만 명으로 약 85%의 비중을 차지하고 있다.
2018년 기준 우리나라의 수산물 생산량은 약 376만 톤으로 세계 18위, 1인당
수산물 소비량은 68.4kg으로 세계 1위를 기록했다.[3] 2020년 기준 우리나라의
수산물 수출액은 약 23억 달러, 수입액은 약 54억 달러를 기록했으며, 수출액
비중은 김, 참치, 어류가공품 순이었으며, 수입액 비중은 오징어, 명태, 새우, 연
어 순으로 나타났다.[4]

표 1 ┃ 세계 수산물 생산 현황(2018년 기준)   (단위: 만 톤)

구 분	어로어업	양 식	합 계
해 양	8,440	3,080	11,520
내수면	1,200	5,130	6,330
합 계	9,640	8,210	17,850

*출처: FAO, 「The State of World Fisheries and Aquaculture 2020: Sustainability in action」,
2020의 내용을 정리

오늘날 세계를 오고 가는 화물의 90% 이상은 해상으로 운송되고 있으며,
2020년 현재 전 세계 해상물동량은 115억 1천만 톤에 달한다.[5] 이는 2019년
119억 4천만 톤에 비해 3.6% 감소한 수치로 코로나19 팬데믹 등으로 인한 교
역량 감소에 따른 결과이다. 이와 같이 해상물동량은 세계경제의 추이와 밀접
하게 연관되어 있다. 이는 아래 그림을 통해 구체적으로 확인할 수 있다.

---

3 2018년 기준 수산물 생산량 1위는 중국(약 6,240만 톤), 2위는 인도네시아(약 1,290만 톤), 3위는
  인도(약 1,160만 톤)
4 해양수산부, 「2020년 수산물 생산 및 유통산업 실태조사」, 2021, pp. 51~58.
5 이승호·백충기, "글로벌 해운시장 전망과 시사점", 「BNK 경제인사이트」 NO. 2021-3, p. 2.

그림 2 ┃ 세계경제 성장률과 해상물동량 변화 추이

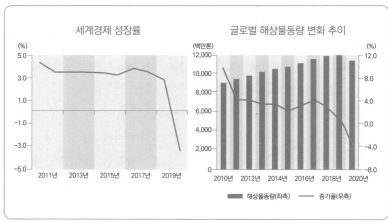

*출처: 이승호·백충기, "글로벌 해운시장 전망과 시사점", 「BNK 경제인사이트」 NO. 2021-3, p. 2.

우리나라의 무역의존도[6]는 2019년 현재 63.33%로 경제협력개발기구 (OECD) 37개 회원국 중 15위를 기록하고 있다. 삼면이 바다로 둘러싸여 있고 국토가 분단되어 육로가 막혀 있는 우리나라의 지정학적 특성으로 수출입화물 의 해상운송 비중은 99% 이상이다.[7] 특히, 원유와 철광석, 연료탄 등 원자재는 100% 해상으로 운송되고 있으며, 2020년 기준 우리나라 산업별 수출액 순위에 서 해운산업은 273억 달러로 3위를 기록했다.[8] 이와 같이 해운업은 세계 경제와 직결된 산업으로 우리나라 경제·무역에서도 막대한 비중을 차지하고 있다.

---

6 한국의 전체 수출입 총액을 명목 국내총생산(GDP)으로 나눈 수치로 한 나라 경제가 수출입에 의존 하는 정도를 나타내는 지표. 무역의존도가 높으면 세계 경제 상황 등 외부 충격에 취약할 수 있다. 2020년 한국의 무역의존도는 2005년(58.38%) 이후 최저치로 코로나19 팬데믹의 여파로 해석할 수 있다. 한국의 무역의존도는 2011년(86.14%) 최대치를 기록한 이후 지속적으로 하락해 2016년 60.11%, 2017년 64.82%, 2018년 66.08%를 기록했다.

7 2017년, 중량 기준 수출입 화물의 99.7%는 해상으로 운송되었다. 가격 기준의 경우 해운 비중은 약 70%이며, 나머지는 항공이 차지하고 있다. 2021년의 경우 코로나19 팬데믹으로 인한 컨테이너 부족과 반도체, IT, 의약품 등 고부가가치 품목의 수출 증가로 가격 기준 항공 운송의 비중이 역대 최고인 35.7%를 기록했다.

8 한국해운협회, https://www.shipowners.or.kr:4432/about/industry.php(검색일: 2022.1.17.)

그림 3 ▌ 운송모드별 한국 수출입 점유율(2017년 기준)

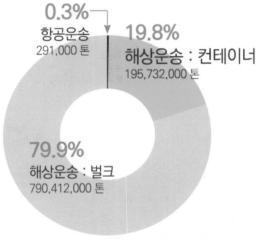

자료출처 : e-나라지표, 국토교통부, 해양수산부,
'수출입 물동량통계(excl. 환적화물)', 2017년

*출처: 물류와 같이, https://clomag.co.kr/article/3155 (검색일: 2022.1.17.)

　해양은 막대한 광물과 에너지를 보유하고 있는 자원의 보고이기도 하다. 해양에는 세계 매장량의 32.5%에 해당하는 1.6조 배럴 이상의 석유가 있으며, 전세계가 최대 1만 년을 사용할 수 있는 양의 금속자원도 매장되어 있다. 더구나 해양의 95%는 아직 미개발 상태이며, 해저열수광상[9], 망간단괴[10], 해양생물, 해수에 용해되어 있는 광물 및 조력, 파력 등 해양 자원은 실로 방대하다.[11]

9　수심 1천~3천m의 해저지각이 형성되는 해령지역, 지각이 충돌하는 해구지역 및 해저활동이 활발한 해저산 지역에서 해저 마그마로부터 분출된 열수가 지하 틈으로 상승·침전된 광물로서, 불출공을 중심으로 광상이 발달.
10　해수 및 퇴적물 내 금속 성분이 해저에 침전되어 만들어지는 다금속 산화물
11　박광서·한기형, 앞의 논문, p. 37.

그림 4 ❙ 해양 자원의 잠재 가치

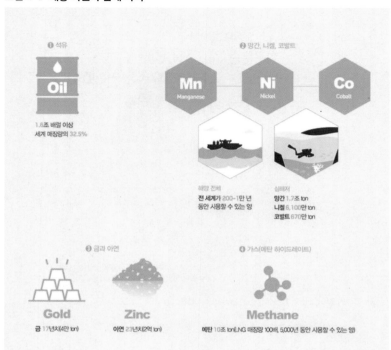

*출처: 한국지질자원연구원, https://www.kigam.re.kr/gallery.es?mid=a10206100000&bid=
0007&b_list=8&act=view&list_no=1887&nPage=2&vlist_no_npage=0&keyField=&keyW
ord=&orderby=(검색일: 2022.1.17.)

    해양관광은 전 세계 관광시장에서 약 50%의 비중을 차지하고 있다. 주요
선진국들은 해양관광의 경제적 가치와 중요성을 인지하고 적극 육성에 나서고
있다.[12] 세계관광기구는 '미래 10대 관광 트렌드' 중 해변, 스포츠, 크루즈 등
6개 분야가 해양과 연안에서 이루어질 것으로 분석했다. 우리나라의 경우에도
주 52시간 근무 정착과 워라밸을 중시하는 소비 흐름이 확대되며 관광수요가
증가하고 있다. 우리나라는 국토의 삼면이 바다이며, 지역별로 다양한 해양관

---

12   기획재정부, 「해양레저관광 활성화 대책」(2019.5.15.)

광 자원을 보유하고 있어 해양관광의 발전 가능성이 무궁무진하다. 또한, 전 인류적 과제라 할 수 있는 기후위기 대응을 위해서도 해양의 보호와 활용은 시급한 과제라 할 수 있다. 지난 2021년 12월 해양수산부는 2050 온실가스 배출목표를 탄소중립(Net Zero)을 넘어 - 324만 톤으로 설정한 '해양수산 분야 2050 탄소중립 로드맵'을 발표한 바 있다. 해수부는 해운업, 수산업 등 해양수산업에서 발생하는 탄소배출 감축은 물론, 파력, 조력 등 해양에너지 개발과 함께 갯벌, 바다숲 등 블루카본[13]을 활용해 탄소흡수원을 확충할 계획이라고 한다.[14]

위에서 다 열거하지 못했지만, 조선업, 항만, 해양기기·장비, 해양과학기술 등 바다를 활용한 산업의 폭은 훨씬 넓으며, 다양한 경제적 가치를 창출하고 있다. 우리나라 경제발전 과정에서도 바다는 큰 몫을 담당하였다. 또한, 바다에는 아직도 무한한 성장 잠재력이 있으며, 인류가 당면한 기후변화, 자원 고갈 등의 문제를 해결할 수 있는 가능성이 있다.

북한에게도 바다는 가능성의 공간이다. 하지만 경제발전의 관점에서 보자면 북한은 바다를 잃어버린 나라이다. 분단으로 한국경제가 대륙으로의 연결이 차단되었다면, 북한은 경제성장을 위한 해양으로의 진출이 사실상 봉쇄되었다.[15] 분단으로 동과 서의 해안선이 분리되었으며, 경제적 어려움으로 수산업 발전은 제한적이다. 또한, 국제사회의 제재 등으로 해상 교역도 자유롭지 못하다. 남북 해양수산 협력은 북한에게 오래된 가능성의 문을 열어주는 계기가 될지도 모른다. 바다를 통해 북한도 세계와 소통할 수 있다면, 새로운 발전의 길을 모색할 수 있을 것이다. 남과 북이 함께 한반도 바다의 무한한 잠재력을 활용하게 된다면, 더 큰 시너지 효과를 발휘할지도 모른다. 육지에는 휴전선과 비무장지대가 한반도의 허리를 가르고 있지만, 바다에는 물리적인 철책도 군사적·법적 경계선도 존재하지 않는다. 오늘도 물고기들은 자유롭게 남과 북의 바다를 오가고 있다.

---

13 염생식물, 잘피 등 연안에서 서식하는 식물과 갯벌 등의 퇴적물을 포함한 해양생태계가 흡수하는 탄소.
14 해양수산부 보도자료, '해양수산, 탄소중립을 넘어 탄소네거티브로' (2021.12.16.).
15 이석, "북한 경제와 남북경협, 그리고 바다" 「KMI 북한해양수산리뷰」, 2021. 1호, p. 2.

II
남북 해양수산 협력 여건

　한반도의 바다에는 육상과 달리 경계선이 존재하지 않는다. 휴전선도 비무장지대도 없다. 육상과 바다는 군사적, 법적, 정치적 조건과 상황은 물론, 관할권도 다르다. 이는 1953년 7월 27일 조인된 군사정전협정[16]에서 해상 경계를 확정 짓지 않았기 때문이다. 정전협정에 따라 군사분계선이 그어졌고 남북으로 각 2km의 비무장지대가 설정되었다. 군사정전위원회의 허가 없이는 누구도 군사분계선을 통과할 수 없도록 하였다. 하지만 바다에 대해서는 서해 5도(백령도, 대청도, 소청도, 연평도, 우도)는 국제연합군 총사령관의 군사통제하에 있다는 점과 한강 하구는 쌍방의 민용 선박에 항행을 개방한다는 내용을 명시했을 뿐이다.

　정전협정에 따르면 남북한 접경지역은 육상 비무장지대와 한강 하구, 서해 5도 수역으로 구분할 수 있다. 다음 표에서 보는 바와 같이 이들 지역은 정전협정의 구속을 받지만 법적 성격, 관할권과 민간의 이용 여부가 각이하다. 서해의 경우 북방 다섯 개 섬의 관할권과 영해 존중의 원칙만 명시했을 뿐이며, 유엔사의 통제를 받지 않는다. 동해의 경우에는 아무런 규정도 없다. 해상에는 육상의 군사분계선이나 비무장지대와 같은 경계선이 존재하지 않는다. 해상에도 남북한의 경계선이 있다는 사고는 다분히 육상 중심적인 사고라 할 수 있다. 물론 NLL(북방한계선: Northern Limit Line)이 있어 사실상의 경계선 역할을 하고

16　공식 명칭은 '국제연합군 총사령관을 일방으로 하고 조선민주주의인민공화국 최고 사령관 및 중공 인민 지원군 사령원을 다른 일방으로 하는 한국 군사 정전에 관한 협정'이다.

있지만 NLL은 정전협정 이후인 1953년 8월 30일 설정되었다. 또한, NLL이 남북한의 실효적 해상 경계선의 역할을 하고 있는 상황에서도 동서해 NLL 접경수역에 대한 남북한의 권한이나 유엔사의 역할은 육상과 판이하다. 육상에 비해 유엔사의 개입 여지가 극히 제한적이다. 물론, 이와 같은 이유로 남북한의 접경해역에서는 갈등이 지속되고 있다.

이와 같은 상황을 바탕으로 남북한 해양수산 협력의 공간적 범위라 할 수 있는 한반도 해양을 동·서해와 한강 하구로 나누어 각각의 협력 여건을 검토해보기로 한다.

표 2 ▌ 정전협정상 접경지대에 대한 규율

	육상 비무장지대	한강 하구	서해 5도 수역
관련 법령	• 정전협정 • 정전협정 후속합의서: 비무장지대 일부 구역 개방에 대한 유엔군과 조선인민군 간 합의서 (경의선, 동해선 철도 연결)[17]	• 정전협정 • 정전협정 후속합의서: 한강 하구에서의 민용 선박 항행에 관한 규칙 및 관계사항[18] • 민간 항행 규칙과 관습[19]	• 정전협정 • 국제해양법 • 남북의 해양 관련 법령
법정 성격	• 비무장 완충지대 • 군사분계선 기준 남북 분할 단독 영유	• 비무장 공동 이용 지대 • 남북 공동 영유	• 정전협정상 인접해면 (영해) 존중 원칙[20] • 별도의 비무장지대와 완충지대 없음 • NLL이 사실상 군사분 계선 역할 • 남북 공동의 배타적 경제수역 • 국제해양법상 무해통 항권 보장

---

17 2000년 남북정상회담에서 합의된 철도와 도로 연결을 위해 북한 인민군과 유엔군사령부는 정전협정의 내용을 수정하는 후속합의서를 체결하였다. 경의선을 위한 합의서 '비무장지대 일부 구역 개방에 대한 국제연합군과 조선인민군 간 합의서'(2000.11.17.)와 동해선 연결을 위한 합의서 '비무장지대 일부 구역 개방에 대한 국제연합군과 조선인민군 간 합의서'(2002.9.12.)가 그것이다.

	육상 비무장지대	한강 하구	서해 5도 수역
관할권	• 군사정전위원회 및 유엔사	• 군사정전위원회 및 유엔사 • 남북 당국	• 적대행위가 아닌 이상 유엔사는 관할권 없음 • 남북 당국 및 국제사회
민간 이용	• 민간 출입 원칙적 금지 • 군사정전위원회 및 유엔사의 특정한 허가 필요	• 민용 선박 운항 원칙적 허용 • 군사정전위원회 및 유엔사에 등록 필요	• 국제해양법에 따른 해수 이용 보장 • 남북 법령에 따른 어로활동 보장

* 출처: 정태욱, "한강 하구의 공동 이용: 정전협정과 유엔사의 관할권," 『민주법학』, 제74호(2020.11), p. 51.

1. 서해 접경수역

서해 접경수역의 경계선은 NLL(북방한계선)이다. 서해 NLL을 두고 남과 북은 오랜 시간 갈등을 겪었으며, 제1차 연평해전(1999.6.15.), 제2차 연평해전 (2002.6.29.), 대청해전(2009.11.10.), 연평도 포격전(2010.11.23.) 등 군사적 충돌로 인해 많은 인명 손실을 경험하기도 했다.

서해 접경수역의 갈등과 무력 충돌의 근본적 원인은 정전협정에 서해에 대한 경계가 명확하지 않기 때문이다. 정전협정에서는 육상경계선인 군사분계선 (Military Demarcation Line: MDL)만 설정하고 해상경계선을 설정하지 않았다. 정전협정 이후 당시 주한 유엔군 사령관 클라크(Mark Wayne Clark)가 북한과 협의 없이 NLL을 설정했으며, 이후 NLL이 사실상의 해상군사분계선으로 자리 잡게 되었다.[21] 북한은 NLL을 인정하지 않으며, 새로운 해상경계선 설정을 지속적으로 요구했으며, 1991년 12월 남북기본합의서 채택 당시 남과 북

---

18 1953년 10월 3일 군사정전위원회 제22차 회의에서 비준하였으며, 1953년 10월 10일부터 발효되었다.
19 위의 합의서 6항은 "민간에서 오랫동안 관습적으로 사용하여 온 한강 하구 수역 내에 성문화되지 않은 항행 규칙과 습관은 정전협정의 각항 규정과 본 규칙에 저촉되는 것을 제외하고는 쌍방 선박이 이를 존중하고"라고 명시했다.
20 정전협정 제2조 15항
21 고유환, "서해평화협력특별지대 재론과 경계 갈등," 『북한연구학회보』, 제21권 제2호(2017), p. 2.

통일
교육

156

은 추후에 해상불가침경계선을 재설정하기로 합의하기도 하였다.[22] 하지만 이에 대한 합의는 이루어지지 않았고 1999년 9월 2일 북한은 "NLL은 불법, 무법의 선"이라고 주장하며, 서해 해상군사분계선(경비계선)을 일방적으로 선포했고, 2000년 3월 23일에는 '서해 5개 섬 통항 질서'를 선언했다.[23]

그림 5 ┃ **서해 북방한계선(NLL)과 북한 주장 해상경계선**

*출처: "북방한계선(NLL)과 북 주장 해상경계선,"연합뉴스, 2013.6.21, https://m.yna.co.kr/view/
GYH20130621001000044 (검색일: 2022.1.18.).

동·서해 북방한계선(NLL)에 대해 유엔사는 실질적인 해상경계선이라는 입장을 표명하였다.[24] 유엔사는 1999년 6월 11일 북한에 장성급 회담을 제의하면서 NLL은 북한군과 한국군 사이의 "군사력을 분리하는데 기여해 온 실질적인 경계선으로 사용되어 왔다."고 언급했다.[25] 이어서 1999년 6월 15일 연평해전 발생 당시 개최되고 있던 유엔사와 북한군 간의 장성급 회담에서 유엔사 측 대표는 NLL은 실질적인 해상분계선이며 협상의 대상이 아니며, 새로운 해상불가

---

22 위의 논문, p. 2.
23 위의 논문, p. 4.
24 최지현 외, 『한반도 평화 체제 수립 대비 접경수역 연구』(부산: 한국해양수산개발원, 2019), p. 49.
25 국방부, 『북방한계선에 관한 우리의 입장』, 2002, p. 32.

침 경계선은 남북 간 군사공동위원회에서 협의해야 한다는 입장을 밝혔다.[26] 하지만 유엔사는 북방한계선의 관할권을 주장하지는 않고 있다. 따라서 서해 접경수역 남북한 협력사업과 관련하여 유엔사를 통할 필요는 없다.

역설적이지만 서해 접경수역의 비극적인 군사적 충돌과 인명 손실로 인해 서해 평화수역 조성의 필요성은 부각되었고 이를 실현하기 위한 남북 간 논의가 구체화되었다. 2006년 제3차 '남북장성급군사회담'(3.2.~3.), 제4차 '남북장성급군사회담'(5.16.~18.), 2007년 제6차 '남북장성급군사회담'(7.24.~26.)에서 서해상 우발충돌 방지 대책과 공동어로 수역 설정 문제가 논의되었으나 NLL에 대한 이견으로 합의에 이르지 못했다. 2007년 남북정상선언(남북관계 발전과 평화번영을 위한 선언) 제5항에서는 「서해평화협력특별지대」설치와 공동어로구역과 평화수역 설정을 합의했다. 이후 제7차 '남북장성급군사회담'(2007.12.14.~15.)에서 공동어로구역과 평화수역 설정 문제가 논의되었으나 공동어로구역의 위치에 대한 이견으로 합의를 이루지 못했다. 2018년, 4월 판문점선언(한반도의 평화와 번영, 통일을 위한 판문점선언, 2018.4.27.) 제2조 2항에서는 "서해 북방한계선 일대를 평화수역으로 만들어 우발적인 군사적 충돌을 방지하고 안전한 어로활동을 보장하기 위한 실제적 대책"을 세워나가기로 합의하였다. 이어서 2018년 9월, 군사분야합의서(역사적인 '판문점선언' 이행을 위한 군사분야합의서, 2018.9.19.) 제1조에서는 지상과 해상, 공중을 비롯한 모든 공간에서 일체의 적대행위를 전면 중단하기로 하고 해상 적대행위 중단 구역을 설정하였다. 또한 제3조에서는 서해 평화수역 조성과 어로활동 보장을 위한 군사적 대책을 취하기로 하고 부속합의로 '서해 해상에서 우발적 충돌 방지 및 평화수역 설정, 안전한 어로활동 보장'을 합의하였다. 해당 부속문서에서는 평화수역 설정, 시범 공동어로구역 설정, 남북공동순찰대 조직 등에 대한 세부적 내용을 합의하였다.

---

26 위의 책, p. 33.

2. 동해 접경수역

동해 접경수역의 경계선 또한 NLL(북방한계선)이다. 서해 NLL의 경우 서해 5개 도서(백령도, 대청도, 소청도, 연평도, 우도)와 북한지역의 개략적인 중간선을 기준으로 설정되었으나 동해는 육상 군사분계선의 연장선을 기준으로 경계선을 설정하였다.[27] 설정 당시에는 북방경계선(NBL: Northern Boundary Line)이라 명명했으나 1996년 7월 1일 동·서해 모두 북방한계선(NLL)으로 명칭을 통일하였다.[28]

그림 6 ▌ 동해 북방한계선(NLL)

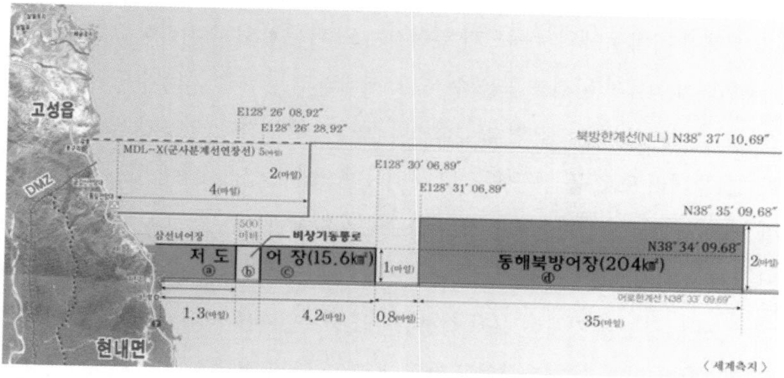

*출처: 강원신문, "동해안 최북단 황금어장 저도, 9일 첫 입어", https://www.gwnews.org/news/articleView.html?idxno=200172 (검색일: 2022.1.18.).

동해 NLL은 위 그림과 같이 육상의 군사분계선의 연장선으로 수직이다. 서해와 같은 섬이 없으며, 해안선이 단조로워 상대적으로 군사적 민감도가 낮다고 볼 수 있다. 1960년대 이후 동해에서는 이렇다 할 남북 간의 군사적 충돌이나 갈등이 발생하지 않았다.[29] 하지만 서해에 비해 상대적으로 갈등이 적은 이

---

27 국방부, 『북방한계선에 관한 우리의 입장』, 2002, p. 8.
28 위의 책, p. 8.
29 1960년대 남북관계는 최악의 국면이었다. 1968년 청와대 습격기도, 울진·삼척 무장공비 침투사건 등이 있었다. 동해 접경수역에서는 명태잡이를 하던 남측 어선들이 빈번하게 북측에 나포되었으며,

유로 남북 해상협력에서 동해에 대한 주목도가 떨어지는 것도 사실이다. 남북 해상협력의 대표사업이라 할 수 있는 공동어로의 경우 동해에 대한 논의가 먼저였다. 남북 간 회담에서 공동어로 사업이 처음 합의되었던 제8차 남북장관급회담(2002.10.19.~22.) 합의문 제6항에서는 "남과 북은 남측 어민들이 북측의 동해어장의 일부를 이용하는 문제와 관련하여 해당 실무접촉을 빠른 시일 내에 금강산에서 갖기로 한다."고 명시했다. 이에 비해 서해 공동어로가 처음 논의된 것은 2005년 남북수산협력실무협의회 제1차 회의(2005.7.25.~27.)였다. 이후 2007년 남북정상선언(남북관계발전과 평화번영을 위한 선언)에서 「서해평화협력특별지대」 설치와 공동어로구역, 평화수역 설정이 합의되었다. 이를 계기로 남북 해상협력의 중심이 서해로 넘어갔다고 평가할 수 있다.

서해에 비해 동해의 주목도가 떨어지는 또 다른 이유로 지리적 요인과 남북 경제협력의 연계성 문제를 꼽을 수 있다. 서해의 경우 남과 북의 수도권 및 개성공단이 인접해 있어 남북 협력의 소재와 동력이 풍부하다. 인구가 많고 거리도 가까울뿐더러 도로 등 접근 환경도 유리하다. 물론 동해 지역에서도 금강산 관광 등의 사업이 진행되었지만 적은 인구와 산악지형, 대도시의 부재 등으로 추진 동력에 한계가 있다.

앞서 언급했던 것처럼 서해 접경수역의 남북협력은 서해상의 갈등과 충돌을 해소하기 위한 수단적 성격이 강하다. 다시 말해 정치군사적 요인의 개입이 크다고 평가할 수 있다. 또한 서해는 남북한의 수도권과 용이한 접근환경 등으로 인해 남북 경제협력의 시너지 효과가 크다. 이와 같은 이유로 2018년 9월 평양공동선언 2조 2항에서는 '서해경제공동특구'와 '동해관광공동특구'를 조성하기로 합의했다. 상대적으로 동해지역 남북협력 사업의 범위가 한정적이라고 평가할 수밖에 없다.

1967년 1월 19일에는 해군 당포함이 동해 NLL 인근 해역에서 북측 해안포의 포격으로 침몰하는 사건이 발생하기도 했다.

3. 한강 하구

한강 하구는 남북한 쌍방 민용 선박의 항행이 가능한 중립수역이다. 정전협정 제1조 5항에서는 "쌍방 민용 선박의 항행에 이를 개방한다."라고 명시하고 있을 뿐, 중립수역이라는 명칭을 사용하지는 않았다. 하지만 남북한 어디에도 속하지 않으며, 상호 이용이 가능하다는 의미에서 중립수역이라 칭하는 것으로 이해할 수 있다. 한강 하구 중립수역은 육상의 군사분계선이 끝나는 파주시 탄현면 만우리에서 시작해 강화군 말도까지의 수역으로 아래 그림과 같다.

그림 7 ▎ 한강 하구 중립 수역

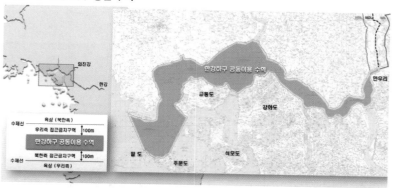

*출처: "남북 공동조사단, 오늘부터 한강 하구 수로조사 시작", 서울Pn (2018.11.5.), http://go.seoul.co.kr/news/newsView.php?id=20181105500010 (검색일: 2022.1.18.).

2018년 9월 체결된 군사분야합의서(역사적인 「판문점선언」 이행을 위한 군사분야합의서, 2018.9.19.)의 부속문서 (한강 하구 공동이용의 군사적 보장)에서는 "남측의 김포반도 동북쪽 끝점으로부터 교동도 서남쪽 끝점까지, 북측의 개성시 판문군 임한리로부터 황해남도 연안군 해남리까지 70km"를 공동이용수역으로 설정하기로 합의하였다. 정전협정의 중립수역과 2018년 군사분야합의서의 공동이용수역은 정확하게 같은 지역을 뜻하지는 않는다. 정확하게는 중립수역 내의 일부 지역을 공동이용수역으로 지정했다고 볼 수 있다. 따라서 중립수역과 공동이용수역은 구분해서 사용할 필요가 있다.

2018년 군사분야합의서의 부속문서에서는 위와 같이 한강 하구 공동이용 수역을 설정하고 이를 위한 기초적 군사 보장대책까지 마련하였다. 당시 합의 한 군사적 보장 대책은 다음 〈표〉와 같다. 이후 제10차 남북장성급군사회담 (2018.10.26., 판문점 북측 통일각)에서는 한강 하구 공동이용수역 항행을 위한 사전조치로 공동 수로조사를 진행하기로 하였다. 이에 따라 2018년 11월 5일부터 12월 9일까지 남북한 공동 수로조사가 진행되었으며, 2019년 1월 30일 남북군사실무접촉을 통해 완성된 해도가 북측에 전달되었다. 이날 회의에서 남북한은 4월 1일부터 민간선박의 한강 하구 시범 운항을 허용하기로 합의하였으나 이후 남북미 관계가 경색되며 이행이 지연되고 있다.

한강(임진강)하구 공동이용의 군사적 보장 대책

① 공동이용수역에 출입하는 인원 및 선박(선박의 형태, 길이 및 톤수, 출입목적, 탑승인원 수, 적재화물)에 대한 관련 내용을 작성하여 서해지구 남북 통신선을 통해 1일 전 상호 통보

② 공동이용수역내 쌍방이 합의한 위치에 각측 통행검소를 설치하고 출입인원과 선박들에 대한 통행검사 진행

③ 공용이용수역에 항행하는 선박들은 상대측 경계선으로부터 100m 이내 접근 불가

④ 공동이용수역에 선박들의 통행시간은 육안으로 관측이 가능한 계절적 특성을 고려하여 (4.1.~9.30)7시부터 19시까지, (10.1.~3.31)8시부터 18시까지로 함

⑤ 공동이용수역에서 항행하는 인원 및 선박들은 정찰 및 감시 장비, 폭발물 및 각종 무기, 총탄 등을 일체 휴대할 수 없음

⑥ 공동이용수역에서 상대측을 자극하는 발언이나 행동 불가

⑦ 쌍박 선박은 상호 충돌을 피하기 위한 항행신호 교환을 제외하고 상대측 선박과 연락 및 통신 할 수 없음

⑧ 공용이용수역 내에서 선박이나 인원이 표류하거나 기타 요인에 의하여 긴급한 상황이 발생하는 경우 인도주의 원칙에서 상호 협력

*출처: 국방부 대북정책관실, 「'판문점선언 이행을 위한 군사분야합의서' 해설자료」(2018.9.19.)를 바탕으로 필자 정리.

정전협정 제1조 5항에서는 한강하구의 항행규칙은 군사정전위원회가 규정한다고 명시하고 있다. 따라서 한강 하구의 관할권은 유엔사가 행사한다. 2006

년, 한강 하구 불법조업 중국어선 단속을 위해 우리 해군과 해병, 해경은 유엔사와 함께 '민정경찰'[30]을 구성했으며, 당시 유엔사 군정위를 통해 단속 사실을 북한에 통보한 바 있다.[31] 유엔사와 함께 구성된 한강하구 민정경찰은 2021년 3월 30일에도 한강 하구에서 중국어선 불법조업에 대응한 훈련을 진행한 바 있다.[32]

---

30 한강 하구에서의 민용 선박 항행에 관한 규칙 및 관계사항(1953.10.3. 군사정전위 제22차 회의 비준) 제5항에서는 "질서 유지와 본 규칙의 각항 규정을 집행하기 위하여 각방은 그 수요에 따라 한강 하구 수역 내에 네(4) 척을 넘지 않는 민사행정 경찰용 순찰 선박과 이십사(24) 명을 넘지 않는 민사행정 경찰을 제공한다."고 명시하고 있다.
31 "군, 한강 하구 중국어선 첫 단속작전", 한겨레, 2016.6.10, https://www.hani.co.kr/arti/politics/defense/747703.html(검색일: 2022.1.18.)
32 "한강 하구서 중국어선 불법조업 대응 훈련", 경인일보, 2021.3.31, http://www.kyeongin.com/main/view.php?key=20210330010006403(검색일: 2022.1.18.)

III

남북 해양수산 협력 사례

남북 해양수산 협력의 공간적 무대라 할 수 있는 동·서해와 한강 하구를 두고 여러 논의와 합의가 있었지만 대다수 사업은 아직 실행에 이르지 못하고 있다. 하지만 해양수산 분야 남북 협력이 전혀 이루어지지 않았던 것은 아니다. 공간적 논의와는 별개로 해운항만과 수산업, 해양관광 등 의미 있는 남북 협력사업을 진행한 경험이 있다. 과거 해양수산 협력 사례 검토를 통해 해양수산 분야의 역할과 향후 발전 가능성을 모색할 수 있을 것으로 기대한다.

1. 해운·항만 협력

1953년 정전협정 체결 이후 남북 간 최초의 선박 왕래는 1984년 9월에 이루어졌다. 1984년 8월 말과 9월 초 서울·경기·충청 일대에 쏟아진 집중호우로 막대한 인명과 재산 피해가 발생하자 북한은 남한 수재민들에게 수재물자를 제공하겠다고 제의해왔다.[33] 우리 정부가 북한의 제의를 수락해 9월 29일 강원도 북평항(현재 동해항), 9월 30일 인천항을 통해 쌀, 시멘트, 옷감 등 북측 수해물자가 남측에 전달되었다.

남측 선박의 북측 정박은 1995년에 이루어졌다. 당시 북한은 극심한 식량

33 한국민족문화대백과사전, http://encykorea.aks.ac.kr/Contents/Item/E0073377(검색일: 2022.1.18.)

난으로 기아사태가 발생한 상황이었다. 우리 정부는 동포애와 인도주의 정신에 따라 식량 15만 톤을 무상으로 북한에 긴급 지원하였다.[34] 이에 따라 1995년 6월 25일 대북 지원 식량 2천 톤을 실은 씨아펙스호가 동해항을 출발해 다음 날인 6월 26일 북한 청진항에 도착했다.

이처럼 남북 해운·항만 협력은 인도적 지원을 통해 시작되었다. 그리고 이후 진행된 대다수의 인도적 지원 물자도 해상을 통해 운송되었다. 당시에는 남북 간 도로, 철도 등 육로가 연결되어 있지 않은 상황이라 해상 외에는 물자 운송의 방도가 없었다. 또한 시멘트, 식량 등 대규모 물류는 해상을 통한 운송이 경제적이다. 인도적 지원으로 시작된 남북한 해운·항만 협력은 이후 남북 간 여러 합의와 협력 사업을 통해 더욱 발전하였다.

1984년 9월 30일 북측 수재지원 물자를 싣고 인천항에 입항한 장산호

*출처: 통일부 공식 블로그, https://m.blog.naver.com/gounikorea/221835838340(검색일: 2022.1.18.)

---

1) 남북 항로개설 및 해운협력

남북 간 항로가 처음 개설된 것은 1992년이다. '남북기본합의서 부속합의서'를 통해 남측의 인천항, 부산항, 포항항과 북측의 남포항, 원산항, 청진항 간 항로를 개설하기로 합의하였다. 이후 부산-나진 항로(1995년, 동룡해운의 추싱호: 2,244톤)와 인천-남포 항로(2002년, 국양해운의 트레이드포춘호: 2,283톤) 간 정기적 왕래가 진행되었다.

2005년에는 '남북해운합의서'가 발효되었다. 남북해운합의서는 남북 간 교역량 증가에 따라 해운 분야 합의가 필요하다는 공통의 인식을 바탕으로 출발해 4차례 실무접촉(2002.11.~2004.2.)을 거쳐 2005년 8월 5일 발효되었다. 총 15개 항으로 이루어진 '남북해운합의서'는 쌍방의 항로를 국가 대 국가가 아닌 민족 내부 항로로 인정하고 남측 7개항(인천항, 부산항, 포항항, 군산항, 여수항, 울산항, 속초항)과 북측 7개항(남포항, 원산항, 청진항, 해주항, 고성항, 흥남항, 나진항) 간 항로를 개설한다는 내용과 함께 해양사고 시 상호 협력, 해사당국 간 협의기구 구성·운영 등의 내용을 담고 있다. 이후 8월 10일에는 북측 민간선박의 제주해협 통과 및 해사당국 간 통신망 연결이 합의되었다.[35] 합의에 따라 2005년 8월 12일부터 해사당국 간 통신망이 연결되었으며, 8월 15일부터는 북측 민간선박의 제주해협 통과가 허용되었다.[36] 하지만 남북 간 해운협력은 2010년 5·24조치 이후 전면 중단되었다.

---

[35] 제5차 남북해운협력실무접촉(2005.8.8.~10. 문산) 공동보도문을 통해 합의되었으며, 제주해협 통과와 관련해서는 ""남북해운합의서'의 이행과 준수를 위한 부속합의서의 수정·보충 합의서"를 채택하였다.

[36] 북측 선박의 제주해협 통과로 운항거리는 약 53해리(약 98.2km) 단축되며, 12노트(약 22.2km/h) 항해 시 4시간 25분이 단축된다.

표 3 ▮ 남북한 선박 왕래 및 북측 민간선박 제주해협 통과 횟수　　　　(단위: 회[편도], 만 톤)

구분	'94~'00	'01	'02	'03	'04	'05	'06	'07	'08	'09	'10	'11	'12	'13	계
운항횟수	5,427	1,686	1,827	2,022	2,124	4,497	8,401	11,891	7,435	2,577	1,432	142	228	31	49,765
제주해협	-	-	-	-	-	42	122	178	245	88	-	-	-	-	866
물동량	396	64	109	105	111	680	1,631	2,511	1,506	191	106	0.2	0.05	0.05	7,410.3

*출처: 황진회 외, "남북한 해상여객 운송 재개에 대비한 여건 분석", 「KMI현안분석」, NO,07(2016.2.29.), p. 17.

그림 8 ▮ 남북해운합의서에 명시된 남북한 항로

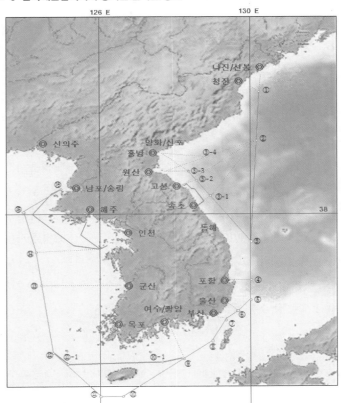

*출처: 대한민국 정책브리핑, '제5차 남북해운협력실무접촉 보도 해설자료', https://www.korea.kr/news/pressReleaseView.do?newsId=80063450(검색일: 2022.1.18.)

2) 남북교역 물자 해상운송

남북 간 교역은 1988년 노태우 정부의 '민족자존과 통일번영을 위한 특별선언'(7.7.)과 '대북경제개방조치'(10.7.) 발표를 통해 법적 기반을 마련했다. 7·7선언[37] 6개 항 중, 제3항은 "남북 간 교역의 문호를 개방하고, 남북 간 교역을 민족내부교역으로 간주한다."고 명시했다. 이에 따라 남북 간에는 무역과 수출·수입이 아니라 교역과 반출·반입이라는 개념을 사용해오고 있다. 1989년 처음으로 남북교역이 시작된 이후 '남북교류협력에 관한 기본지침'(1989.6.12.), '남북교류협력에 관한 법률', '남북협력기금법'(1990.8.1.) 제정과 남북기본합의서 채택(1991.12.13.) 과정을 거치며 1990년 남북교역 규모는 1억 달러를 돌파했다.

1990년대 남북교역은 북한 핵문제 등으로 잠시 주춤했으나 1998년 故 정주영 현대그룹 회장의 소떼방북과 금강산 관광 개시, 2000년 '6·15 공동선언' 발표 등을 거치며 다시 확대되었다. 2004년부터 개성공단이 가동을 시작하며 남북교역량은 대폭 확대되었으나 2010년 5·24 조치, 2016년 개성공단 폐쇄로 사실상 중단되었다.

남북 교역이 시작된 1980년대 후반은 물론이고 2000년대 초반까지 남북 간 철도와 도로 등의 육로는 연결되지 않은 상황이었다. 2003년 남북 동해선 임시도로 개통과 경의선 도로 연결, 2007년 경의선 화물열차 정기운행을 통해 육로 운송 환경이 마련되었다. 따라서 2003년 이전 남북 간 교역 물자는 소규모 항공 운송을 제외하고는 모두 해상을 통해 운송되었다. 육로 운송로 개통 이후에도 대량 운송의 경제성 등의 이유로 해상운송은 높은 비중을 차지하였다. 남북 교역량 중 수송 경로별 비율은 아래 표와 같다.

---

[37] "자주·평화·민주·복지의 원칙에 입각하여 민족구성원 전체가 참여하는 사회·문화·정치·경제공동체를 이룩함으로써 민족자존과 통일 번영의 새 시대"를 열어나가기 위해 6개항의 정책 추진 방향을 제시하였다. 그 주요 내용은 1) 남북 동포 간 상호 교류 및 해외 동포의 자유로운 왕래를 위한 문호 개방, 2) 이산가족 문제의 적극 해결, 3) 남북 간 교역 개방, 4) 민족경제의 균형발전과 우방국의 대북교역 불반대, 5) 남북 간 대결 외교 지양 및 국제 무대에서의 협력과 지원, 6) 북한과 남한 우방과의 관계개선, 남한과 사회주의 국가와의 관계개선 등이다.

표 4 ▎ 남북한 수송 경로별 교역량

(단위: 톤, %)

연도	합계	해로	육로	항공	기타
1997	509,161	508,996(99.97)	-	1(-)	165(0.03)
1998	362,629	361,146(99.59)	-	-	1,483(0.41)
1999	802,555	783,370(97.61)	-	-	19,184(2.39)
2000	565,569	555,259(98.18)	-	1(-)	10,310(1.82)
2001	451,041	404,593(89.70)	-	594(0.13)	45,854(10.17)
2002	929,982	918,665(98.78)	-	197(0.02)	11,119(1.20)
2003	991,606	956,638(96.47)	-	232(0.02)	34,736(3.50)
2004	1,200,259	848,206(70.67)	213,257(17.77)	345(0.03)	138,451(11.54)
2005	7,304,068	6,642,980(90.95)	660,835(9.05)	245(-)	9(-)
2006	15,702,645	14,996,657(95.50)	616,425(3.93)	74,710(0.48)	14,854(0.09)
2007	25,251,335	24,280,725(96.16)	891,987(3.53)	247(-)	78,376(0.31)
2008	15,941,605	15,392,670(96.56)	441,683(2.77)	212(-)	107,040(0.67)
2009	2,566,320	2,309,74(90.00)	230,213(8.97)	213(0.01)	26,146(1.02)
2010	1,396,269	1,077,123(77.14)	293,618(21.03)	27(-)	25,501(1.83)
2011	219,906	10,811(4.92)	209,093(95.11)	2(-)	-
2012	247,467	2,517(1.02)	244,948(98.98)	2(-)	-
2013	134,542	745(0.55)	133,794(99.44)	3(0.01)	-
2014	258,988	463(0.18)	258,522(99.82)	3(-)	-
2015	278,387	705(0.25)	277,672(99.74)	10(0.01)	-
합계	75,114,337	70,052,018(93.26)	4,472,047(5.95)	77,044(0.1)	513,228(0.68)

3) KEDO 사업 물자 해상운송

KEDO는 '북미제네바기본합의'(1994.10.21.)에 따라 북한에 1,000MWe 급 경수로 2기를 건설하기 위해 설립된 '한반도 에너지개발기구(KEDO: the Korean peninsula Energy Development Organization)'를 뜻한다.

북한과 미국은 '북미제네바기본합의'에서 경수로 원자로(총 발전용량 약

2000MWe) 및 대체에너지 제공(연간 중유 50만 톤), 북한 핵시설 동결 및 해체, 북한의 핵확산금지조약(NPT) 복귀 및 국제원자력기구(IAEA)의 감시보장, 북미 관계 정상화와 한반도 비핵화 추진 등을 약속하였다.

합의에 따라 1995년 3월 9일 한·미·일 3국은 북한 경수로 지원을 위한 국제 컨소시엄(한반도 에너지개발기구)을 설립하였다.[38] KEDO는 1995년 12월 북한 과 경수로 공급협정을 체결한 후 1996년 3월 주계약자로 한국전력공사를 지정 하였으며, 1997년 8월 초기 현장공사가 착공되었다.[39] 공사 장소는 북한 함경 남도 신포시 인근의 금호지구[40]였다.

당시 경수로 공사를 위한 건설 기자재부터 식자재까지 모든 물자를 남쪽에 서 운반하여야 하는 상황이었으나 공사가 시작된 1997년은 남북 간 육로가 개 통되기 전이라 대부분의 인력과 화물은 해상으로 운송되었다. 공사 초창기에 는 경수로 현장과 인접한 양화항을 이용하였으나 2002년 KEDO 전용항인 금 호항이 완공되어 2003년부터 이용하게 되었다. 공사 기간 해상을 통해 북한을 오간 인력과 물자의 규모는 아래 〈표〉와 같다. KEDO의 북한 경수로 지원사업 은 2차 북한 핵위기로 2006년 5월 31일 공식 종료되었으며, KEDO 사무국도 2007년 5월 사실상 해체되고 말았다.[41]

---

38 한·미·일 3국이 KEDO를 설립하였으나 1997년 EU가 가입해 집행이사회에 참가했으며, 핀란드, 캐 나다, 뉴질랜드, 호주, 인도네시아, 칠레, 아르헨티나, 폴란드, 우즈베키스탄 등 9개국이 회원국으로 참여하였다.

39 한국민족문화대백과사전, http://encykorea.aks.ac.kr/Contents/Item/E0066187(검색일: 2022.1.23.)

40 북한 함경남도 신포시의 일부였으나 1995년 금호리, 강상리 등 8개 지역이 분리되어 금호지구로 통합되었다.

41 통일부 북한정보포털, https://nkinfo.unikorea.go.kr/nkp/term/viewKnwldgDicary. do?pageIndex=1&dicaryId=7(검색일: 2022.1.23.)

표 5 ‖ KEDO 대북 경수로 지원사업 인력·물자 해상 수송 현황

	인력 수송		화물 운송	
	항차 수	이용 인원(명)	항차 수	중량(t)
1997	1	249	8	5,194
1998	2	120	8	2,967
1999	0	0	13	17,481
2000	6	829	25	54,233
2001	30	4,317	33	87,884
2002	53	6,896	30	67,266
2003	52	5,153	17	31,531
2004	32	1,316	3	206
2005	28	1,368	1	205
2006	1	85	–	–
합 계	205	20,333	138	266,971

*출처: 경수로사업지원기획단, 『KEDO 경수로사업 지원백서』(2007)의 자료를 필자 정리

4) 남포항 현대화 사업과 해주항 개발 합의

인천-남포항 간 정기선사로 선정된 ㈜국양해운은 2004년 북한과 항만개발·운영을 위한 합작사 설립에 대한 양해각서를 체결하고 북측 컨테이너부두 건설에 착수했다. 국양해운은 남북협력기금을 활용하여 2006년 북한 최초의 15,000톤급 컨테이너 부두 확장 및 야적설비, 트레일러 등 하역시설 현대화 공사를 마쳤다. 이후 국양해운은 북측으로부터 지정선석 제공, 우선 입출항 등의 편의를 제공받았다.

2005년에는 인천항만공사와 북측 민족화해협의회 간 남포항 현대화 사업 등에 관한 의향서가 체결되었으며, 2006년 통일부도 부두 건설 및 항만 진입도로 확장, 컨테이너 크레인 설치, 야적장 개축 등 남포항 현대화 사업 추진계획을 발표한 바 있으나 구체적 집행 단계까지 나아가지 못했다.

2007년 남북 정상은 10·4선언을 통해 해주인근 경제특구 개발, 해주항 활용, 민간선박 해주직항로 통과 등을 합의하였다. 합의에 따라 '10·4선언 이행에 관한 제1차 남북총리회담(2007.11.16.)', '남북경제협력공동위원회 제1차 회의(2007.12.6.)', '서해평화협력특별지대추진위원회 제1차 회의(2007.12.29.)' 등에서 해주항 부두 개보수와 단계별 부두 확장, 해주직항로 개설 등을 합의하였으나 이후 남북관계가 경색되며 약속의 이행은 무산되었다.

2. 수산 협력

육지와 달리 한반도의 바다에는 물리적 경계선이 없어 동서해의 물고기들은 남과 북을 자유롭게 오가고 있다. 정전협정에서 정한 법적 경계선도 없어 유엔사의 통제도 미치지 않는다. 남과 북이 합의만 한다면 당장이라도 협력 사업을 진행할 수 있다. 이와 같은 이유로 공동어로를 두고 이미 1950년대부터 남북 간 제안과 협상이 오가기 시작했다. 하지만 논의와 합의만 무성할 뿐 아직 진행하지 못하고 있는 상황이다.

일반적으로 수산업은 단백질 공급원, 외화 획득, 해양환경 관리 등 다면적 기능을 가지고 있다.[42] 남북한 수산협력이 실현된다면 북한의 식량난 해소와 경제적 이익은 물론이고 점차 자원이 고갈되고 있는 한반도 연근해 어자원 관리에도 큰 도움이 될 것으로 기대된다.

1) 남북 수산물 교역

남북 수산물 교역은 1988년 11월, 현대종합상사가 북한산 모시조개 40kg을 직접교역 형태로 반입함으로써 시작되었다.[43] 1990년대에 들어 북한산 명태,

---

42 김병호 외, 『수산의 이해』(서울: 블루앤노트, 2012년), pp. 22~27.
43 박성쾌 외, 「북한 수산물 반입 및 유통에 관한 연구」, (서울: 한국해양수산개발원, 1998년)

복어, 게, 바지락, 가리비, 어란 등을 중심으로 반입량이 증가하며, 수산물 반입 규모는 1989~90년 약 56만 6천 달러에서 1999년 약 2천 8백 26만 달러로 증가하였다.[44] 이후 북한산 수산물 반입 규모는 지속적으로 증가하여 2009년 약 1억 4천 8백만 달러로 최대치를 기록하였다. 수산물은 남한 반입 물품 중 섬유류 다음으로 높은 비중을 차지하는 중요 품목이었으나 2010년 5·24 조치 이후 전면 중단되고 있다. 여기에 더해 UN은 2016년 유엔 안보리 결의안 2371에서 북한산 수산물을 수출금지 품목으로 지정하였다. 따라서 UN의 제재가 완화·해제되지 않는 이상 북한산 수산물의 남측 반입은 불가능한 상황이다.

표 6 ┃ 연도별 북한 수산물의 남한 반입액   (단위: 백만 달러)

연도	89~90	91	93	95	97	99	01	03	05	07	09	10
반입액	0.56	3.0	0.9	2.0	14.1	28.2	33.7	90.0	82.1	117.0	148.0	59.0

*출처: 통일부, 「북한의 수산업 실태와 남북협력 방향」, 2002, p. 145와 KOTRA 해외시장뉴스, 북한대외무역동향을 취합해 필자 정리

그림 9 ┃ 뉴스, 북한대외무역동향을 취합해 필자 정리

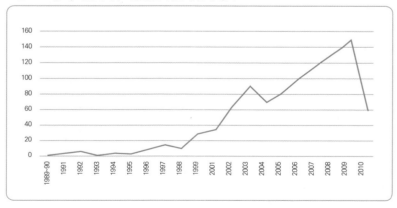

44 박성준, 「남북한 수산협력 연구−북한의 협력동기 변화를 중심으로」 (고려대학교 박사학위 논문, 2013년), pp. 214~215.

2) 강원도의 남북 연어자원 보호증식 협력

강원도는 북한과 지리적으로 인접해 있으며, 수산 부문이 도 경제에 차지하는 비중이 높아 적극적으로 남북 수산협력을 추진하였다. 2000년 12월, 강원도지사 등이 평양을 방문하여 솔잎혹파리 방제, 씨감자 원종장 건설과 함께 연어자원 보호 증식 등 5가지 협력사업을 합의하였다. 연어자원 보호증식 사업은 동해 어자원 관리와 북한 주민들의 식량난 해소 차원에서 검토되었으며, 2001년부터 2004년까지 4차에 걸쳐 연어 치어 205만 마리를 북한 안변군 남대천과 고성군 남강에서 공동 방류하였다. 방류에 소요된 치어는 양양연어사업소와 삼척시 내수면개발사업소에서 제공하였다.

표 7 ▎ 강원도의 남북 공동 연어 치어 방류 실적

연도	북한 지역		남한지역		합계 (마리 수)
	방류 장소	마리 수	방류 장소	마리 수	
2001년	안변 남대천	15만	고성 남강	40만	55만
2002년	안변 남대천	15만	고성 남강	35만	50만
2003년	안변 남대천	15만	고성 남강	35만	50만
2004년	안변 남대천	15만	고성 남강	35만	50만
합 계					205만

*출처: 언론보도 및 각종 자료를 바탕으로 필자 정리

2014년 안변연어인공부화장 모습

노동신문, 2014.7.17.

이후 강원도는 연어 공동 방류 사업만으로 북한 지역에 안정적으로 연어 치어를 공급하는 데 한계가 있다는 판단에 따라 연어 부화장 건설을 추진해 2003년 12월 북강원도 안변군 과평리 남대천변에 연간 500만 마리의 연어 치어를 생산할 수 있는

'안변연어인공부화장'을 준공했다. 이어서 2005년에는 북한과 사료공장 지원을 합의하고 2007년 1월 연간 300톤 생산 규모의 사료공장을 건설했다. 최근 북한 언론 보도에 따르면 북한은 2003년 강원도가 북한에 건설한 '안변연어인 공부화장'을 증축해 국가 단위의 수산업 연구소로 이용하고 있는 것으로 확인되고 있다.

3) 남북 공동어로

앞서 언급했던 것처럼 남북 공동어로는 오랜 시간 논의해 왔으나 아직 실행하지 못하는 상황이다. 하지만 남북 공동어로가 가지는 상징성과 의미를 고려해 지난 논의 경과를 간단하게 소개하기로 한다.

남북 공동어로가 최초로 제안된 것은 1955년이다. 당시 북한 내무상은 수산 당국자 간 협상을 제안하며, 남한 어민들의 북한 영해 내 어로작업 보장과 남북한 어장의 상호 이용을 의제로 제안했다.[45] 1958년에는 수산상·내무상 공동성명, 1960년에는 최고인민회의 상임위원장의 편지 형식으로 남북 공동어로를 제안한 바 있다.[46] 1972년 '7·4 남북공동성명' 이후 진행된 '7·4 남북공동성명 합의서 사항의 이행을 위한 남북조절위원회'에서 북한은 다시 어장 개방을 언급했다. 1982년에는 당시 남측 전두환 정부가 남북 공동어로를 포함한 '20개항 평화통일시범실천사업'을 북한에 제의했으며, 이후 1984년 11월부터 5차에 걸쳐 진행된 '남북경제회담'에서 남북공동어로수역 설정 문제가 논의된 바 있다.

2000년 제1차 남북 정상회담 이후 남북 공동어로에 대한 논의도 다시 본격화되었다. 남북 장관급 회담에서 북측 동해 어장 공동이용 문제가 의제로 상정되었으나, 2002년 제2연평해전과 북한 핵문제 등으로 구체적 논의는 중단되었다.

---

45 국토통일원, 「북한의 분야별 대남제의 일람」, 1985, p. 19.
46 박성준, 앞의 논문, pp. 97~107.

2005년 제15차 남북장관급회담에서는 '남북경제협력추진위원회' 산하에 수산협력 실무협의회를 구성·운영하기로 합의했으며, '남북수산협력실무협의회 제1차 회의'(2005.7.25.~27.)에서 서해 남북 공동어로와 제3국 어장 진출 협력 등 6개항의 합의가 이루어졌다. 이어 서해 공동어로 수역을 설정하기 위한 '남북장성급군사회담'을 세 차례 진행했으나 끝내 합의를 이루지 못했다.[47]

그림 10 ▌ **2007년 남북정상회담 당시 북에 전달한 서해평화협력특별지(안)**

*출처: 연합뉴스, https://www.yna.co.kr/view/GYH20180427002000044 (검색일: 2022.1.24.).

　　2007년 10월, 10·4 선언(남북관계발전과 평화번영을 위한 선언) 5항에 '서해평화협력특별지대' 설치와 공동어로구역, 평화수역 설정 등이 포함되며 남북공동어로는 다시 논의되었다. '남북경제협력공동위원회 제1차 회의'(2007.12.4.~6.)에서는 북측 동해수역 공동어로 우선 추진과 '남북농수산협력분과위원회' 개최를 합의하였다. 이어 '남북농수산협력분과위원회' 제1차 회의(2007.12.14.~15.)에서는 북측 동해 어장 이용, 수산물 생산·가공 및 유통 등의 내용을 합의하였다. '서해평화협력특별지대추진위원회' 제1차 회의(2007.12.28.~29.)에서는 공동어로 구역이 설정되는 데 따라 공동어로를 실시

---

47 우리 측은 공동어로수역 설정과 관련, 북방한계선(NLL)을 기준으로 동일 면적의 수역에서 시범적으로 설정·운영하고, 서해상에서 평화가 정착되는 데 따라 확대하자고 제안하였다. 북한은 공동어로수역을 북방한계선 이남에 설정해야 한다고 주장해 합의에 이르지 못했다.

하기로 하고 2008년 상반기 내 '공동어로협력분과위원회'를 개최하기로 합의하였다. 하지만 제7차 '장성급군사회담'(2007.12.12.~14.)에서 공동어로 구역의 위치에 대한 이견을 좁히지 못했다. 결국 남북 공동어로는 다시 무산되었다.

2018년 제3차 남북정상회담(2018.4.27., 판문점)을 계기로 남북공동어로가 다시 논의되었다. 2018년 9월 '역사적인 판문점선언 이행을 위한 군사분야 합의서'에서는 서해 평화수역 조성과 어로활동 보장을 위한 군사적 대책을 취하기로 하고 평화수역 설정, 시범 공동어로구역 설정, 남북공동순찰대 조직 등 세부적 내용의 합의를 이루었다. 하지만 이후 남북관계가 경색되며 아직 합의는 이행되지 않고 있는 상황이다.

표 8 ┃ 9·19 군사합의 중 서해 해상 우발적 충돌방지, 평화수역 설정, 안전한 어로활동 보장 요지

항목	내용
1. 평화수역 설정	
1) 평화수역 범위	남북군사공동위에서 협의하여 확정
2) 평화수역 출입 질서	① 비무장 선박들만 출입. 함정들이 불가피 진입할 경우 상대측의 승인하에 출입 ② 활동 선박 수는 쌍방이 협의·결정. 출입 및 활동 계획은 48시간 전 상호 통보 ③ 출입 시간은 7시~18시(4월~9월), 8시~17시(10월~3월)로 하며, 상호 협의하여 변경 가능
3) 평화수역에서의 행동 질서	① 남북 선박은 남북경계선을 넘지 않으며, 평화적 활동만 해야 함 ② 식별을 위해 가로 900mm×세로 600mm의 한반도기를 남측 선박은 마스트 좌현 기류줄에, 북측 선박은 마스트 우현 기류줄에 계양 ③ 심리전을 비롯 상대를 자극하는 일제 언행 금지 ④ 우발적 충돌 발생 시 모든 선박 등을 철수시키고, 군 통신선 혹은 남북군사실무회담을 통하여 사태 수습, 재발 방지 대책 수립
4) 평화수역에서의 인도주의적 협력 문제	긴급한 상황 발생 시 상대측에 즉시 통보하고 상호 협력하여 필요 조치 취함
5) 평화수역 활용	해양측량, 공동조사, 민간선박 운항 등 평화적 활용 방안을 계속 협의
2. 시범 공동어로구역 설정	
1) 시범 공동어로 구역 범위	남측 백령도와 북측 장산곶 사이에 설정하되, 구체적 경계는 남북군사공동위원회에서 협의·확정

항목	내용
2) 시범 공동어로 구역 운용 질서	① 어선은 출입 신청 문건을 출입 예정 2일(48시간) 전까지 상대에 제출 ② 어선의 출항 예정 1일(24시간) 전까지 출입신청서 검토 결과를 상대에 통보하되, 불허하는 경우 타당한 사유와 함께 통보 ③ 최대 5일까지 공동어로구역 내 체류 허가 ④ 상호 승인한 경로를 이용하며 쌍방 어업지도선의 통제를 받아야 함 ⑤ 향후 공동어로구역 확대 시, 출입 질서와 관련한 사항은 상호 협의
	**3. 불법 어선 차단 및 안전한 어로활동 보장을 위한 공동순찰**
1) 남북공동 순찰대 조직	① 쌍방은 해경정(경비정)으로 '남북공동순찰대' 조직 ② 순찰정은 쌍방이 각각 3척(6척)으로 하며 합의에 따라 조정 가능 ③ 순찰정은 가로 900mm×세로 600mm 황색 깃발을 선박 마스트 상단에 계양
2) 남북공동 순찰대의 임무	① 평화수역에 진입하는 제3국 불법 어선 차단 및 단속 ② 남북 어선들과 어업지도선들의 항행 질서 통제 ③ 표류하는 선박들을 구조하고 인도주의적 원칙에 따라 돌려보냄
3) 남북공동 순찰대의 운용	① 순찰정의 공동어로구역 진입 금지. 긴급 상황 발생 시 상대측에 통보 후 진입 가능 ② 공동순찰은 쌍방이 합의한 날짜에 진행 ③ 공동순찰은 주간에 진행, 순찰계획은 24시간 전에 상대측에 통보 ④ 공동순찰은 공동어로구역 외곽선을 따라 기동 ⑤ 자기 측 상부의 지휘에 따르며, 순찰정 간 교신, 호출부호 등은 2004년 '6·4 합의서'를 준용 ⑥ 상대를 자극하는 발언, 행동을 하지 않으며, 상황 발생 시 즉각 순찰정을 격리하고 상호 협의 통해 문제 해결

*자료: 국방부, 「「판문점선언을 위한 군사분야 합의서」 해설자료', (2018.9.19.)의 내용을 토대로 필자 정리

3. 해양 관광 협력: 금강산 해로 관광 및 장전항(고성항) 부두 확충

금강산 관광이 처음 합의된 것은 1989년 1월 고 정주영 현대그룹 명예회장의 방북 당시였다. 1998년 정부의 '남북경협 활성화 조치'가 발표되고, 같은 해 6월 고 정주영 회장이 북한을 방문하여 '아시아태평양평화위원회'와 금강산관광 및 개발 사업을 합의하였다.[48] 1998년 11월 18일 이산가족 등 826명을 태운

---

48 통일부 북한정보포털, https://nkinfo.unikorea.go.kr/nkp/term/viewKnwldgDicary.do(검색일: 2022.1.23.)

금강호가 동해항을 출발해 북한의 장전항에 입항함으로써 금강산관광은 시작되었다. 당시 남북 간 육로가 연결되지 않았을 뿐 아니라 금강산 지역에 대규모 관광객을 수용할 숙박시설이 준비되지 않은 관계로 이동 및 숙박에 선박을 활용하였다.

금강호를 시작으로 이후 봉래호(1998.11.20.), 풍악호(1999.5.14.), 설봉호(2000.9.9.)가 차례로 투입되었다. 이에 따라 2000년에는 북한 장전항(고성항) 부두 확장공사가 진행되었다. 2003년 동해선 임시도로가 개통되고 육로관광이 실현되며 해로를 통한 금강산 관광은 2004년 중단되었다. 이 기간 해로를 통해 금강산을 관광한 인원은 아래 표와 같다.

표 9 ┃ 금강산 해로 관광 현황

연도	1998	1999	2000	2001	2002	2003	2004	합계
인원(명)	10,554	148,074	213,009	57,879	84,727	39,902	449	554,594

*출처: 통일부 주요사업통계, 금강산관광현황

IV

남북한이 함께 이용하는
한반도 바다! '육상과 해상'
균형 있는 남북 협력이 필요한 시간

　바다는 우리와 세계를 연결하는 통로로, 식량 및 수출 상품의 원천으로 경제발전 과정에서 큰 몫을 차지해 왔으며, 앞으로도 한국경제에서 적지 않은 비중을 차지할 것으로 예상된다. 최근 전 세계는 해양의 무한한 잠재력을 이용한 '해양 기반의 지속가능한 경제 발전'을 뜻하는 블루이코노미(Blue Economy)라는 용어로 해양경제의 발전 가능성에 주목하고 있다. 기관·국가별로 블루이코노미를 정의하는 기준이 조금씩 상이하나 해양경제에 대한 지속적인 기여가 가능한 해양관광, 수산업(양식업, 어로어업), 해운·항만업, 해양환경보호, 해양자원 등을 공통적으로 포함하고 있다.[49] 경제협력개발기구(OECD)는 '2030 해양경제 보고서'에서 2010년 기준 글로벌 해양경제의 규모는 1.5조 달러로 전 세계 부가가치의 2.5%를 차지하고 있으나 2030년에는 약 3조 달러 증가할 것으로 전망했다. 특히 해상풍력, 항만업, 수산물 가공업의 비중이 확대될 것으로 예측했다.

　바다를 통한 경제발전과 미래 성장의 가능성은 북한이라고 예외일 수 없다. 하지만 바다를 통한 북한의 경제발전은 분단과 국제사회의 대북 제재로 제약받고 있으며, 기술과 자본력도 부족한 상황이다. 북한에게 바다는 오래된 가능성에 불과할지도 모른다. 북한의 오래된 가능성을 현실로 만들어 주는 일, 그것

49　한국해양수산개발원, "블루이코노미(Blue Economy)", KMI 인포그래픽, 제36호(2021년 6월)

이 남북 해양수산 협력의 목적이 될지도 모르겠다. 북한의 경제가 바다를 통해 다시 세계와 연결되어 물류가 오가고, 바다를 이용해 다양한 이윤을 창출하게 된다면 북한 경제 재건에 분명 큰 도움이 될 것이다. 한반도 바다에 평화가 도래하고 자유로운 왕래가 실현된다면 한반도는 대륙과 해양의 교차점이라는 지경학적 장점을 극대화할 수 있을 것이다. 또한, 한반도 전역의 해양 환경·자원을 종합적으로 활용할 수 있게 되고 이는 남한 경제에도 큰 자극이 될 것이 분명하다.

그림 11 ▮ **블루이코노미(Blue Economy) 인포그래픽**

*출처: 한국해양수산개발원, "블루이코노미(Blue Economy)", KMI 인포그래픽, 제36호(2021년 6월).

한반도 바다의 위와 같은 잠재력과 가능성에도 불구하고 남북 해양수산 협력은 더디기만 하다. 앞서 살펴보았던 것처럼 남북 해양수산 협력은 해운 협력 분야의 비중이 높았다. 사람과 물자가 오가는 통로의 역할이었다고 할 수 있다. 물론 이도 현재 남북관계에서 매우 중요한 역할이다. 하지만 육지보다 더 넓은 한반도의 바다[50]를 생각하면 아쉬움을 금할 수 없다. 해운과 항만뿐만 아니라 수산업, 해양환경, 해양자원, 해양에너지, 해양관광 등 다양한 분야로 남북 협력의 지평이 넓어져야 할 것이다.

물론 남북 간 협력사업 추진에는 국제사회의 제재, 남북관계 등 여러 제약조건이 있다. 하지만 남북 해양수산 협력에는 육상 중심의 사고라는 또 다른 제약이 존재하고 있다. 우리가 발 딛고 사는 공간이 육상인 만큼 이는 당연한 것일지도 모른다. 또한 분단으로 인해 섬이 되어버린 남한의 입장에서는 북한을 통해 대륙과 다시 연결하고자 하는 의지가 큰 것도 이상할 것은 없다. 하지만 지금까지 진행되고 논의되어 온 많은 남북 협력사업들이 육상과 대륙연결 지향적이며, 남한 중심의 사고는 아니었는지 돌아볼 필요는 있지 않을까? 그렇다고 육상보다 해양협력이 더 중요하고 우선해야 한다고 주장하고 싶은 것은 아니다. 다만, 북한의 입장에서 생각해 볼 필요성과 육상과 해상 간의 균형과 상호보완적인 역할의 필요성을 강조한 것으로 이해해 주길 바란다. 숟가락과 젓가락 중 무엇이 더 중요한가? 육상과 해상의 관계도 이와 다르지 않다.[51]

---

50 한반도 전체의 면적은 약 22만 2천㎢이며, 이 중 남한의 면적은 약 99만 9천㎢이다. 이에 반해 남한의 관할 해역만 약 43만 8천㎢로 한반도 전체 면적의 약 2배에 이른다.
51 안병민, "'북 철도보다 항만 개발이 먼저'라고? 숟가락이냐 젓가락이냐는 질문과 같다", https://www.yeosijae.org/research/573(검색일: 2022.1.25.)의 비유를 인용.

통일사례와
한반도 평화

제7장

남북한 통합은
어떻게 이루어야 하나?

진시원 부산대학교 사범대학 일반사회교육과 교수

I
서론

통일(Uunification)은 두 개 이상의 국가가 법적·영토적으로 하나의 국가가 되는 것 혹은 정치, 경제, 사회, 문화, 법적 통합이 최종적으로 완성된 상태를 의미한다. 전자는 말 그대로 '통일'을 중심으로 통일을 이해하는 것이고, 후자는 '통합(Integration)'을 중심으로 통일을 이해하는 것이다. 그런데 지금까지의 통일 논의는 전자를 중심으로 이루어져 왔다. 통일을 법적이고 영토적으로 하나의 국가가 되는 것 즉, 결과론적인 것으로 이해해 온 것이다. 그런데 통일은 이러한 결과론적 접근만으로는 추구하기도 어렵고 실현하기도 어렵다. 통일을 결과론적으로만 이해하면 통일은 너무 멀거나 요원한, 그래서 실현하기 어려운 목표로 다가오기 쉽다. 남북한이 법적·영토적으로 하나의 국가가 되는 것은 어찌 보면 너무나 멀고도 요원한 목표이기 때문이다.

그래서 중요한 것은 통일을 결과론적으로만 이해하기보다 하나의 과정으로도 이해하는 접근이 필요하다는 점이다. 남북한 통일을 '결과로서의 통일'과 '과정으로서의 통합'을 통해 함께 이해하는 태도가 필요하다는 것이다. 이 글의 목적은 독자들로 하여금 '과정'과 '결과', '통합'과 '통일'이라는 두 가지 개념의 쌍을 모두 활용하여 통일을 이해하게 돕는 데 있다. 이 글은 우선 남한과 북한의 통일방안을 비교하는 것으로 시작한다. 남과 북의 통일방안을 비교하는 이유는 남북의 통일방안에 '결과로서의 통일'과 '과정으로서의 통합'이 어떻게 반영되어 있는지를 살펴보기 위함이다.

II
남북한 통일 방안 비교

통일은 여러 유형이 존재한다. 점진적 통일과 급진적 통일, 흡수통일과 붕괴통일, 평화통일과 무력통일, 내부로부터의 통일과 외부로부터의 통일, 자발적 통일과 타의에 의한 통일, 의도한 통일과 우발적 통일 등 다양하다. 그런데 이러한 다양한 유형의 통일 중에서 남북한 통일에 적합한 통일은 무엇일까? 이 글에서는 이러한 물음에 답하기 전에 우선 남한과 북한의 통일 방안을 비교해 본다.

1. 남한의 남북연합(Korean Commonwealth)

우리 정부의 공식 통일방안은 남북연합 방안이다. 남북연합 방안은 남북이 하나의 통일된 국가에 이르는 과도기 동안 민족공동체 의식 회복, 공동생활권 형성, 남북 간의 정치·경제·사회·문화 공동체를 형성하여 최종적으로 통일국가를 추구하는 것을 목표로 한다. 달리 말해, 남북연합은 '국가 간 연합'이자 '통일로 가는 중간 과정'으로, 남과 북이 상호협력과 공존·공영의 관계를 도모하면서 통일 기반을 조성해 나가는 과도적인 통일체제인 것이다.

남북연합 체제 안에서 남과 북은 대내적으로는 국제법적 관계가 아닌 국내법에 준하는 특수한 법적 관계를 유지하게 된다. 남과 북이 잠정적으로 국가 간의 관계가 아닌 민족 내부의 특수관계에 놓이게 된다는 것이다. 이렇듯 남북연합은 과도기적 협의체 성격을 지니고 남북 간에 동질성 회복과 평화 공존, 통일국가를 추구하게 된다. 남북연합 체제 안에서 남과 북은 대외적으로 각자의 외교와 군사력을 보유한 주권국가로 존속하게 된다. 남북연합은 1민족 2국가 2체제 2정부 안을 추구하는 것이다. 남북연합을 운영할 기구는 남북정상회담, 남북관료회의, 남북평의회, 공동사무처 등이다.

2. 북한의 고려연방제(Koryo Confederal System)

북한이 주장하는 고려연방제의 목적은 남북이 서로 상이한 사상과 제도를 인정하면서 하나의 통일 연방국가를 형성하는 것이다. 연방통일정부를 수립한 이후 남북 양 지역정부가 자기 지역의 내정을 맡고 외교와 국방은 중앙정부가 맡는 1민족, 1국가, 2체제, 2정부 형태의 통일국가를 지향하는 것이다. 고려연방제의 운영기구로는 남과 북이 동등하게 참여하는 연방통일정부, 연방통일정부 밑에 남과 북 지역을 각각 관리하는 지역자치체 등이 존재한다. 연방통일정부는 최고의결기구로 최고민족연방회의를 운영하고, 최고민족연방회의의 상설기구로 연방상설위원회를 운영한다.

3. '과정으로서의 통합'과 '결과로서의 통일'

남한의 통일방안은 기본적으로 '결과'가 아닌 '과정'을 중시하고 있다. 우선 남북연합은 1민족 2국가 2체제 2정부를 추구한다. 1민족 1국가가 아니라 1민족 2국가 체제를 추구하는 것이다. 이것은 남북연합이 하나의 국가를 만드는 결과론적 목표를 추구하는 것이 아니라, 통일국가를 만드는 '과정' 중심의 통일방안임을 보여준다. 즉, 남한의 통일방안인 남북연합은 '통일로 가는 중간과정'으로 하나의 국가를 만드는 것이 아니라 '국가 간 연합'을 추구하며, 이 과정에서 남북이 서로 협력하고 공존·공영하여 통일 기반을 조성해 나가는 과도적인 통일체제인 것이다.

이런 특징은 남북연합 방안이 남북이 하나의 통일된 국가에 이르는 과도기 동안 민족공동체 의식을 회복하고 공동생활권을 형성하며 남북 간의 정치·경제·사회·문화 공동체를 형성하기 위해 노력한다는 점에서 다시 한번 확인된다.

반면 북한의 고려연방제 방안은 1민족, 1국가, 2체제, 2정부 형태의 통일국가를 지향한다는 점에서 남한의 남북연합 방안보다 결과론적 통일을 강조한다. 즉 북한의 고려연방제가 결과로서의 통일을 강조한다면, 남한의 남북연합은 과정으로서의 통일을 강조하고 있는 것이다.

그러나 여기서 중요한 점은 통일을 실현하는 데 있어서 결과냐 과정이냐의 양자택일이 아니라 두 가지를 모두 병행하는 노력이 필요하다는 것이다. 이 글을 이러한 접근을 위해 통합이 무엇인지, 통합과 통일의 관계가 무엇인지를 집중적으로 검토한다.

III
통합이란?[1]

1. 통합의 개념

통합이란 한 마디로 하나의 공동체를 창설해가는 과정이다. 좀 더 구체적으로 살펴보면, 국제정치학에서 통합은 '여러 부분들을 하나의 전체로 구성해가는 것'으로 정의된다. 하스(Ernst Haas)는 통합이란 "몇 개 국가의 정치 행위자들이 그들의 충성심과 기대와 정치적 행위를 새로운 중심으로 전환하도록 설득당하는 과정"으로 정의하였다. 또 푸찰라(Donald J. Puchala)는 통합의 개념을 "행위자들이 서로의 이익을 조화하고 견해차를 타협하는 상호교류를 통해 서로의 이익 획득을 지속할 수 있는 국제체제를 형성하는 과정"으로 정의하였다.

이러한 통합은 크게 두 가지 유형으로 구분할 수 있다. 하나는 정치·경제·사회·문화적으로 이질적인 집단들이 한 국가 내에 존재하면서 서로 갈등과 대립을 지속할 때 이를 통합하기 위한 '국가통합'이며, 다른 하나는 두 개 이상의 국가를 하나로 묶는 '국가 간 통합'이다. 국가통합은 베트남, 예멘, 독일 등을 사례로 들 수 있으며, 국가 간 통합은 과거 오스트리아~헝가리 제국의 형성과 최근의 유럽통합 등을 사례로 들 수 있다. 남북한 통합은 국가통합과 국가 간 통합 성격을 모두 지닌다.

1   이하의 글은 진시원, 2004, "남북한 통합: 개념, 이론, 시나리오", 홍익표·진시원, 남북한 통합의 새로운 이해, (서울: 도서출판 오름)의 내용을 간추려 수정·인용한 것이다.

2. 통합의 유형

통합의 유형은 정치통합, 경제통합, 사회통합, 문화통합, 외교안보통합, 군사통합 등으로 나눌 수 있다. 먼저 정치통합은 두 개 이상의 정치단위가 새로운 하나의 정치단위로 통합되는 과정을 의미한다. 정치통합은 단일한 정치적 주권체의 형성과 정치제도의 통합이라고 볼 수 있다. 따라서 남북한 정치통합은 하나의 영토적이고 법적인 주권체를 형성하는 과정이다.

경제통합은 지리적으로 인접한 2개 이상의 국가가 하나의 시장을 창출하고 그 영역 내에서 생산요소의 이동을 저해하는 각종 장벽을 제거하는 과정이다. 경제통합에 관한 전통적인 이론은 나이(Nye)와 발라사(Balassa)의 논의이다. 이들은 독립된 국가경제들이 협력하여 하나의 완전한 경제통합 단계로 나아가는 과정을 5가지 단계로 구분하여 설명하였다. 자유무역지대 단계(FTA: 협정국 간 관세 및 비관세 장벽 철폐) → 관세동맹 단계(Custom Union: 협정국 간 관세 및 비관세 장벽의 철폐 + 공동의 대외 관세 설정) → 단일시장 혹은 공동시장 단계(Single market, Common market: 관세 및 비관세 장벽 철폐 + 공동의 대외관세 설정 + 재화·서비스·자본·노동의 자유이동) → 경제연합 단계(관세 및 비관세 장벽 철폐 + 공동의 대외관세 설정 + 재화·서비스·자본·노동의 자유이동 + 공동의 통화 도입) → 완전한 경제통합 단계(관세 및 비관세 장벽 철폐 + 공동의 대외관세 설정 + 재화·서비스·자본·노동의 자유이동 + 공동의 통화 도입 + 공동의 재정 도입) 등이 바로 그것이다.

사회통합은 모든 사회에 보편적으로 존재하는 물질적, 가치적, 이데올로기적 갈등 해결을 제도화하는 통합으로, 이질화나 분리, 차별, 불평등 상태를 극복해 가는 과정을 의미한다. 사회통합이 남한에서 급격하게 논의된 배경은 통일될이 정치, 경제 영역에서도 통합의 어려움을 겪었지만 사회통합 영역에서도 심각한 어려움을 겪고 있기 때문이다.

문화통합은 이질적인 문화적 차이를 극복하고 동질성을 지닌 문화적 공통분모를 확대하여, 공동체 구성원 간의 물질적이고 관념적인 정체성의 공유를 추진하는 과정이다. 남북한 문화통합이 중요한 이유는 여러 측면에서 찾을 수 있다. 첫째, 법적이고 제도적인 차원의 남북한 통합은 남북 주민들 간의 이질적인 정체성 극복과 문화통합을 자동적으로 보장하지 못한다. 오히려 문화통합의 부재는 남북한 간의 정치, 경제, 사회적 통합에 장애물로 작용할 수 있다. 둘째, 자유민주주의 가치와 물질적 풍요 그리고 서구식 개인주의가 주도하는 남한의 문화는 주체사상에 기초한 사회통제와 집단의식이 강한 북한의 문화와는 공존하기 어렵고 갈등의 소지가 크다. 또한 민족자주 의식이 강한 북한의 문화와 미국 문화 중심의 서구화된 가치체제에 친숙한 남한의 문화는 갈등의 정도가 심할 것으로 보인다. 따라서 성공적인 남북한 통합을 위해서는 남북한 문화통합도 중요하다.

3. 통합이론

통합이론은 현실주의 통합이론과 자유주의 통합이론으로 나누어 볼 수 있다. 이 글에서는 초기 유럽통합을 주도한 자유주의 통합이론을 소개한다. 초기 유럽통합을 주도한 자유주의 통합이론은 남북한 통합을 추진하는 데 많은 함의를 지니고 실제로 남북한 통합과정에 많은 영향을 미쳐왔기 때문이다. 자유주의 통합이론은 크게 기능주의, 신기능주의 그리고 연방주의로 구분할 수 있다.

1) 기능주의(Functionalism)와 신기능주의(Neo-functionalism)

통합이론의 효시라고 할 수 있는 기능주의 이론은 미트라니(Mitrany)에 의해서 발전되었다. 미트라니는 경제와 사회, 문화 영역 등과 같은 비정치적인 영역에서의 국가 간 교류와 협력의 확대는 국가 간 상호의존을 강화시키고 국가 간 평화체제를 건설하는 효율적인 방안이라고 주장했다. 또한 미트라니는 하나의 기능적 영역에서의 국가 간 협력과 교류의 확대는 다른 기능적 영역에서의 국가 간 협력과 교류로 연결되고, 이와 동시에 비정치적인 영역에서의 국가 간 교류와 협력의 확대는 정치적 영역에서의 교류와 협력의 확대로 귀결된다고 주장했다.

미트라니는 각국의 '주권행사'와 밀접한 연관이 있는 정치나 외교안보, 군사 영역에서의 국가 간 교류와 협력은 쉽지 않은 일이기 때문에, 국가들이 상대적으로 쉽게 교류와 협력에 나설 수 있는 비정치적인 영역, 즉 경제, 사회, 문화 등의 영역에서부터 국가 간 교류와 협력을 시작하면, 이러한 교류와 협력이 제도화되고 장기화되어 결국에는 정치, 외교안보, 군사 영역으로도 국가 간 교류와 협력이 확대될 수 있다고 주장하였다. 한마디로 경제, 사회, 문화와 같은 하위정치(Low Politics) 영역에서 국가 간 교류와 협력을 확대하면 결국에는 정치와 외교안보, 군사 같은 상위정치(High Politics) 영역으로 국가 간 교류와 협력이 확대될 수 있다고 본 것이다. 미트라니는 하위정치 영역에서의 국가 간 교류와 협력은 자동적으로 상위정치 영역에서의 국가 간 교류와 협력으로 파급(Spill Over)된다고 본 것이다.

하지만 미트라니의 예상과 달리 파급효과의 '자동성'은 발생하지 않았다. 유럽통합이 하위정치 영역에서의 국가 간 교류와 협력을 확대시킨 것은 사실이지만, 그것이 자동적으로 상위정치 영역에서의 국가 간 교류와 협력으로 파급되지 않았기 때문이다. 따라서 미트라니의 기능주의 통합이론은 국가 간 기능적이고 비정치적인 영역에서의 교류와 협력이 자동적으로 정치적인 영역으로 귀결되지 못한다는 비판에 직면했는데, 이에 대한 대응과 극복방안으로 하스(Haas)는 신기능주의를 도입했다.

기능주의와 신기능주의의 가장 큰 차이점은 기능주의는 통합의 진전을 위하여 비정치적인 접근을 먼저 시도하고 있지만, 신기능주의는 통합의 심화를 위하여 정치적인 접근의 중요성을 인정하고 강조하고 있다는 점이다. 즉, 신기능주의 통합이론은 비정치적인 영역에서의 국가 간 교류와 협력이 자동적으로 정치적인 영역으로 확산되지 못하기 때문에, 정치적인 영역에서의 의식적인 통합추진 노력이 반드시 필요하다고 강조한다. 따라서 신기능주의는 초국가기구를 통한 정치적인 권위체를 설립하는 것이 통합을 추진하기 위한 필요조건이라고 주장한다. 정리해보면, 신기능주의자들은 파급효과의 확산과 초국가기구의 권위 강화 그리고 비국가행위자들의 초국가적인 연계와 교류 확대를 통해 유럽통합이 확대·심화될 수 있다고 주장하고 있는 것이다.

지난 기간 남북한 간의 교류와 협력은 기능주의와 신기능주의에 기초해 추진되어 왔다. 기능주의 통합이론에 입각하여 정치와 외교안보, 군사 영역에서의 남북한 통합을 먼저 추진해 온 것이 아니라 하위정치 영역, 즉 경제, 사회, 문화, 체육 등의 영역에서 남북한 교류와 협력을 우선적으로 추진해 온 것이고, 신기능주의 통합이론에 입각하여 남북한 간의 정치적인 권위체와 추동력을 확보하기 위해 다양한 협정과 기구를 만들어 온 것이다. 남북한은 1972년 7·4 남북공동성명, 1991년 남북기본합의서, 2000년 6·15 남북공동선언, 2007년 10·4 선언, 2018년 4·27 판문점 선언 등을 합의해 왔으며, 남한은 남북교류협력추진위원회를 만들어 남북한 교류와 협력을 전담해서 추진하고 있다.

2) 연방주의(Federalism)

연방주의의 개념은 현대에 들어서 정립되었다. 초기 아이디어는 세계연방정부를 만들자는 것이었다. 연방주의 정치체제를 채택한 미국의 경험은 연방주의를 이론화하는 데 초석이 되었고, 스위스의 연방주의 경험은 연방주의의 장점을 부각시키는 데 많은 기여를 하였다.

연방주의에 입각한 통합은 몇 가지 가설을 바탕으로 추진된다. 첫째, 국민국가체제로는 국제평화를 건설할 수 없다. 둘째, 국가들은 초국가적 권위에 순응해야 한다. 셋째, 연방주의 접근은 통치체제의 혁명적 변화가 필요하고, 이 변화를 추구하려는 인간의 합리성에 강하게 의존한다.

연방주의 통합이론은 국가나 집단 간의 거시적인 규제의 틀이 형성되어 있지 않은 상황에서는 기능적 교류와 협력을 통한 상호협조와 이익을 실현할 수 없기 때문에, 연방을 형성하여 상부구조의 통합을 먼저 이룬 다음 이를 기능적인 통합으로 역확산시켜야 진정한 통합을 이룰 수 있다고 주장한다. 즉, 개별국가들이 자국의 주권을 포기하고 제3자인 '연방'이라는 초국가적 권위체(Supranational Authority)를 형성하여 통합을 성취하자는 것이 연방주의의 핵심 주장이다. 연방은 개별 국가를 효과적으로 통제하고 자원을 배분할 수 있는 권력을 위임받음으로써, 각국이 무임승차자(Free-rider)의 길을 가는 것을 막아내고 통일이라는 공동선으로 갈 수 있게 강제할 수 있다는 것이다. 그러므로 연방주의 접근에서는 연방적 문제에 관해 각국의 자치권을 포기하는 정치적 협약을 중시한다.

두 개 이상의 국가가 연방국가로 통합되는 과정에서 제기되는 문제는 어떤 과정을 거치고 얼마만큼의 시간을 거쳐 통합을 이룰 수 있는가의 문제이다. 기능주의나 신기능주의 접근은 점진적인 통합방법이기 때문에 교류와 협력의 과정을 거치고 장기간의 시간을 필요로 하지만, 연방주의 접근은 통합에 참여하는 국가들이 합의하면 즉각적으로 연방국가를 완성할 수도 있다. 북한의 고려연방제는 연방주의 통합이론에 가까운 남북한 통일방안이다.

4. 정리

정리하면, 통합은 과정 중심의 개념으로, 이질적인 것들이 하나로 합해지는 과정이다. 이러한 통합의 유형은 일국 내의 통합이나 국가 간 통합, 혹은 경제통합이나 사회통합, 군사통합, 외교안보통합, 정치통합과 같은 분야별 통합으로 구분할 수 있다. 일국 내의 통합은 예컨대 남한 내의 지역, 계급, 계층, 세대, 이념 간의 갈등과 이질성을 극복하고 하나의 통합된 국가로 만들어나가는 것을 의미한다. 반면, 유럽연합이 추진하고 있는 통합은 서로 다른 국가들이 정치, 경제, 사회, 문화 영역에서 초국가적 혹은 공동체적 통합을 추구하는 것을 의미한다.

분야별 통합을 살펴보면, 먼저 경제통합은 다양한 국가들의 경제를 하나

의 시장으로 만들어 나가는 과정을 의미한다. 예컨대, FTA(자유무역지대) →
Custom Union(관세동맹) → Single Market(단일시장) → 통화통합 → 재정통
합 → 하나의 완전한·경제통합 등의 순으로 많은 국가경제들이 하나의 시장으
로 통합되어 가는 과정인 것이다. 사회통합은 국내 혹은 국가 간 이질성와 불평
등, 균열, 분열, 갈등요인 등을 통합하여 사회를 하나의 통합된 구성체로 만드
는 것을 의미한다. 정치통합은 하나의 정치체제(정체, Polity)를 만들어 내기 위
한 과정을 의미하는데, 예컨대 남북 간 정치통합은 남북 간 통일 방안을 조정
하여 하나로 만들거나 통일국가의 체제 성격을 결정하는 등의 노력을 의미한
다. 예컨대, 통일방안이 국가연합인지 연방제인지, 통일국가의 지향점이 자유민
주주의 체제인지 아닌지 사회주의 체제인지 등을 조정하는 것이다. 군사통합은
두 나라 이상의 군대를 하나로 통합하여 하나의 군대를 만드는 것을 의미하며,
외교안보통합은 공동체의 외교안보정책을 하나로 통합해 가는 과정이다. 남북
한 통합을 사례로 살펴보면, 남북한 통합은 일국 내의 통합과 국가 간 통합의
성격을 모두 지닌다.

IV
남북한 통합

1. 남북한 통합의 필요성

한국전쟁과 분단은 외세 개입과 민족 간 전쟁이 낳은 결과물이라는 점은 그 누구도 부인하기 어려운 역사적 사실이다. 따라서 외세가 아닌 한민족의 자주적인 통일과 통합 노력은 분단 반세기가 훌쩍 지난 현재 상황에서 판단해 보면 자연발생적인 민족적 자구 노력이다. 분단을 극복하고 통일과 통합을 추구하는 과정은 외세에 의해 한민족의 운명이 좌우된 과거를 극복하고 민족상잔이라는 아픔의 역사를 뒤로 하면서 한민족의 자율과 번영을 추구하는 당위론적인 역사의 흐름인 것이다.

한반도에서 통일국가를 건설하고 이를 위해 남북한 통일과 통합을 추진하는 것은 위에서 언급한 한민족의 주체성을 확보하는 차원 말고도 다양한 의미를 지닌다. 첫째, 한반도 평화체제를 건설하는 것은 전쟁의 위협을 벗어나 우리의 생존을 위한 당연한 노력인 동시에 인류 역사의 시대적인 흐름이기도 하다. 냉전질서 붕괴 이후 유일하게 분단 상태인 한반도에서 남북한 통일과 통합을 추진하는 노력은 냉전질서의 완벽한 종식과 동북아 평화 건설을 위한 기초적 토대이다.

둘째, 한반도 분단은 2개의 국가와 2개의 체제에서 민족 구성원 전체의 기대와는 배치되고 엘리트들만의 이익에 봉사하는 분단체제를 강화해 왔다. 즉, 분단은 양국 정치엘리트의 이익을 주로 대변하는 비민주적이고 반민족적인 상황이라는 점이다. 예컨대, 북한은 이산가족 문제를 인권 문제가 아니라 정치적

199

인 전술 차원에서 활용하고 있다. 분단의 종식과 통일의 실현은 민족구성원 전체의 기대를 대변하는 방향으로 이루어져야 한다. 따라서 통일과 통합을 추진하는 것은 고착화된 정치 엘리트들의 이기적인 이해를 민족구성원 전체의 기대로 대체한다는 점에서 민주주의의 발현으로 볼 수 있다.

셋째, 지정전략(Geo-political Strategy)과 지경전략(Geo-economic Strategy) 차원에서 남북한 통일과 통합은 한민족의 평화와 번영을 위한 시대적인 명령이다. 한반도 지정전략 및 지경전략의 중심축은 미일과 연계된 해양세력 중심에서 중러 그리고 중앙아시아 및 유럽을 연계하는 유라시아 대륙 중심으로 서서히 이전하고 있다. 남한의 지정전략이 북한의 존재로 인해 유라시아 대륙과 절연되어 왔고, 북한 또한 미일과의 국교정상화가 유예되면서 태평양으로 연결되는 지정전략에서 차단되어 왔다. 남북한 통일과 통합은 남한과 북한의 지정전략과 지경전략적 연계에 기여한다. 해양세력과 대륙세력이 조우하는 한반도를 남북이 주도적으로 관리할 수 있는 공간을 확보하는 노력이 필요하다. 남북한 통일과 통합은 통일 이후 한반도의 국제 위상 강화를 위한 전제조건이다.

넷째, 남북한 통일과 통합은 경제적인 파급효과가 크다. 주지하다시피, 냉전질서의 붕괴 이후 국제관계에서 국가 간 경제관계 등을 의미하는 하위정치(Low Politics)의 중요성이 나날이 강화되고 있다. 남북한 통일과 통합은 남과 북의 시장을 하나로 묶어 규모의 경제를 건설하고 남북한 경제구조의 보완성을 강화함으로써 남북한 경제발전에 기여할 수 있다.

다섯째, 남북한 통일과 통합은 궁극적으로 북한의 민주주의를 제고할 수 있다. 또한 반공주의의 영향을 고려할 때 남한의 민주주의도 북한의 민주화와 별개로 논의하기 어렵기 때문에 남한 민주주의의 발전을 위해서도 남북한 통일과 통합은 중요하다.

여섯째, 남북한 통일과 통합 노력은 통일비용을 합리적으로 관리하여 통일에 필요한 투자성 비용이 아닌 소모성 비용을 최소화 한다. 즉, 남북한 통합은 남북 간의 사회적 갈등과 긴장 축소, 문화적 이질감 축소, 경제격차 축소 등으로 귀결되고, 그 결과 통일비용은 현저하게 감소하게 된다. 또한 통합이 심화될 수록 남북 간 신뢰와 협력이 공고화되고 그에 따라 소모적인 군비 경쟁이 줄어들 것이며, 그 결과 경제성장과 사회통합, 사회복지를 강화시키는 방향으로 자원이 효과적으로 배분될 수 있다.

정리하면, 남북한 통일과 통합은 물질적 측면과 비물질적 측면 모두에서 남과 북 구성원 전체의 평화와 번영을 가져올 가능성이 높다. 통일과 통합이 가져오는 물질적 이익은 남북한 경제 발전, 통일비용의 최소화, 소모적 군사비 축소, 사회통합과 사회복지 비용 확대 등이며, 남북한 통일과 통합이 가져올 비물질적인 이익은 한반도 평화체제 도입, 민족 자율성 회복과 자부심 강화, 민족상잔의 아픔 극복, 남한 민주주의 심화와 북한의 민주화, 동북아와 지구적 차원의 평화에 기여 등이다. 남북한 통일과 통합 노력은 위와 같은 다양한 측면에서 정당성과 의의와 필요성을 찾을 수 있다.

2. 남북한 통일과 통합의 관계

남북한 통일과 통합은 분단 이후 심화되고 고착화 된 남북 간의 정치, 경제, 사회, 문화, 외교안보, 국방, 법체제에 있어서의 이질성을 극복하기 위한 정책적인 제반 노력의 과정과 결과물을 의미한다.

통합과 통일의 차이가 무엇인지에 대해서는 학자들마다 생각이 다르다. 어떤 학자는 통일을 통합의 궁극적인 완성 상태나 결과물로 이해하고, 통합은 통일을 위한 조건을 마련하기 위한 노력의 과정으로 이해하는 반면, 어느 학자는 통합을 통일보다 훨씬 광범위한 개념으로 이해하기도 한다. 예컨대, 정치적이고 법적인 차원에서 남북한 통일이 실현되었다 하더라도, 문화적이고 사회적인 남북한 통합은 통일 이후에도 지속적으로 이루어져야 하는 과정이라는 것이다.

이 글에서 통합은 문자 그대로 남북이 합해지는 과정 중심의 개념이고 통일은 남과 북이 법적이고 영토적으로 하나가 되는 결과물뿐 아니라 제반 영역에서의 통합이 완성된 상태를 의미한다. 통합과 통일의 관계는 다음과 같은 4단계로 이해하는 것이 바람직해 보인다.

▶ 1단계(비정치적 영역의 통합 단계)

남북한 간의 경제, 사회, 문화 등 비정치적인 영역에서의 통합이 먼저 활성화되어 남북 간 이질감이 줄고 교류·협력과 신뢰가 확대·강화되는 단계이다. 물론 상대적으로 쉬운 비정치적이고 비군사적인 통합이 일정 정도 성숙하면, 통합이 상대적으로 어려운 정치, 법, 외교안보, 군사 영역에서도 부분적인 남북한 통합이 시작될 수 있다.

▶ 2단계(제도적이고 정치적인 통일 단계 혹은 좁은 의미의 통일 단계)

1단계에서 활성화된 남북 간 통합이 상당 수준 이상으로 심화되면 이제 남북은 정치적이고 법적인 그리고 영토적인 통일을 집중적으로 추진하는 단계에 이르게 된다. 그 결과 남북은 법적이고 영토적으로 그리고 국제적으로 하나의 통일국가를 이루게 된다.

▶ 3단계(심화된 통합 단계)

이 단계에서 남북한은 정치적이고 법적으로 통일을 이루고 있으나, 여전히 분단 시대의 유산인 사회, 문화, 경제 영역에서의 남북 간 이질감이 잔존한다. 따라서 3단계에서는 이러한 사회적 이질감을 해소하고, 남북 간 사회 동화를 위해 노력하게 된다. 또 이 시기에는 2단계 이후 새롭게 발생하는 남북 지역 간 경제 격차, 문화 차이, 그리고 북한 주민의 소외감 증폭과 같은 문제를 극복하기 위해 노력하게 된다. 한 마디로 3단계는 2단계에서 이룩한 정치적이고 법적인 통일 이후에 잔존하거나 새로 발생하는 남북 사회 간 갈등과 이질감을 최소화하고 극복하는 과정인 것이다.

▶ 4단계(진정한 의미의 통일 단계)

4단계는 3단계의 완성 단계를 의미하는 것으로, 완전한 남북통합과 통일이 실현되는 단계이다. 즉, 4단계에서 남북은 정치적이고 법적인 의미에서의 통일 (즉, 좁은 의미의 통일)뿐 아니라 사회와 문화와 경제적인 측면에서도 이질감을 극복하고 동질성을 회복한 통일 상태를 실현하게 된다. 4단계까지 이르기 위해서는 상당히 오랜 시간이 요구된다.

남북한 통합을 왜 추진해야 하는지를 알려주는 반면교사는 바로 유럽연합의 통합이다. 유럽연합이 추진하고 있는 통합을 배우고 우리 상황에 맞게 벤치마킹하는 자세가 필요하다.

V
유럽통합

남북한 통합이 어떻게 진행되어야 하는지 그리고 어떻게 하면 성공할 수 있는지에 대한 궁금증은 당연한 것이다. 그런데 이러한 궁금증은 우리보다 앞서 통합을 추진해 온 지역의 사례를 살펴보는 작업을 통해 해소할 수 있다. 유럽통합의 역사와 배경, 추진방안을 살펴보는 작업은 그래서 남북한 통합을 추진하는데 있어서 유익하다.

1. 유럽통합의 배경

유럽 국가들, 특히 서유럽과 북유럽, 남유럽 국가들은 2차 세계대전 이후 유럽통합에 나섰다. 그런데 이들 국가들이 통합에 나선 이유는 다양하다.

첫째, 유럽통합은 과거 유럽의 영광을 재현하는 데 목표가 있다. 유럽 국가들은 1차 세계대전과 2차 세계대전 이전까지, 특히 18~20세기 초반까지 세계의 중심 국가들이었다. 경제적으로 세계의 부는 모두 유럽에 몰려 있었으며, 문화와 문명적으로도 유럽은 다른 지역에 비해 제일 앞서가는 지역이었다. 과학과 같은 근대 학문에 있어서도 마찬가지였다. 유럽은 문명화된 지역이었고 다른 지역은 문명화되지 못한 낙후한 지역으로 유럽인들에게 인식되었다. 다른 지역은 유럽이 계몽시켜야 할 대상으로 전락한 것이다. 그런데 1, 2차 세계대전 이후 유럽 국가들은 전쟁의 후유증으로 인해 몰락한 국가들이 되었으며, 세계의 패권은 미국에게 넘어갔다. 이런 상황에서 유럽 국가들은 무너진 유럽중심주의를 회복하기 위해 지역통합에 나섰다. 우선 무너진 유럽경제를 재건하기 위해 많은 유럽 국가들의 시장을 하나로 통합함으로써 '규모의 경제'를 건설하기 위한 경제통합에 나섰다.

둘째, 2차 세계대전 이후 공산주의 국가 소련이 등장하고 중동부 유럽 국가들이 사회주의화되어 소련의 위성국가가 되었다. 이에 서유럽과 북유럽, 남유럽 국가들은 소련의 공산주의에 공동으로 대응할 필요를 느꼈으며, 그 결과 유럽 국가들은 유럽통합에 나섰다.

셋째, 국민국가(Nation-state)체제가 전쟁 친화적이라는 점을 깨닫게 되면서 유럽인들은 유럽통합을 추진해 국민국가체제를 약화하고 궁극적으로 해체하는 길에 나서게 된 것이다. 국민국가체제가 전쟁 친화적인 국제체제라는 점은 유럽의 경험이 뒷받침해 준다. 유럽은 1648년 베스트팔렌 조약 이후 국민국가체제를 건설하면서 지난 몇백 년간 수많은 전쟁을 치렀다. 유럽 국민국가 간의 전쟁과 중상주의 전쟁이 유럽의 근대화를 다른 지역에 비해 앞당긴 것은 사실이지만, 유럽 국가들은 국민국가 간의 중상주의 경쟁과 전쟁에 수 세기 동안 시달려왔다. 유럽의 근현대사는 유럽 국민국가들 간 전쟁의 역사였다. 국민국가체제의 약화와 해체를 추구하는 유럽통합은 유럽인들의 반전 평화 전략의 산물이기도 한 것이다.

2. 유럽통합의 경로

2차 세계대전 이후 현재까지 유럽통합은 다음과 같은 경로를 걸어왔다. 우선 경제통합 경로는 자유무역지대 → 관세동맹 → 단일시장 → 화폐통합의 단계를 거치며 통합을 심화시켜왔다. 그런데 유럽연합(EU)이 경제통합만을 추진해 온 것은 아니다. 비경제적 영역에서도 유럽연합은 공동 외교안보정책, 공동 내무치안정책, 공동 사회정책(공동농업정책, 지역정책) 등을 통해 꾸준히 통합을 추진해 왔다. 유럽연합의 통합을 이끌고 있는 통합 찬성론자들은 앞으로도 유럽통합의 심화를 계획하고 있다. 통합 찬성론자들은 앞으로 재정통합 → 군사통합 → 정치통합 → 유럽합중국(United States of Europe)을 추진하기 위해 노력하고 있다. 재정통합은 쉽게 말해 개인이나 기업들이 세금을 자국정부에 내는 것이 아니라 유럽연합으로 내는 것이며, 군사통합은 개별국의 군대 이외에 유럽연합군을 창설하는 것을 의미한다. 정치통합은 말 그대로 정치적으로 하나의 유럽이 등장하는 것으로, 유럽연합을 대표하는 대통령이 선출되고 공동의 국기와 애국가 그리고 공동의 헌법 등이 만들어지는 것이다. 이외에도 정치통합은 지금의 연합(Union) 단계에서는 제대로 된 힘이 없는 유럽의회(European Parliament)가 실질적인 입법부로 등장하는 것을 의미한다. 유럽합중국의 등장은 유럽통합 찬성론자들이 꿈꾸어 온 통합의 궁극적인 목표로, 국민국가체제가 무너지고 유럽연합의 회원국이 모두 참여하는, 실질적으로 하나의 국가가 만들어지는 것이다.

유럽연합이 추진해 온 이와 같은 통합의 경험과 목표가 남북한 통합에 어떠한 교훈을 주는지 생각해보는 것은 남북한 통일과 통합을 준비하는 데 있어 상당히 유익하다. 예컨대, 지금 남북은 사람의 왕래는커녕 E-Mail이나 SNS 한 줄도 서로 보내고 받기 어려운 단절 상황이다. 그런데 남북이 경제통합을 통해 단일시장(Single Market)을 만들게 되면, 남북 간에 재화, 서비스, 자본, 노동의 자유이동이 가능해진다. 그렇다면 경제통합의 한 단계인 남북한 단일시장은 실질적으로 통일에 가깝다고 볼 수 있다. 남북 사이에 재화와 서비스, 자본뿐 아니라 사람마저 자유롭게 이동하는 것은 법적(De Jure)으로는 아니더라도 사실상의(De Facto) 통일로 봐도 무방하기 때문이다. 법적이고 영토적인 남북통일도 중요하지만 이런 의미에서 남북통합도 상당히 중요한 것이다.

VI
북한의 체제 변화에 따른
남북한 통합 시나리오

〈별첨 1〉은 북한의 체제 변화에 따른 남북한 통합의 시나리오를 도표로 그린 것이다. 그림을 이해하는 데 필요한 주요 개념 정의는 다음과 같다.

▶ 도표에서 '통일'은 제도적이고 정치적인 통일 즉, 좁은 의미의 통일을 지칭하는 것으로 남북한 간의 정치적이고 법적인 그리고 영토적인 통일을 의미한다. 반면 '완전통일'은 진정한 의미의 통일을 의미하는 것으로 좁은 의미의 통일이 이루어지고 이와 동시에 남북한 간의 정치, 경제, 사회, 문화, 외교안보, 군사부문에서의 통합이 모두 이루어진 상황을 의미한다.

▶ 도표에서 '점진적 개혁·개방'은 정치체제는 존속하면서 경제체제의 변화를 추진하는 것이며, '급진적 개혁·개방'은 정치체제와 경제체제의 전환이 동시에 추진되는 것이다.

▶ 도표에서 '국가연합'은 남한의 3단계 통일론(화해협력 단계-남북연합 단계-통일국가 완성 단계) 중 2번째 단계인 남북연합 단계를 의미하는데, 이는 북한이 제시한 낮은 단계의 연방제와 유사하다. 그러나 이러한 유사점에도 불구하고 통일의 최종 국면에서 남한의 3단계 통일방안은 1민족 1국가 1체제 1정부를 목표로 하는 반면, 북한의 연방제 방안은 1민족 1국가 2체제 2정부를 목표로 하고 있다는 점에서 현저한 차이를 드러낸다.

〈별첨 1〉에서 볼 수 있듯이, 북한체제의 변화를 촉발하는 요인은 크게 대내적 요인과 대외적 요인으로 구분할 수 있다. 대내적 요인은 정권 정통성의 약화와 같은 체제 내구력의 약화, 북한 정치경제체제에 대한 주민의 불만과 사회적 일탈 증가, 지도부의 개방·개혁 의지 강화 등이며, 대외적 요인은 봉쇄정책이나 포용정책 같은 주변 4강과 남한의 대북정책, 국제체제의 세계화와 민주화 확산 등이 북한에 미치는 개혁·개방 압력 등이다.

이러한 국내외적 압력에 대해 북한 지도부는 다양한 정책적 대응을 할 수 있는데, 이는 북한체제의 정치이념과 제도, 권력구조와 사회적 통제 등과 같은 상황에 따라 영향을 받는다. 북한 지도부는 국내외적 압력에 대응하여 개혁·개방을 점진적으로 혹은 급진적으로 추진할 수 있으며, 그럭저럭 현 상황을 유지하면서 위기를 회피하거나 역으로 북한체제를 더 강화하여 압력에 대항할 수도 있다. 이외에도 북한이 국내외 압력이 야기하는 위기관리에 실패하는 경우도 발생할 수 있다.

대내외적 요인에 대한 북한의 대응은 '체제 붕괴와 정권 붕괴', '체제 내분과 정권교체', '체제 유지와 정권 존속'으로 3분하여 살펴볼 수 있다.

1. 북한체제 붕괴와 정권 붕괴

이 경우 남한이 북한 지역에 먼저 개입하면 북한은 남한으로 흡수통일 될 가능성이 있지만, 남한이 북한 지역에 개입하지 못할 경우 북한 지역의 무정부 상태를 관리하기 위한 '국제관리'가 이루어질 가능성도 있다. 국제관리가 이루어질 경우, 시간의 경과에 따라 민족자결주의가 적용되어 남북한 통일로 귀결될 수도 있지만, 주변 강대국의 지정학적 이해가 관철될 경우 북한 지역에서 친미나 친중 성향의 독립 정권이 들어설 가능성도 존재한다. 이 경우 한반도 분단은 상당 기간 지속될 수 있다. 북한이 남한에 흡수통일이 될 경우 남북 간 여러 영역에서의 통합은 장기간에 걸쳐 실현될 수 있으며, 모든 영역의 통합이 완성되면 완전통일이 이루어질 수도 있다.

2. 북한체제 내분과 정권 교체

이 경우 북한은 정권 쟁취를 위한 내전을 겪을 수도 있으며 국제관리로 이행될 수도 있다. 북한 내전은 크게 다음과 같은 네 가지 경우로 귀결될 수 있다.

① 내전으로 북한체제가 붕괴하고 정권이 붕괴되는 경우: 앞의 설명 참조.

② 내전으로 한반도 전쟁이 벌어지는 경우: 북한 내전이 한반도 전쟁 즉, 남북 간 전면전으로 확대된다면 이는 다시 미국과 중국의 이해관계 충돌로 인해 국제전으로 확대될 수 있다.

③ 북한 내전에서 강경수구 세력이 승리할 경우: 이 경우 현재의 북한 정치경제 체제는 유지되지만 더욱 강경하고 폐쇄적인 체제로 회귀할 가능성이 있다.

④ 북한 내전에서 개혁 세력이 승리할 경우: 이 경우는 북한의 '체제 부분개혁' 혹은 '체제 완전전환'으로 나누어 볼 수 있다. 체제 부분개혁은 정치체제는 유지하되 경제체제는 시장경제체제로 이행되는 경우로 점진적 개혁·개방을 의미하며, 체제 완전전환은 급진적 개혁·개방을 의미하는 것으로 북한의 정치체제와 경제체제가 동시에 전환됨으로써 자유민주주의와 시장경제체제가 북한 전역에 도입되는 것이다. 북한체제가 완전히 전환될 경우 남북은 합의에 의한 민주적 절차와 방식을 통해 남북통일을 이룰 수 있다. 북한이 점진적인 개혁·개방을 추진하면 남북한 통일과 통합도 점진적으로 이루어질 가능성이 있는 반면, 북한이 급진적인 개혁·개방을 추진하면 남북한 통일과 통합도 빠르게 추진될 가능성이 있다.

3. 북한 정권 유지와 체제 유지

이 경우는 북한의 현상유지 정책, 점진적 개혁·개방, 급진적 개혁·개방, 최후의 수단으로 한반도에서 국지전 내지 전면전 감행 등으로 나누어 살펴볼 수 있다. 현상유지 정책이 추진되면 북한 정권은 현재와 같은 경제난과 외교안보적 긴장을 그럭저럭 관리하면서 현 체제를 유지할 가능성이 높다.

중국식 개혁·개방처럼 북한이 점진적 개혁·개방에 성공할 경우 북한체제는 안정되고 따라서 남북한 통합과 통일은 장기적이고 점진적인 방향으로 진행될 가능성이 높다. 장기적이고 점진적인 통일과 통합은 남북 간 합의를 통한 통일로 귀결될 가능성이 높은데, 이 경우 남북은 현재의 서로 다른 통일방안을 단일화할 가능성이 있다. 따라서 이 상황에서는 남한의 국가연합(낮은 단계의 연방제)과 북한의 연방제 방안이 합의에 의하여 단일화되고, 그 단일방안에 의해서 남북한 통합과 완전통일이 추진될 가능성이 높다. 그러나 단일화된 통일방안이 없을 경우 남북은 양자 간의 당시 권력관계에 의해 우세한 쪽의 통일방안이 추진될 가능성도 존재한다.

반면 점진적 개혁·개방이 실패할 경우, 북한은 군부개입, 집단지도체제, 민중봉기 등을 경험할 가능성이 있다. 군부가 정권을 잡게 되면 강경수구화 될 가능성도 있으며, 군부와 전문 경제관료의 밀착에 의한 박정희식 개발독재가 등장하여 경제성장을 추진할 가능성도 존재한다. 집단지도체제가 들어서면 그 집단지도의 성향(즉, 강경수구 세력 혹은 개혁개방세력)에 따라 북한체제 변화의 향배가 결정될 것이고, 북한 인민이 봉기할 경우 그것의 성공 여부, 북한 내부의 권력관계 변화 여부, 그리고 국제사회의 개입 여부에 따라 북한체제 변화가 규정될 것으로 보인다.

북한의 현재 지도부가 급진적 개혁·개방을 추진할 가능성은 현재로서는 희박하다. 급진적 개혁·개방은 북한 사회에 대한 주체사상 중심의 획일적인 통제를 완화시킬 가능성도 있으며, 북한 지도부에게는 개혁·개방보다 북한의 체제유지가 더 중요한 과제이기 때문이다. 북한 지도부가 체제유지와 체제보장을 최우선시하고 이를 위해 핵카드를 들고 나온 상황에서, 북미 간 대립과 긴장은 쉽게 단기적으로 해결되기 어렵다. 이런 상황을 감안하면, 북한이 정치체제 전환을 포함한 급진적 개혁·개방을 추진할 가능성은 높지 않다. 북한체제와 정권이 마지막 벼랑에 몰릴 경우, 가능성은 낮지만 북한 정권은 한반도에서 국지전이나 전면전을 수행하여 북한의 체제와 정권을 유지하려는 도박성 시도도 할 수 있다.

앞에서 살펴 본 다양한 북한체제 전환 시나리오 중 가장 현실화 가능성이 높고 통일비용에서도 남한에게 부담이 적은 시나리오는 북한이 점진적인 개혁·개방을 추진하는 경우이다. 그러나 이러한 점진적인 남북한 통합과 통일 시나리오가 지닌 가장 큰 문제점은 남북한 간의 통합과 완전통일이 언제 이루어지는 알 수 없으며, 완전통일이 된다는 보장도 지금으로서는 확실치 않다는 데 있다. 장기적인 남북한 통합 과정은 완전한 남북통일을 가져오는 것이 아니라 분단된 두 국가의 고착된 체제 유지에 기여할 수도 있으며, 통일에 대한 남북한 국민들의 당위론적 요구를 약화시킬 수도 있기 때문이다. 더욱이 오랜 통합과정 속에서 분단체제가 지속되는 경우 남북한 국민들의 단일민족에 기초한 공동의 정체성은 더욱 희석될 수도 있다.

그러나 점진적인 개혁·개방 전략이 실패할 경우 북한은 군부개입, 집단지도체제, 혹은 민중봉기 등과 같은 체제 불안정으로 급속하게 빠져들 가능성이 있다는 점에서 북한의 점진적 개혁·개방은 반드시 성공해야 하고, 이를 위해 남한은 북한과의 경제지원과 교류협력 및 경제통합을 일관되게 지속할 필요가 있다.

〈별첨 1〉이 보여주는 다양한 시나리오가 제시하는 남한에의 교훈은 북한체제의 불안정과 위기는 그대로 남한체제의 불안정과 위기로 파급되기 쉽다는 점이다. 따라서 남한 정부와 시민들은 북한체제의 불안정과 위기와 붕괴를 미연에 예방하기 위한 장기적인 대북정책을 수립할 필요가 있다. 특히, 북한체제와 북한 정권이 동시에 붕괴되는 경우, 북한 내분으로 인해 북한 내전과 한반도 전쟁 및 국제전이 벌어지는 경우, 그리고 북한이 현 체제를 유지하기 위한 마지막 수단으로 한반도 전쟁을 감행하는 경우와 같은 최악의 시나리오에 대해 철저한 대응방안을 마련할 필요가 있다. 결국 남한이 할 수 있는 일은 한반도 북쪽 지역에서 급속한 체제변화와 정권붕괴를 미연에 막아내는 것이고, 그것은 정치·경제·사회·문화·외교·안보·군사 분야에서 남북한 통합을 철저히 준비해서 일관되게 추진하는 것이다.

4. 정리

위의 논의를 중심으로 판단해 보면, 가장 바람직한 남북한 통합의 길은 북한의 체제 유지와 정권존속 → 북한의 점진적 개혁·개방 → 남북 간 장기적 합의에 의한 체제통합 → 남북 간 합의에 의한 단일 통일방안 마련 → 남북연합(낮은 단계의 연방) → 완전한 통합과 통일을 따라가는 길이다. 이러한 남북통합의 길이 분단비용을 최소화하고 통일편익을 극대화하며 한반도 평화와 번영을 확보하는 가장 효과적인 길이라고 생각된다.

별첨 1 ┃ **북한의 체제변화에 따른 남북한 통합 시나리오**

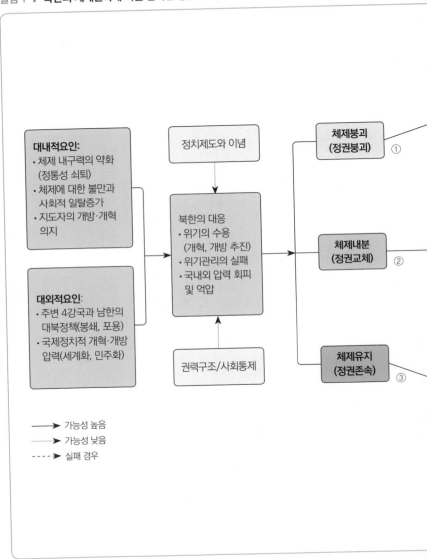

대내적요인:
- 체제 내구력의 약화 (정통성 쇠퇴)
- 체제에 대한 불만과 사회적 일탈증가
- 지도자의 개방·개혁 의지

대외적요인:
- 주변 4강국과 남한의 대북정책(봉쇄, 포용)
- 국제정치적 개혁·개방 압력(세계화, 민주화)

정치제도와 이념

북한의 대응
- 위기의 수용 (개혁, 개방 추진)
- 위기관리의 실패
- 국내외 압력 회피 및 억압

권력구조/사회통제

체제붕괴 (정권붕괴) ①

체제내분 (정권교체) ②

체제유지 (정권존속) ③

⟶ 가능성 높음
⟶ 가능성 낮음
⟶ 실패 경우

통일
교육

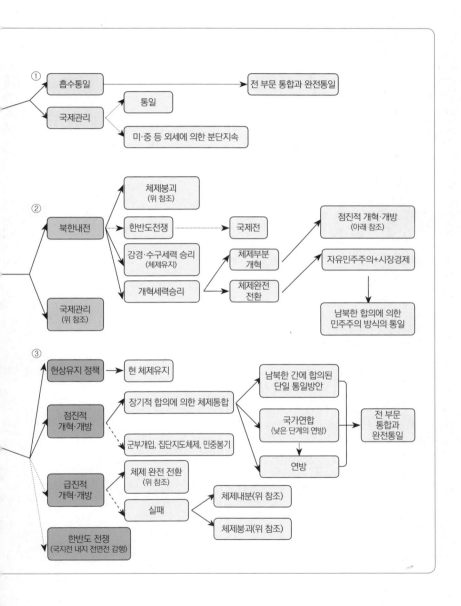

제8장

독일 통일 과정에서 배우는 한반도 통일

김영수 독일 한스 자이델 재단 한국사무소 사무국장

I
서론

　　1990년 10월 3일에 독일은 통일되었다. 1945년 5월 8일, 6년간 유럽 전역을 전쟁의 도가니로 몰아넣었던 2차 세계대전이 유럽에서 종식된 후, 전범 국가인 독일은 미국과 소련, 영국, 프랑스의 4대 전승국이 분할하여 관리하는 체제를 거쳐 1949년 5월 23일과 10월 7일에 각각 서독과 동독이 생겨난 시점으로부터 41년 만에 다시 하나의 통일된 국가를 이루었다. 반면에 한반도에서는 1948년 8월 15일과 9월 9일에 각각 대한민국과 조선 민주주의 인민 공화국이 설립되고 난 이후 지금까지 무려 70여 년이 훌쩍 넘는 긴 시간 동안 분단 상황이 지속되고 있다. 독일의 분단 기간과 비교하면 한반도는 거의 두 배에 가까운 세월 동안 통일을 이루지 못하고 있다. 이에 더해 더욱 안타까운 점은, 분단 시절의 동서독 상황과 비교해 볼 때 남북한 양측에는 상호 교류나 소통 측면에서 불통과 반목의 상황이 아직도 여전히 지배적이라는 사실이다. 현대사의 가장 큰 비극 중 하나인 2차 세계대전의 결과 분단된 대표적인 두 나라인 독일과 한국은 그러면 왜 이렇게 다른 전개 양상을 보이게 되었을까? 한 나라는 분단 상황을 극복한 지 30년이 넘어선 시점에서 하나의 국가를 이루어 미래를 향해 나아가고 있는 반면에 또 다른 주체인 한국은 왜 여전히 분단의 상흔을 극복하지 못한 채 상호 대결 구도 속에서 쓸데없이 신경을 곤두세우고 시간과 힘을 낭비하는 잘못을 반복하고 있는가? 이렇듯 가슴 아픈 한반도의 상황을 개선하기 위해 우리는 대표적인 분단국 통일 사례인 독일의 통일을 통시적(通時的)으로 고찰하고 그 경험으로부터 향후 다가올 우리 한반도의 통일을 위해 타산지석으로 삼을 수 있는 내용을 살펴보는 것은 의미 있는 작업일 것이다.

상술한 내용을 파악하기 위해 우리는 우선 독일의 분단 및 통일과 관련된 역사적 배경과 과정을 살펴보고 독일 통일 이후의 변화와 남은 문제점들을 알아본 후에 다가올 한반도 통일을 위해 독일 통일의 경험이 주는 시사점에 관해 고찰해 보기로 한다.

II
독일 분단의 역사적 배경

　독일과 한반도는 공히 2차 세계대전의 결과로 분단되었으며, 이러한 분단은 당시 본격적으로 등장하기 시작한 미국과 소련을 중심으로 한 양극 체제인 냉전(Cold war) 체제의 대결 구도로 인해 생겨난 결과이다. 다만 두 경우에 있어서의 결정적인 차이점은, 독일은 2차 세계대전을 일으킨 전범 국가였기 때문에 4대 전승국인 미국과 소련, 영국, 프랑스가 분할 관리함으로써 전쟁의 재발을 방지하려는 의도가 있었지만 미국과 영국 그리고 프랑스가 함께한 서방 3개국과 소련의 정치적 대결 양상이 심화되면서 각 관리 지역이 서독과 동독으로 나눠지는 분단으로 귀결되었다. 이와는 달리 한국은 2차 세계대전을 일으킨 주체가 아니라 오히려 전쟁의 피해국이었지만 종전 직후인 1945년 9월 당시 냉전의 주체였던 미국과 소련 양국이 한반도의 중간을 가로지르는 북위 38°선을 분단의 경계선인 군사분계선으로 일방적으로 정함으로써 분단의 단초가 되었다.

　독일이 1945년 5월 8일에 무조건 항복을 함으로써 유럽에서 2차 세계대전은 끝났으며 같은 해 7월 17일부터 8월 2일까지 독일 베를린의 외곽에 위치한 포츠담시의 체칠리엔 호프 궁에서 4대 전승국들 중 미국과 영국 그리고 소련의 국가 수뇌부가 회동하여 포츠담회담을 개최하였다. 회담의 목적은 종전에 따른 독일에 대한 전후 처리와 유럽의 재건에 관한 논의를 하는 것이었다. 미국에서는 해리 트루먼 대통령이 참석하였으며 영국에서는 클레멘트 애틀리 총리가, 그리고 소련에서는 요셉 스탈린 서기장이 자리를 함께했다. 포츠담 회담을 통해 독일에 대한 미국과 영국, 프랑스, 소련의 4대 전승국들의 분할 통치가 결정됨으로써 다음의 지도와 같이 국가별 관할 구역이 정해졌으며, 이와 함께 오더-나

통일
교육

220

이세(Oder-Neiße) 강 동쪽 지역에 위치한 영토를 폴란드와 소련에게 돌려주는 것으로 결정되었다.

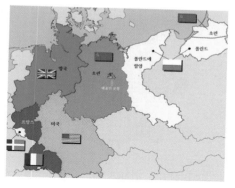

이렇게 시작된 독일에 대한 분할 통치는 시간이 지나면서 서방(미, 영, 프) 관할 지역과 소련 관할 지역에서 사뭇 다른 양상으로 전개되었다. 서방 관할 지역에서는 탈 나치화, 탈 군국주의, 민주주의 정착을 목표로 삼고 재건작업을 지원했던 반면 소련 관할 지역에서는 산업 설비나 기계를 수탈하여 소련으로 가져가고 소련의 경제 체제인 사회주의에 입각한 중앙 계획경제를 정착시키기 위한 작업이 이루어 졌다.

1939년 9월 1일 아돌프 히틀러를 중심으로 한 독일의 극우 집권 세력인 국가사회주의(Nationalsozialismus: 나치즘)자들이 일으킨 2차 세계대전에 대응하기 위해 연합 전선을 형성했던 서방 국가들(미국, 영국, 프랑스)과 소련은 전쟁의 상대였던 독일을 물리치기 위해서는 힘을 합쳤지만 1945년 종전 이후의 대응 방안을 두고서는 의견이 달랐으며 이러한 입장의 차이는 얼마 가지 않아 본격적인 대결 구도로 나타났다. 냉전(Cold war)의 시작이었다. 1945년 5월 종전 직후 열렸던 포츠담회담에서 전승국들이 도출해 낸 합의 결과에 따라 독일에 대한 분할 통치가 시작되었지만 이와 동시에 시작되었던 냉전 상황을 극명하게 보여주는 사건이 발생하는데 그것은 바로 소련이 감행한 서베를린 봉쇄였다.

2차 세계대전 4대 전승국들은 독일을 4개 관할 구역으로 나누었는데, 이는 독일 국토 전체뿐만 아니라 베를린에도 적용되었다. 즉 베를린을 동베를린과 서베를린으로 나눠서 동베를린은 소련이 관리하였으며, 서베를린은 서방 3개 전승국들의 관리 아래 두었다. 이에 따라 서베를린은 소련 관리 지역 안에 마치 섬처럼 고립된 모양이 되었다.

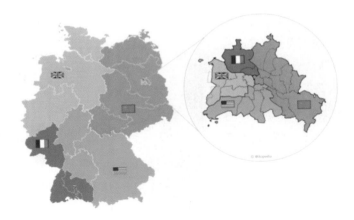

    1948년 6월 20일에 서방 3개 전승국들이 화폐 개혁을 단행하자 이에 대한 반발로 소련은 나흘 뒤인 6월 24일에 서방 3개 전승국들의 관할권을 인정했던 서베를린에 대한 무기한 봉쇄에 돌입했다. 서베를린의 당시 인구는 220만 명이 었으며, 이외에 미군 9,000명, 영국군 7,600명, 프랑스군 6,100명과 그 가족들이 거주하고 있었다. 서베를린은 시민들의 생활을 유지하기 위해 서방 전승국 관할 지역(나중의 서독)으로부터 생활 물자를 공급받고 있었는데 소련은 서방 전승국들이 단행한 화폐 개혁에 대한 보복으로 일방적인 '서베를린 봉쇄'를 감행하였다. 그동안 서쪽 본토로부터 서베를린에 필요한 물자를 운송하던 육로를 일방적으로 차단한 것이다. 이에 대해 미국을 중심으로 한 서방 전승국들의 입장은 단호했다.

    해리 트루먼 미국 대통령은 서베를린을 지킨다는 입장을 확고히 밝혔으며 이에 따라 미국을 중심으로 한 서방 연합군 수송기들이 봉쇄 사흘 뒤인 1948년 6월 27일부터 서베를린 시민들에게 공급할 생활 물자들을 싣고 쉼 없이 운행을 시작한 베를린 공수 작전(Berliner Luftbrücke)이 시작되었으며 이렇게 물자 수송을 시작한 연합군 수송기들은 1949년 9월 30일에 마지막 수송 작전을 마칠 때까지 서베를린 시민들의 삶을 유지시켜 준 생명줄 역할을 했다. 당시 서베를린 시민들의 생명줄 역할을 했던 이 연합군 수송기들을 서베를린 시민들은 건포도 폭격기(Rosinenbomber)라고 불렀는데 이는 시민들에게 훌륭한 간식이었던 건포도를 가져다주었기 때문에 붙여진 별명이었다. 이렇듯 서베를린 봉쇄 이후 지속된 서방 연합국 측의 적극적인 대규모 서베를린 지원 작전이 계속되자 1949년 5월 12일에 소련은 서베를린 봉쇄를 공식적으로 해제하였다. 이로써 총 322일 동안 지속되었던 소련의 '서베를린 봉쇄'는 실패로 끝이 났다.

서베를린 템펠호프 공항에 착륙하는 미군 물자 수송기를
바라보고 있는 서베를린 시민들(1948년)

서베를린 템펠호프 공항에 설치되어
있는 베를린 공수 작전
(Berliner Luftbrücke) 기념 조형물
ⒸIngrid Strauch

서방 전승국 3개국 관리 지역과 소련 관리 지역이 이렇듯 상이한 전개 양상을 띠면서 1949년이 되자 각각 다른 체제의 독일이 생겨나게 된다. 1949년 5월 23일에 서방 전승국 관할 지역에서는 독일 연방 공화국(Bundesrepublik Deutschland, 서독)이 탄생하였고 1949년 10월 7일에 소련 관리 지역에는 독일 민주 공화국(Deutsche Demokratische Republick: DDR, 동독)이 생겨났다. 정식 명칭이 독일 연방 공화국인 서독은 수도를 본(Bonn)에 두고 전체 11개의 연방주들이 연합하여 이루어진 국가로서 정치적으로는 민주주의 그리고 경제적으로는 사회 시장 경제(Social market economy) 체제를 갖추고 있었으며, 정식 명칭이 독일 민주 공화국인 동독은 동베를린에 수도를 두고 정치적으로는 실질적인 1당 통치 체제 그리고 경제적으로는 중앙 계획 경제를 표방하는 체제였다. 이렇게 상이한 2개의 체제가 생겨남으로써 본격적인 독일의 분단이 시작되었다.

III

독일 분단의 지속과 통일의 역사적 배경

2차 세계대전의 종전과 함께 표면화되기 시작한 냉전 체제에 따른 체제 경쟁 양상이 극명하게 드러난 사례가 바로 분단 독일과 분단 한국이었다. 미국이 주도하는 민주주의와 시장 경제를 바탕으로 하는 체제와 연합한 서독과 소련이 표방하는 공산주의 체제를 따른 동독 간의 체제 경쟁이 시작된 것이다. 분단이 고착화되기 시작한 서독과 동독 체제가 수립된 시점부터 두 체제가 어떠한 전개를 보이게 되었는지 살펴보기로 한다.

우선 서독을 살펴보면, 서독은 1949년 5월 23일에 건국하면서 초대 연방 총리로 콘라드 아데나워(Konrad Adenauer)가 취임한다. 콘라드 아데나워 총리는 기민/기사당 연합(CDU/CSU) 소속으로 보수 진영의 총리였다. 아데나워 총리는 1949년에 서독의 초대 연방 총리로 취임하여 1963년 총리직에서 사임할 때까지 14년이란 긴 시간 동안 연방 총리직을 수행하며 전후 서독 체제의 기틀을 세운 정치인이다. 외교적으로는 친 서방 정책을 실시했으며 경제적으로는 자유 시장 경제를 신봉하였다. 특히 경제부 장관에 루드비히 에르하르트(Ludwig Erhard)를 임명하였는데, 루드비히 에르하르트는 아데나워 총리가 연방 총리직을 수행했던 14년 내내 독일 연방 경제부 장관으로 재직하였다. 루드비히 에르하르트 연방 경제부 장관은 전후 서독 경제 체제의 틀이 되는 '사회적 시장 경제(Social Market Economy)'를 구상하고 그 초석을 확립한 인물이다. 서독이 건국된 직후인 1950년 대부터 1960년대에 걸쳐 이루어 낸 소위 '라인강의 기적'이라고 불리는 경제 기적을 가능하게 한 장본인으로서 1957년부터 1963년 사이에는 서독 연방 부총리를 지냈으며, 1963년부터 1966년까지는 아

콘라트 아데나워 서독 초대
연방 총리(1949~1963)
ⓒBundesarchiv

루드비히 에르하르트 서독 연방 경제부 장관
(1949~1963)
ⓒPelz

데나워 총리에 이어 제2대 서독 연방 총리를 역임했다.

서독이 2차 세계대전 종전 직후의 잿더미 상태에서 매우 빠른 시간 내에 '라인강의 기적'으로 불리는 경제 부흥을 이룰 수 있었던 이유는 바로 '마샬 플랜(Marshall Plan)'이라고 이름 붙여진 미국의 '유럽 부흥 계획(ERP: European Recovery Program)' 덕분이었다.

1947년 6월 5일 미국 트루먼 정부의 국무 장관이던 조지 마샬은 서유럽의 극심한 생필품 부족 현상을 미국이 돕지 않는다면 서유럽 국가들은 걷잡을 수 없는 정치적, 경제적, 사회적 혼란에 빠질 것을 우려하여 대 서유럽 경제 원조의 필요성을 주장하며 유럽 부흥 계획을 발표했다. 미국은 서유럽 국가들을 경제적으로 안정, 부흥시킴으로써 공산주의의 침투와 확대를 막고자 한 것이다. 이에 따라 미국은 '마샬 플랜'이라는 이름의 대 서유럽 원조 사업을 실시하여 1948년부터 1951년까지 서유럽에 약 130억 달러 이상의 지원을 하였으며, 이 지원금 중 영국이 약 33억 달러, 프랑스가 약 23억 달러, 서독이 약 15억 달러 그리고 이탈리아가 약 12억 달러의 수혜를 입었고, 나머지 12개 서유럽 국가들도 지원을 받았다. 흔히 마샬 플랜이라고 불렸던 유럽 부흥 계획(ERP)를 통한 미국의 목표는, 첫째 전쟁 피해 지역의 재건이었으며, 둘째 무역의 방해 요소 제거, 셋째 산업 근대화, 넷째 유럽 번영 진작, 다섯째 공산주의의 확산 방지였다.

이러한 미국의 대규모 서유럽 부흥 계획인 마샬 플랜의 지원금을 종잣돈으로 삼아 서독은 전후 경제 재건에 매진하여 서독 수립 후 불과 2년이 지난 1950년부터 이미 서독 경제는 상승 곡선을 그리기 시작했다. 전후 서독 경제 부흥을 상징했던 '라인강의 기적'이 나타나기 시작한 것이다. 이에 따라 경제성장 초창기인 1952년에 320억 달러였던 서독의 국민 총생산이 10년 뒤인 1962년에는 890억 달러로 거의 3배 가까이 증가하면서 서독은 유럽 최고의 경제 대국으로 발돋움하게 되었다. '라인강의 기적'을 통해 1960년에 이르러 완전 고용이 이루어졌으며 이러한 경제성장을 바탕으로 사회적 시장 경제 개념에 부합하는 사회복지 제도를 확대하였다. 이러한 경제 활황은 국내 정치의 안정을 가져왔으며 이를 바탕으로 집권당인 기민당/기사당 연합(CDU/CSU) 정부는 서독 건국 후 무려 20년 동안(1949~1969) 집권이 가능했다.

1950년대와 1960년대에 서독의 경제가 급격하게 성장하여 완전 고용이 이루어지자 노동력 부족 현상이 발생하면서 다른 국가에서 노동 인력을 들여오는 상황이 발생하였다. 이들 이주 노동자(Gastarbeiter)들은 서독과 해당 국가가 근로 협정을 맺어 서독으로 이주하였으며 1955년부터 1960년대 말까지 근로 이주가 이루어졌다. 이러한 방식으로 서독으로 입국한 이주 노동자가 많았던 대표적인 국가들은 이탈리아, 터키, 스페인, 그리스, 유고슬라비아 등이다.

전후 서독의 첫 정부인 아데나워 내각은 냉전 체제의 최전선에 위치하면서 동독과 사회주의 체제의 모태 국가인 소련에 대한 경계를 하지 않을 수 없었다. 이러한 배경에서 서독은 외교 정책에 있어서 할슈타인 원칙(Hallstein-Doktrin)을 고수했다. 할슈타인 원칙이란 1955년 9월 22일 당시 서독의 연방 외교부 차관이었던 발터 할슈타인(Walter Hallstein)이 발표했던 서독의 외교 원칙으로서 그 내용을 살펴보면, 서독은 동독을 정식 국가로 인정하지 않으며 서독만이 독일을 대표하는 유일한 합법 정부이고 다른 국가가 동독과 외교 관계를 맺는 것은 서독의 입장에서는 '비우호적인 행위'로 간주하였다. 그러한 경우가 발생했을 때 서독은 그에 대한 구체적인 대응 조치를 특정하지는 않았지만 실제로는 경제 제재로부터 외교 관계 단절에 이르는 여러 단계의 상응하는 대응 방안들이 존재하였다. 즉 동독을 승인하거나 동독과 수교를 하는 국가에 대해서는 단호한 조치를 취한다는 것이 할슈타인 원칙의 주요 내용이었으며 이 원칙의 목적은 동독의 외교적 고립이었다. 할슈타인 원칙은 1955년부터 1969년까지 서독 정부의 공식적인 외교 원칙이었으며 1969년 사민당의 빌리 브란트(Willy Brandt)가 정권을 잡으면서 그 효력을 잃게 되었다.

그러면 이번에는 동독의 초기 상황을 살펴보겠다. 동독은 서독보다 조금 늦은 1949년 10월 7일에 출범하였다. 동독의 최고 권력은 사회주의 통일당(SED: Sozialistische Einheitspartei Deutschlands)이 행사했다. 사회주의 통일당은 독일 공산당과 사민당이 합쳐져서 생겨났는데 이 과정에서 독일 공산당은 강요와 협박을 통해 사민당을 강제 합병함으로써 사회주의 통일당이 탄생하게 되었다. 설립 당시 동독의 실질적인 최고 권력자는 발터 울브리히트(Walter Ulbricht)로 사회주의 통일당 중앙위원회 총서기 겸 정치국원이었다. 울브리히트는 1971년 권좌에서 물러날 때까지 20여 년을 동독의 최고 권력자로 있으면서 소련의 전권을 등에 업고 초기에는 마르크스-레닌주의를 사회의 통치 이념으로 하는 동독 사회주의 체제의 틀을 세웠으며 1952년에는 동독과 서독의 내독 간 경계선을 폐쇄하고 1961년 8월 13일에는 베를린 장벽을 세움으로써 동독 주민들을 외부 세계와 차단하고 자유를 억압하며 사회를 통제하는 체제를 구축한 장본인이다.

동독은 출발 초기부터 모든 행정 체계를 강력한 중앙 집권 방식으로 재편하였다. 이전에 역사적으로 존재하던 각 지역을 기반으로 한 5개의 연방주들(메클렌부르크, 브란덴부르크, 작센, 작센-안할트, 튀링엔)은 유명무실해졌으며 1952년에 실시한 행정 개혁을 통해 기존 5개 연방주의 기능을 무력화시키면서 14개의 행정관구로 나누어 강력한 중앙 집권 구조를 마련하더니

발터 울브리히트

1958년에는 급기야 5개의 연방주들을 공식적으로 폐지하였다. 이렇게 동독은 신설한 14개 행정관구 외에 동베를린을 추가하여 총 15개의 행정관구 체계를 끝까지 유지한다. 이로써 동독 시절에는 독일이 중세 시절부터 역사적인 배경으로 인해 자연스럽게 형성했던 지역 자치의 전통을 말살하고 사회주의 통일당의 일당 독재를 관철시키기 위한 획일적인 정치 및 행정 체계가 구축되게 된다.

체제 성립 초기부터 동독은 사회주의 건설을 기치로 내세우며 중앙에서 획일적으로 주도하는 계획경제를 실시하다 보니 효율적인 경제 활성화가 이루어지지 않았다. 대규모 기업들을 중심으로 국유화가 진행되었으며 농업은 집단 농장화되었고 대학은 이념의 장으로 변질되는 한편 정치적 억압과 사회 통제는 시간이 갈수록 심화되었다. 동독의 상황이 이렇게 흘러가자 동독의 체제와 미래에 의구심을 가진 많은 동독 주민들이 동독을 떠나 서독으로 이주하기 시작했다. 1949년에 서독과 동독이 생기면서 두 개의 다른 체제가 시작되었지만 초기에는 동서독 간의 자유로운 이동이 가능했기 때문에 동독 체제에 회의감을 갖게 된 많은 주민들이 서독을 향해 떠나갔다. 동독에서 서독으로 넘어가는 경로는 2가지로 나눌 수 있었는데 첫 번째로 약 1,400km에 이르는 동서독 사이의 내독 간 경계선을 통과하는 방법과 두 번째로 동베를린에서 서베를린으로 넘어가는 방법이었다.

약 1,400km에 달하는 동서독 사이의 내독 간 경계선은 2차 세계대전 전승국들이 여러 차례의 회담을 통해 전후 서방 3개 전승국과 소련 관리 구역 사이의 경계를 따라 확정한 군사분계선으로 동서독이 생긴 1949년부터 해당 경계가 존재하였다 이 경계선은 독일 북쪽의 바다인 오스트제(Ostsee)로부터 시작되어 남쪽으로 이어져 동서독을 갈랐으며 가장 남쪽에서는 서독의 바이에른주와 동독의 작센 지역 그리고 체코슬로바키아가 만나는 삼각 지점에서 끝난다. 냉전 시절 내독 간 경계선은 군사적, 지리적 관점에서 철의 장막(Iron Curtain)의 일부였다.

동독 주민들의 서독 이주 사례가 큰 폭으로 증가하자 동독 울브리히트 정권은 당황하기 시작했다. 체제 출범 초기 서독과의 체제 경쟁에 온갖 신경을 쓰고 있는 상황에서 동독 주민들이 서독으로 이주하는 것은 인력의 손실로 인한 노동력의 감소를 의미했기 때문이다. 이러한 이유로 동독 정권은 1952년 5월 26일에 1,400km에 이르는 내독 간 경계선을 폐쇄하였다. 계속 늘어나는 동독 탈출 주민들을 막기 위한 조치였으며 이로써 내독 간 통행이 하루아침에 중단되었다.

분단 시절 동서독 간(내독 간) 경계선(녹색 선)

동독은 서독과의 경계인 군사분계선으로부터 동쪽 후방으로 5km에 이르는 구간을 통제 구역(Sperrzone)으로 설정하고 허가받지 않은 사람들의 해당 구역 출입을 금지하는 한편, 통제 구역에 거주하고 있던 345,000명의 주민 중 11,000명의 재산을 몰수하고 통제 구역 밖으로 소개(疏開)시켰는데 소개 대상자들은 동독 주민들의 서독 탈출을 도운 것으로 의심을 받는 사람들이었다. 이때부터 내독 간 경계선의 군사 경계 시설은 견고해지기 시작했으며 동독 국경 수비대를 통한 감시 및 경계 태세가 강화되었다.

동독 측 통제 구역을 포함한 군사분계선 지역은 특별 허가증이 없으면 출입할 수 없었다. 동독 측에서 1,400km에 이르는 내독 간 경계선에 1952년 5월부터 설치하기 시작한 철책과 감시탑, 차량 통과 방지 참호, 동독 국경 수비대 차량 순찰로 등의 대규모 군사 경계 시설 장애물들은 처음에는 비교적 단순한 형태였다가 시간이 지나면서 수차례에 걸쳐 7중, 8중의 탈출하기 매우 어려운 견고한 시설로 진화하게 되는데 이로 인해 1989년 11월 9일 베를린 장벽이 무너질 때까지 동독 주민들이 서독을 방문하거나 동독을 탈출하는 데 결정적인 방해 요소로 작용하였다.

이렇게 설치되고 시간이 갈수록 더욱 견고하게 진화했던 내독 간 경계선의 동독 측 경계 시설에는 약 30,000명에 달하는 동독 국경 수비 대원들이 밤낮으

동독이 내독 간 경계선 철조망에 설치한 자동발사장치
ⒸChrisO

로 경계를 서며 동독 주민들의 서독을 향한 탈출을 막았다. 동독 정권은 동독 국경 수비 대원들에게 '공화국(동독) 탈출자를 체포하거나 사살하라.'는 명령을 하달했다. 1961년부터는 경계선에 지뢰를 설치하기 시작해서 최종적으로는 250km 구간에 총 130만 개의 지뢰가 매설되었으며 1971년부터는 철조망에 3단으로, 연결선을 건드리면 자동으로 쇠로 된 철심이 발사되어 인명을 살상하는, 비인도적인 자동발사장치(Selbstschussanlage)를 450km 구간에 총 71,000개 설치하였다. 최종적으로 설치된 감시탑의 숫자는 1,000개였으며, 총 600km 구간에 차량 통과 방지 참호가 설치되었다. 1952년에 동독이 내독 간 경계선을 폐쇄하고 이러한 경계 시설들을 설치하면서 이곳을 통과하여 서독으로 넘어가는 것은 거의 불가능에 가까운 상황이 되자 동베를린에서 서베를린으로 넘어가는 방법이 유일한 탈출 경로가 되었다.

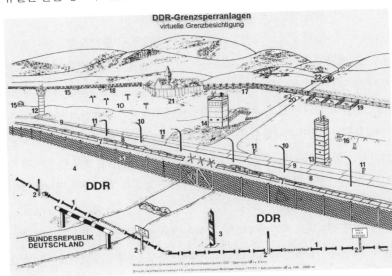

내독 간 경계선에 설치한 동독 측의 경계 시설이 한반도의 경계와 다른 점은, 한반도의 경우에는 남북한 양측에서 공히 군사 경계 시설을 설치하고 대치하고 있지만 내독 간 경계선의 경계 시설은 오직 동독 측에서만 일방적으로 설치하였다는 것이다. 서독 측에서는 어떠한 경계 시설도 설치하지 않았다.

동독은 내독 간 경계선에 이렇듯 일방적으로 경계 시설을 설치하면서 공식적으로는 '외부의 파시스트들로부터 동독을 보호하기 위한 목적'이라고 밝혔지만 실제로는 동독 주민들이 서독으로 넘어가지 못하도록 주민들을 가두어 막은 셈이었다. 이렇게 내독 간 경계선이 막히자 동독을 벗어나서 서독으로 가고자 하는 사람들은 이제 남은 유일한 탈출 통로인 동베를린에서 서베를린으로 넘어가는 길을 택했다. 동·서베를린 간에는 1949년 동서독이 생기고 난 이후에도 전철과 같은 대중교통수단이 모두 연결이 되어 있었으며 왕래가 자유로웠기 때문에 동독 사람들이 원하는 경우에는 서베를린으로 주거를 이전하거나 서베를린을 거쳐서 서독 본토로 넘어가는 것이 가능했다.

1949년 10월 동독이 생기고 난 이후 불과 2~3년이 지났을 뿐인데 동독 주민들이 고향을 등지고 서독으로 넘어가는 사례가 크게 늘어난다. 이에 대해 동독 정권은 오히려 주민들에 대한 통제의 고삐를 조이는 방식으로 대응했다.

1952년 7월에 있었던 제2차 전당 대회에서 사회주의 통일당은 '사회주의 건설 계획'을 발표하며 더욱 강력한 사회주의 목표 달성을 위한 동독 주민들의 동참을 호소하였다. 그러나 실제로 식량 사정은 계속해서 악화되었으며 산업 생산은 감소했고 서독으로 향하는 동독 주민들의 발길은 끊이지 않았다. 동독의 심각한 경제, 정치, 사회 혼란이 이미 표면화된 것이다.

1953년 3월에 스탈린이 사망하자 동독 주민들은 상황 개선에 대한 희망을 가졌지만 사회주의 통일당 지도부는 같은 해 5월에 노동 강도(생산 목표)를 10% 이상 상향 조정하도록 지시했다. 그에 따른 임금 인상은 없었다. 이로 인해 전국적으로 노동자들의 불만이 비등하였으며 1953년 6월 15일과 16일 양일간에 걸쳐 동베를린의 대규모 건설 현장 근로자들이 시위를 벌였고 이는 전국으로 확산되었다. 6월 17일에도 시위가 계속되었는데 전국적으로 100만 명 이상의 사람들이 평화적으로 시위에 참가하여 자신들의 요구사항을 표명하였다. 처음에는 노동 강도 강화 방침의 철회 요구로 시작했지만 여기에 자유 선거와 통일 그리고 정치범 석방 등의 정치적인 요구사항이 추가되었으며 또한 울브리히트 총서기의 사퇴 요구까지 나왔다.

이에 대해 동독에 계속해서 군대와 정보기관을 주둔시키고 있던 사회주의 종주국 소련은 비상사태를 선포하고 탱크를 앞세워 군 병력 2만 명과 무장 경찰 6천 명을 투입하여 시위대를 무력으로 진압하였다. 통계에 잡힌 사망자만 55명이며 20여 명이 실종되었고 15,000명이 체포되었다. 8명이 수감 중에 사망했으며 7명이 사형 선고 후 처형되었다. 그러나 당시 서독에서는 사망자만 500명 이상인 것으로 추산했다. 1953년 6월 17일에 동독에서 발생했던 민중 봉기는 1956년 헝가리 반공산주의 혁명이나 1968년 체코 프라하의 봄에 앞서 동유럽 사회주의 국가 중 최초로 일어난 반공산주의, 반독재 민중 봉기였다.

1953년 6월 17일 동독 민중 봉기가 발생한 이후에 유일한 탈출 통로인 베를린을 통해 서독으로 넘어가는 동독 주민들의 숫자가 크게 늘었다. 많은 사람이 자유와 기본권에 대한 제한과 침해가 싫어서 동독을 떠났다. 동시에 동독 정권의 강압적인 집단화와 국유화 작업에 대해 거부감을 느끼는 경우가 많았으며 미래에 대한 전망이 불투명하고 서독의 경제적 우위가 매력적으로 느껴지는 요인도 작용했다. 1949년부터 1961년까지 동독을 떠나 서독으로 넘어간 동독인들의 숫자가 무려 260만 명에 이르렀다. 더군다나 서독으로 탈출 내지는 이주한 사람들은 대부분 젊고 교육을 받아 기술을 보유하고 있는 인력이었다. 따라서 동독 사회나 체제 차원에서 이는 우수한 인력의 유실이라는 측면 이외에도 대외적으로 체제의 위상에 큰 손상이 가는 일이었다. 동독의 정권에게는 체제의 존속에 위협을 느낄 정도의 큰 사건이었다. 이 결과 나온 동독 정권의 대응 방안이 1961년 8월 13일에 단행한 베를린 장벽 건설이었다.

1961년 8월 13일은 일요일이었다. 동독 정권은 일부러 일요일 새벽을 선택하여 기습적으로 서베를린과의 통로를 차단하였다. 사람들이 활동을 늦게 시작하는 휴일의 사정을 활용한 것이다. 8월 13일 당일과 며칠 동안은 서베를린과의 주요 통로 역할을 해왔던 곳을 골라 장벽을 설치했으며 다른 경계 지역에는 임시로 금속 철책과 철조망을 설치하였다. 건물은 동베를린에 속하고 건물 앞의 인도는 서베를린에 속하는 구조의 베르나우어 거리에 있는 건물들의 경우에는 전면 출입문을 막아 버렸다. 해당 건물의 거주민들은 출입을 위해서는 뒤쪽으로 난 출입문을 사용해야만 했다. 하루아침에 동베를린과 서베를린은 오갈 수 없는 곳이 되었다. 가족과 친척, 친구와 직장 동료들은 한순간에 가로막혀 만날 수 없게 되어 버렸다.

사정이 이렇다 보니 베를린에 장벽 내지는 장애물을 설치하기 시작한 초기에는 동베를린에서 서베를린으로 많은 탈출 시도가 있었다. 설치된 철조망을 달려서 틈새를 통과하려다 심한 부상을 입는 경우도 있었고 건물 바로 앞의 도로가 서베를린인 집의 창문에서 뛰어내려서 탈출하는 경우도 있었다. 1층 창문을 통해 나오는 경우 그냥 나오면 되지만 2층 이상의 창문에서 뛰어내리는 경우는 길에서 서베를린 경찰이나 주민들이 매트리스를 들고 뛰어내리는 탈출자를 받기도 했다. 반대로 건물 안에서는 동독 당국 관계자들이 뛰어내리려는 사람의 몸이나 팔을 붙잡고 뛰어내리지 못하도록 막는 경우도 있었다. 이러한 구조의 집이나 건물의 서베를린 방향으로 난 창문들은 얼마 가지 않아 모두 벽돌과 시멘트로 막아 버려 더 이상 건물을 통한 탈출은 불가능하게 되었다.

내독 간 경계선과 베를린이 모두 동독 정권에 의해 철책이나 장벽으로 막혀 버리자 동독 주민들은 더 이상 서독으로 넘어가는 것이 불가능하게 되었으며 동서독 사이의 경계선은 '죽음의 선'으로 바뀌었다. 동독 국경 수비대에는 탈출하는 사람을 발견하는 경우에는 사살하라는 지시가 하달되었기 때문이다. 실제로 동서독 경계선에 철책과 장벽이 설치되기 시작한 이후부터 1989년 11월 9일 베를린 장벽이 무너질 때까지 이 죽음의 선을 넘다가 희생된 사람들의 수에 관해 정확하게 통계를 낼 수는 없지만 대략 1,000명 가량의 사람들이 희생된 것으로 추산하고 있다. 경계가 막히자 탈출을 위해 동독 사람들은 여러 가지 기발한 방식들을 생각해 냈다. 자동차 안에 비밀 공간을 만들어서 교묘하게 숨는 방법이나 북쪽의 바다인 오스트제(Ostsee)를 헤엄쳐서 건너는 방법, 땅굴을 파는 방

베를린 장벽을 세우기 시작한 지 사흘째 되는 날인 1961년 8월 15일에 공사 현장에서 경계 임무를 서던 동독의 군인이 갑자기 철조망을 뛰어넘어 서베를린으로 탈출했다. 이 동독 병사는 당시 19세의 한스 콘라트 슈만이었다. 이 사진은 이후 베를린 장벽이 지니는 의미를 대변하는 상징적인 사진이 되었다.

빌리 브란트 서독 전 연방 총리
(1969~1974)
©Bundesarchiv

에곤 바 서독 전 연방 총리청
차관: 동방 정책의 설계자
©Bundesarchiv

법, 철조망을 기어오르기 위해 손과 발에 부착하는 갈고리를 만들거나 심지어는 기구나 사제 비행기를 만들어서 탈출에 성공한 사례도 있었다.

1969년 10월 21일 사민당(SPD)의 빌리 브란트(Willy Brandt)가 서독 연방 총리에 취임하면서 서독의 건국 이후 20년간 정권을 유지했던 보수 정부가 진보 성향의 정부로 바뀌었다. 브란트 총리는 1969년부터 1974년까지 5

년 동안 서독의 연방 총리직을 수행하며 외교 정책에 있어서 보수 정부가 기조로 삼았던 할슈타인 원칙을 더 이상 적용하지 않았으며, 특히 대 동독 정책에 있어서 완전히 방향 전환을 하게 된다. 브란트 총리의 대 동독 정책을 흔히 '동방 정책(Ostpolitik)'이라고 불렀는데 이는 '접근을 통한 변화(Wandel durch Annährung)'라는 모토로 대변되는 대 동독 유화 정책 내지는 긴장 완화 정책을 의미했다. 브란트 총리와 함께 동방 정책의 기본 틀을 잡은 사람은 브란트 총리 시절에 연방 총리청 차관과 연방 무임소 장관을 지낸 에곤 바(Egon Bahr)였다. 브란트 총리는 이 동방 정책을 통해서 냉전으로 인한 정치적 대결 국면의 와중에 하나의 전환점을 마련하였으며 동유럽 사회주의 국가들(소련, 폴란드, 동독 등)과의 조약들을 통해 긴장 완화를 위한 발걸음을 내디뎠다. 이러한 공로를 인정받아 브란트 총리는 1971년에 노벨 평화상을 수상하였다.

빌리 브란트 총리의 정책 전환을 바탕으로 동독을 비롯한 동유럽 사회주의 국가들과의 관계에 있어서 커다란 변화가 나타나게 되는데 그에 해당되는 주요 사례들을 살펴보기로 한다.

≫ 1970년 3월 19일 동독의 에르푸르트시에서 빌리 브란트 서독 연방 총리는 빌리 슈토프(Willi Stoph) 동독 내각 평의회 의장과 만난다. 동서독 간의 첫 정상 회담이었다.

에르푸르트시 중앙역에서 빌리 브란트 서독 총리
(가운데)를 맞이하는 빌리 슈토프 동독 내각 평의회 의장(왼쪽) ©Bundesarchiv

≫ 1970년 8월 12일 빌리 브란트 서독 연방 총리는 소련의 모스크바에서 모스크바 조약에 서명한다. 이 조약을 통해 서독과 소련 양국은 전후 확정된 독일의 국경선을 승인한다.

≫ 1970년 12월 7일 빌리 브란트 서독 연방 총리는 폴란드의 바르샤바에서 바르샤바 조약에 서명한다. 이 조약을 통해 서독과 폴란드 양국은 폴란드에 접해 있는 동독의 국경선인 오더-나이세강의 경계선이 폴란드와의 국경선임을 공식적으로 승인한다. 같은 날 브란트 총리는 1943년에 바르샤바에 있는 유대인 게토(Ghetto)에서 발생했던 항거를 추모하는 기념비 앞에서 무릎을 꿇는다. 이 행동은 전 세계적으로 커다란 반향을 불러일으켰다.

≫ 1971년 12월 17일 서독의 에곤 바 차관과 동독의 미하엘 콜 차관 사이에 서독 본토와 서베를린 간의 통과 조약(Transitabkommen)이 체결된다.

≫ 1972년 12월 21일에 동베를린에서 서독의 에곤 바 차관과 동독의 미하엘 콜 차관 사이에 동서독 기본 조약이 체결되며 이 조약은 이듬해인 1973년 6월 21일에 발효된다. 동서독 기본 조약은 서독과 동독 간 기존의 불신을 불식시키고 새로운 협력을 위한 토대가 되는 매우 중요한 조약이었는데 실제로 그 협상 과정에서는 적지 않은 난항을 겪었다. 그 이유는 조약 체결의 전제 조건으로 동독이 서독 측에 국제법상 동독을 승인할 것을 요구했기 때문이다. 그러나 서독 정부는 동독의 이러한 요구를 받아들일 수 없었다. 서독이 동독의 그러한 요구를 받아들인다면 서독의 기본법(Grundgesetz, 헌법)에 명시되어 있는 통일을 이루어야 하는 목표를 명시한 조항과 배치되기 때문이었다. 따라서 서독은 마지막까지 동독을 국내법상으로만 인정하겠다는 입장이었다. 하지만 실제로 서독은 이미 모스크바 조약과 바르샤바 조약을 통해 독일의 분단 상황과 동독의 주권을 인정한 바 있다. 해당 내용은 통일을 둘러싼 서독 보수 진영과 진보 진영의 입장 차이를 극명하게 보여주는 대목이다. 즉 서독의 보수 진영은 동독을 국가로 인정하지 않았으며, 서독이 독일을 대표하는

유일한 합법 정부라는 점을 강조하여 통일은 독일이 반드시 이루어 내야 할 국가의 목표라는 점을 강조한 반면 서독의 진보 진영은 실질적으로 동독을 실체적 국가로 인정함으로써 독일 내에 2개의 국가가 있다는 인식을 가졌다. 이로 인해 상대적으로 통일을 목표로 삼는 인식이 희박해진 것은 사실이다.

1971년에 동독에서도 통치 구도의 변화가 있었다. 동독 수립 이후부터 20년이 넘는 기간 동안 최고 권력자의 자리에 있던 발터 울브리히트가 물러나고 그 후임자로 에리히 호네커(Erich Honecker)가 1971년 5월 3일 울브리히트의 후임자로 사회주의 통일당 중앙위원회 서기장에 취임함으로써 동독 정치 권력을 장악했다. 1976년 10월 29일에는 빌리 슈토프에게 내각 평의회 의장직도 넘겨받으면서 1971년 당 수반에 이어 국가 수반직도 차지하게 되었다. 호네커는 울브리히트에 이어 동독 주민들에 대한 감시 및 통제 사회 체제를 이어 나갔다. 그 대표적인 사례가 다음과 같은 내용이다. 1975년 7월에 미국과 소련을 비롯하여 동서독과 대부분의 유럽 국가들을 포함한 총 35개국의 정상들이 참석하여 핀란드의 헬싱키에서 열렸던 유럽안보협력회의(CSCE: Conference on Security and Cooperation in Europe)의 결과물인 최종 의정서에는 모든 참가국이 서명하였는데, 동독도 호네커 서기장이 직접 참석하여 서명하였다. 해당 헬싱키 프로세스의 최종 의정서의 주요 내용에는 서명 국가들 국민의 인권과 기본 자유권의 보장에 관한 내용이 포함되어 있기 때문에 해당 회의가 끝난 후에 동독에서는 의식 있는 작가와 지식인 그리고 예술가들을 중심으로 이전까지 지속되던 동독 정권의 주민들에 대한 통제에 반대하며 여행 및 종교, 의사 표현의 자유를 요구하는 목소리가 터져 나왔다. 현실 사회주의에서 드러난 문제점과 더욱 악화되는 경제 사정에 대한 비판 의견이 비등하는 가운데 주민들의 불만이 고조되었다. 민주주의 시스템과는 거리가 먼 사회 구조로 인해 주민들은 체제에 대한 적응 아니면 거부의 두 가지 선택지 중 하나를 선택해야만 하는 상황을 강요받게 되었다. 동독 정권은 스스로 정해 놓은 관행에서 벗어나는 행위를

에리히 호네커 ⓒBundesarchiv

볼프 비어만 ⓒETH-Bibliothek Zürich, Bildarchiv

에리히 밀케 ⓒBundesarchiv

체제에 대한 도전으로 간주했기 때문에 인권 준수와 정치적 자유를 요구하는 시민 활동가들에 대해 오히려 주민 통제와 억압을 강화하는 동시에 유명 작가와 예술가들에 대한 처벌로 맞대응했다. 대표적인 처벌 방식은 그들에 대한 동독 국적을 박탈하거나 감옥에 가두는 것이었다. 이러한 배경 속에 많은 시민 운동가들이 서독으로 망명했는데, 동독 국적을 박탈당하고 서독으로 망명한 대표적인 인물이 동독 사회의 부조리에 대해 음악을 통해 신랄하게 비판했던 유명 싱어송라이터인 볼프 비어만(Wolf Biermann)이다.

동독이 감시 및 억압 체제를 유지하기 위해 핵심적인 역할을 했던 2개의 주체 중 하나는 이미 언급했던 사회주의 통일당(SED)이며 다른 하나는 국가 보위부(MfS: Ministerium für Staatssicherheit)였다. 국가 보위부는 흔히 슈타지(Stasi)라고 불렸는데 에리히 밀케(Erich Mielke)가 1957년부터 1989년까지 무려 32년 동안 국가 보위부 장관직을 수행하며 동독 정권의 유지에 결정적인 역할을 했다. 슈타지는 동독 사회 전체에 감시망을 구축하고 반 정권 활동 세력들에 대한 동향 파악과 도청, 불법 감시, 납치, 구금, 조사 등의 불법 활동을 자행했다.

동독 정권은 교육 제도를 통해서도 사회주의 인간상을 육성하는 작업을 했다. 모든 교육 체계는 당연히 국가가 주도하여 운영하였으며 탁아소부터 대학교까지 마르크스-레닌주의 이념에 부합하는 사회주의 인성 교육을 실시하였다. 비민주적인 정치 체제와 경제의 낙후성으로 말미암아 점점 더 많은 동독 주민들은 정권에 비판적인 입장을 가지게 되었다. 더군다나 지형적인 영향으로 서독의 전파가 도달하기 어려웠던 드레스덴 인근 지역을 제외하고 모든 동독 지역에서 주민들은 서독의 TV와 라디오를 보고 들을 수 있었기 때문에 동독 사람들은 서독 사회와 서독 국민의 생활상에 관하여 매우 잘 알고 있었다. 이러한 배경에서 서독과 동독이라는 2개의 상이한 체제가 출범하면서 시작된 동서독 간의 체제 경쟁은 이미 1950~60년대에 이미 끝났으며 1970년대에 들어서 동독은 내부적으로 쇠락하기 시작하고 1980년대가 되면 경제적으로 파산 상태에 놓이게 된다. 이러한 상황에서 1983년 7월에 당시 바이에른주 총리였던 프란츠 요셉 슈트라우스(Franz Josef Strauss)가 동독을 방문하여 10억 마르크의 차관을 제공하겠다는 제안을 했다. 지불 불능 상태에 있던 동독은 이 제안을 받아들일 수 밖에 없었다. 이 차관은 서독 은행들로 이루어진 컨소시엄이 제공하고 서독 정부가 보증을 섰다. 공식적으로 차관에 따른 조건은 없었지만 차관을 제공받은 동독은 이듬해인 1984년 말까지 내독 간 경계선에 설치했던 비인도적 살상 무기인 자동발사장치를 모두 제거했으며 서독인들의 동독 방문 절차를 간소화하였다.

서독은 동독의 정치범들을 석방시키기 위해서 많은 노력을 기울였다. 그중에서도 매우 직접적인 방식을 구사한 사례가 있는데 '프라이카우프(Freikauf)'가 그것이다. 이것은 특정 정치범들을 석방시켜 서독으로 데리고 오기 위해 돈을 지불했던 사례이다. 물론 이 방식에 대한 비판 의견이 존재했던 것도 사실이지만 서독 정부는 1962년 말에 처음으로 이 방법을 사용하기 시작한 이후 1964년부터 베를린 장벽이 무너진 1989년까

프란츠 요셉 슈트라우스
©Bundesarchiv

지 34억 마르크 이상을 지불하고 총 33,755명의 정치범을 서독으로 데리고 왔다.

분단 시절의 동서독 관계와 아직 분단 중인 남북한의 관계는 큰 차이가 있다. 지금까지 설명한 동독 정권의 주민들에 대한 억압 상황에 저항하는 데에는 동독 교회가 큰 역할을 했으며 그러한 동독 교회를 서독의 교회가 직간접적으로 지원하였다. 동독 교회는 정권에 대한 저항 세력의 구심점 역할을 했다. 동독 정권도 사회주의 이념에 따라 종교를 인정하지 않았기 때문에 기독교를 탄압했다. 하지만 북한과 달리 기독교는 독일에서 오랜 뿌리를 가진 전통이며 신앙이 있었기 때문에 계속 유지될 수 있었으며 반독재 운동의 중심 역할을 했다.

또한 동서독 간에는 인적, 물적 교류가 계속해서 진행되었다. 물론 1972년 5월 26일 동서독 간의 교통 협약이 체결되면서 지속적인 인적, 물적 교류가 가능해졌다. 이 협약을 통해 동독의 가족이나 친척, 친지들이 초청하는 경우 서독 국민은 매년 수차례에 걸쳐 동독을 방문할 수 있게 되었으며 이 규정은 비즈니스나 문화, 종교, 스포츠로 인해 관련 단체의 초청이 있는 경우에도 해당되었다. 하지만 이전에도 서독 국민들은 매년 한 차례씩 동독의 가족이나 친척을 방문하는 것이 가능했다. 또한 이 협약 이전에도 이산가족 중 동독인 은퇴자들은 중요한 가족(친척) 행사가 생기는 경우 서독을 방문하는 것이 가능했는데 1972년 교통 협약 체결 이후에는 이와 관련된 나이 제한이 없어졌다. 또한 가족사가 아니더라도 일반 서독인들의 동독 여행도 가능하게 되었다.

실제로 서독 학생들을 대상으로 한 수학여행 성격의 동베를린 방문이 일상적으로 이루어졌으며 동독은 오랜 전통을 가진 라이프치히 박람회를 열면서 서독 기자들을 비롯하여 서독의 정치인들과 기업가들이 박람회장을 찾는 것을 허용하였다. 이 밖에도 동서독 간에는 소포 및 서신 왕래가 가능하여 이산가족과 친척, 친지 및 친구들 간에 편지와 소포를 교환하였는데 특히 동독에서는 생활물자가 많이 부족했기 때문에 서독에서 동독으로 보내는 생필품 소포들은 동독 사람들에게 매우 큰 인기가 있었으며 경제적으로도 큰 도움이 되었다. 예를 들어 동독에서 구하기 어려웠던 커피나 초콜릿과 같은 선물은 동독 사람들에게 크게 환영받는 품목들이었다.

1982년 10월 1일에 서독에서 이전 13년간 이어져 온 사민당 정부가 물러나고 보수 성향의 기민/기사당 연합의 헬무트 콜(Dr. Helmut Kohl) 연방 총리가 정권을 잡았다. 콜 총리는 후에 독일 통일을 이루고 통일 독일의 첫 연방 총리가 되는데 통일과 관련하여 눈여겨볼 점은, 콜 총리가 통일 정책에 있어서 정치적으로 반대 진영이었던 빌리 브란트 연방 총리가 기틀을 놓은 대 동독 긴장 완화 정책인 '동방 정책'의 기조를 기본적으로 이어갔다는 사실이다. 물론 구체적

헬무트 콜 서독 전 연방 총리
겸 통일 총리(1982~1998)
©KAS/ACDP

인 내용에 있어서는 모든 경우에 그렇지는 않았지만 동독과의 관계를 유지하는 큰 틀에서는 이전 기조를 유지하면서 통일에 이르게 되었다.

IV
독일 통일 과정

1970년대와 80년대를 거치면서 동독 주민들은 만성적인 물자 부족과 정치 사회적인 감시와 억압 속에서 생활하다 보니 지속적으로 불만이 쌓여갔는데 이렇게 누적된 주민들의 불만이 분출되는 사건이 발생했다. 바로 1989년 5월에 있었던 동독 지방선거 부정 사건이다.

1989년 5월 7일 동독에서 지방선거가 치러졌으며 처음으로 시민들이 개표 과정을 참관했는데 선거 결과가 조작된 것을 직접 밝혀내게 되었다. 이것이 결국 같은 해 11월 9일에 베를린 장벽을 무너뜨리게 한 평화 혁명의 시발점이 되었다. 동독의 선거 조작은 동독이 생겨난 초기부터 계속 반복적으로 벌어진 일이었지만 그 이전에는 선거의 전 과정이 철저하게 폐쇄적으로 운영되었기 때문에 선거 부정을 직접적으로 밝혀낼 수가 없었지만 1989년 5월의 지방선거에는 최초로 시민들이 개표 과정에 참여함으로써 직접 그 사실을 확인하게 되었다.

동독에서도 정기적으로 선거가 치러졌지만 동독의 선거는 실제로는 요식 행위에 불과했으며 실질적으로는 사회주의 통일당의 독재를 정당화하는 데 활용되었다. 동독의 선거는 선거의 기본 원칙인 자유, 보통, 비밀 선거의 원칙을 전혀 충족시키지 못했다. 동독의 투표용지에는 이미 정권의 입맛에 맞는 후보들의 이름만 기재되어 있으며 그나마 이들 중 특정 후보를 고르는 것이 아니라 투표용지를 그냥 반으로 접어서 투표함에 넣는 것으로 찬성표가 되는 것이다. 일반적으로 모든 사람이 이렇게 투표하여 실제로 동독 투표의 결과는 보통 99% 찬성으로 결과가 나왔다. 반대표를 던지기 위해서는 투표용지에 기재된 모든 후보의 이름을 필기도구로 줄을 그어서 지워야 했는데, 이렇게 줄을 긋기

위해 기표 데스크에 들어가는 것 자체가 정권에 반
대하는 것으로 낙인찍혀 해당 유권자는 커다란 불
이익을 감수해야만 했다.

1989년 5월 7일 지방선거는 그 이전과는 다
른 정치 상황에서 진행되었다. 소련의 국가수반이
며 당 서기장이었던 미하일 고르바초프(Mikhail
Gorbachev)가 등장했던 1985년부터 소련에서
'페레스트로이카(Perestroika)와 글라스노스트
(Glasnost)'라고 불렸던 개혁과 개방 정책이 실시

동독의 지방선거 투표용지
©Bundesarchiv

됨으로써 동유럽 사회주의 국가들은 큰 영향을 받았으며 동독도 마찬가지였
다. 1980년대 말부터 1990년대 초 사이에 동독을 비롯한 동유럽 사회주의 국
가들이 오랜 냉전 체제에서 벗어나 자유화의 물결 속에서 사회주의 체제를 무
너뜨릴 수 있었던 것은 대외적으로는 소련에서 고르바초프가 등장하면서 이전
과는 전혀 다른 개혁과 개방의 시대가 시작되었기 때문이다.

동독이 무너지고 독일이 통일을 이룰 수 있었던 가장 결정적인 대외적 요인
을 제공한 것은 미하일 고르바초프였다. 이러한 분위기 속에서 동독의 반 정권
세력들은 동독 선거 체계에 대한 비판과 함께 자유롭고 민주적인 선거 방식을
요구하게 되었다. 동베를린을 비롯한 다른 여러 도
시에서도 저항 세력들은 선거일에 선거 감시를 시
도하였으며 여러 투표소에서 개표 과정에 참여하
였다. 이 사람들은 이전까지 소문으로만 무성하던
선거 부정을 적발하려는 목적을 가지고 있었으며,
실제로 동독 정권의 선거 부정을 직접 확인하게 되
었다.

동독 정권의 선거 부정과 더불어 1989년 6월 4
일에 발생한 중국의 천안문 사태를 무자비하게 무
력으로 진압했던 중국 정부에게 동독 정권이 지지

미하일 고르바초프 소련
공산당 서기장
©RIA Novosti archive

의사를 표시하자 이것 또한 동독 주민들 사이에서 분노를 야기했다. 이러한 상황에서 점점 더 많은 동독 주민들이 동독을 떠났는데 1989년 여름에만 서독으로 넘어가겠다고 동독 당국에 신청한 동독 주민들의 숫자가 12만 명이었다. 이와 함께 7월과 8월에는 인내심이 한계치에 다다른 수백 명의 동독 주민들이 헝가리의 부다페스트와 폴란드의 바르샤바, 체코슬로바키아의 프라하에 있는 서독 대사관과 동베를린의 서독 대표부를 경유하여 서독으로의 입국을 시도하였다.

프라하에 있는 주체코슬로바키아서독대사관에는 불과 2주 만에 너무 많은 동독인들이 몰려와서 공관을 폐쇄해야만 하는 상황이 발생하기도 하였다. 동독 주민들의 동독 탈출 러시에 가장 먼저 화답한 나라는 헝가리였다. 동독을 탈출한 사람들이 서독으로 가기 위해 헝가리로 몰려들자 헝가리는 1989년 5월 2일에 철의 장막이었던 오스트리아와의 국경선을 개방했으며 동독 주민들은 이 경로를 거쳐 서독으로 향했다.

이 국경이 열린 초반에는 매일 100명에서 200명 가량의 동독 주민들이 이곳을 지나 서독으로 향했다. 헝가리 정부가 1989년 9월 11일에 동독 주민들에게 이 국경선을 넘어갈 수 있다고 합법적으로 허용한 이후에는 하루에 적게는 수백 명에서 많게는 수천 명의 동독인들이 서독으로 입국하였으며, 9월 말이 되자 이곳을 통과하여 서독으로 탈출한 동독 사람들의 숫자가 불과 5개월 만에 총 32,500명에 이르렀다.

동독의 변화와 개혁에 더 이상의 기대를 할 수 없었던 많은 수의 동독인들이 고향을 등지고 서독으로 향하는 탈출 러시가 벌어지고 있던 그때 동독 내부에서는 정권에 대한 저항과 시위가 줄을 이었다. 1989년 6월부터는 5월 7일에 있었던 동독 당국의 지방선거 조작에 항의하기 위해 매달 7일에 시위가 열렸으며 9월 4일에는 라이프치히의 니콜라이 교회에서 약 1,200명 가량의 시민들이 모인 가운데 평화 예배 모임을 가졌으며 예배가 끝난 이후에 시위가 시작되었는데, 이날 시위에서는 여행과 집회의 자유를 요구하는 구호를 외쳤다.

이후에도 매주 월요일마다 모여서 예배를 보고 '월요 시위'를 하는 움직임이 계속되었다. 9월 25일 월요 시위에는 참가자가 5,000명으로 늘어나더니 다음주 월요 시위가 있었던 10월 2일에는 약 20,000명으로 증가했다. 베를린 장벽 붕괴와 독일 통일로 가는 결정적인 순간들이 시시각각 다가오고 있었다.

1989년 10월 7일은 동독 창립 40주년 기념일이었다. 동독 당국에서는 공식적인 기념행사들을 하루 전날인 10월 6일부터 시작했는데 전체적인 분위기는 뒤숭숭했지만 당 지도부는 동독 전역에서 벌어지고 있던 시위를 아예 무시해 버렸다. 심각한 사태의 전개를 보고도 눈을 감아 버린 것이다. 불과 한 달 뒤인 11월 9일에 베를린 장벽이 무너지리라고는 상상도 하지 못한 것이다. 같은 시각 동독 전역에서는 시민들이 거리에서 동독 정권에 반대하는 시위를 계속해서 벌이고 있었다.

특히 드레스덴에서는 체코의 프라하 주재 독일 대사관으로 몰려들었던 동독 사람들을 싣고 서독으로 가는 기차가 10월 4일에 드레스덴 중앙역을 통과하면서 커다란 시위가 벌어졌으며 시위대와 경찰과의 충돌로 큰 혼란이 벌어졌다. 처음에는 시위가 동베를린이나 라이프치히, 드레스덴과 같은 대도시에서 벌어지다가 곧 동독 전역으로 확산되었다. 10월 5일 막데부르크에서는 800여 명의 시민들이 시위를 벌였으며, 이 중 최소 250명이 인민 경찰과 슈타지에 의해 체포되기도 했다. 전국으로 확산된 동독의 시위는 걷잡을 수 없는 수준으로 확대되었다.

같은 시각 동베를린에서는 동독 창건 40주년 기념행사의 일환으로 에리히 호네커가 70여 개국에서 초청한 4,000여 명의 손님들을 맞을 준비를 하고 있었다. 이 많은 초청 인사 중 가장 중요한 손님은 소련 공산당 서기장인 미하일 고르바초프였다. 동독 사회주의 통일당 지도부는 전 세계적으로 인기를 얻고 있는 고르바초프를 동독 창건 40주년 행사에 초청함으로써 자신들의 존재를 과시하는 한편 조금이라도 덕을 볼 수 있지 않을까 하는 바람을 지니고 있었다. 하지만 고르바초프는 동시에 동독 저항 세력의 희망이었으며 동독 개혁을 도울 수 있는 유일한 인물이라고 동독 시민들은 생각하고 있었다.

이러한 배경에서 거리로 나온 시위대는 '고르비, 고르비'를 연호하며 '우리는 시민이다(Wir sind das Volk).'라는 구호를 외쳤다. '우리는 시민이다.'라는 구호는 당시 시민들의 대규모 시위와 개혁을 요구하는 거센 움직임에 당황한 동독 정권이 시민들을 폭도로 몰아가는 언론 플레이와 유언비어를 만들어서 유포시키는 작업을 했기 때문에 시위대는 자신들은 폭도가 아닌 선량한 일반 시민임을 알리기 위해 사용한 구호였다. 이렇듯 당시 동독 주민들은 고르바초프 서기장에게 희망을 걸었으며, 고르바초프는 실제로 호네커에게 동독의 개혁을 요구하며 다음과 같은 경고성 조언을 했다. '늦게 오는 자는 역사의 대가를 치른다.' 그러나 에리히 호네커는 끝내 개혁을 거부하였다.

동독 창립 40주년 기념행사(단상 위 중앙 군복 입은 사람 왼편으로
호네커(검은 코트와 검은 모자)와 고르바초프(회색 모자와 회색 코트)) ©Bundesarchiv

동독 '평화 혁명(Friedliche Revolution)'의 전기(轉機)가 되었던 결정적인 시위는 1989년 10월 9일 라이프치히에서 있었던 월요 시위였다. 이날 라이프치히 시내의 여러 교회에서 월요 평화 예배를 마치고 월요 시위에 참가하러 나온 라이프치히 시민들의 숫자는 무려 7만 명이었다. 그 엄청난 규모에 모인 시민들도 놀라고 시위를 막으러 나온 경찰들과 슈타지 요원들도 몹시 당황했다. 스스로 놀라기도 하고 분위기에 한껏 고무된 시민들은 두려움을 떨쳐내고 '우리는 시민이다.'라는 구호와 '비폭력(Keine Gewalt)'이라는 구호를 외치며 무장한 경

찰과 슈타지 요원들에게 맞서서 라이프치히 시내 보행자 구역을 둘러싸고 있는 순환 도로를 따라 행진했다.

시민들의 이러한 행동은 매우 용감한 것이었다. 이전까지 매주 벌어졌던 월요 시위 때마다 동독 당국에 의한 시위대에 대한 진압과 강제 해산 그리고 체포가 이루어졌다. 특히 이날은 이틀 전인 10월 7일 동독 창건 40주년 기념식에 대한 반대 시위가 있었던 직후 첫 번째 월요 시위였기 때문에 당국에서도 더 많은 시민들이 시위에 참가할 것이라고 예상하고 있었다. 그러나 예상을 훨씬 뛰어넘는 시위대의 규모에 동독 주민들의 자발적인 참여로 시작된 평화 혁명은 더 이상 강제로 제어할 수 있는 수준을 넘어섰다.

1989년 10월 9일에 있었던 라이프치히 월요 시위는 동독 정권을 붕괴시키게 되는 결정적인 사건이었다. 그리고 무엇보다 중요한 사실은 이 정도의 대규모 시위가 한 사람의 사상자도 없이 평화롭게 전개되고 마무리되었다는 점이다. 투입을 위해 대기하고 있던 동독의 인민 경찰과 슈타지를 비롯하여 동독에 주둔하고 있는 소련 군대가 무력을 동원하여 시위에 개입하지 않았던 것은 천만다행이 아닐 수 없다. 동독의 민주화 과정이 동독 시민들의 힘으로 이루어졌으며, 이 모든 과정에 무력이 개입되지 않고 평화적으로 진행되었다는 점은 큰 의미가 있고 다행스러운 일이다.

이 과정에서 라이프치히의 니콜라이 교회는 더욱 거세지는 동독 민주화 운동의 중심이었다. 이미 1982년부터 시민들은 니콜라이 교회에 모여서 평화와 인권을 위한 예배를 드리기 시작했으며 1988년 가을부터 매주 월요일에 니콜라이 교회 옆 광장에 사람들이 모였고 그 인원은 점점 더 늘어났다. 이곳에 모인 시민들은 1989년 9월 25일에 처음으로 아우구스트 광장과 시내 구도심을 둘러싸고 있는 순환 도로를 행진하며 시위를 하기 시작했다. 라이프치히 시민들은 동독 다른 도시 및 지역 사람들에게 귀감이 되었으며 마침내 1989년 10월 9일에 있었던 월요 시위에서 보여준 용감하며 평화로운 시민의 힘을 통해 동독 민주화의 과정에 있어서 결정적인 한 획을 그었다.

이렇듯 동독 시민들의 시위가 질적인 변화를 보여주고 나니 에리히 호네커

동독 정권 몰락의 핵심적인 역할을 한 1989년 10월 9일 라이프치히 월요 시위 ©Bundesarchiv

는 더 이상 버티지 못하고 1989년 10월 17일에 사임한다. 하지만 호네커의 사퇴로 문제가 해결되지는 않았다. 동독 체제가 안고 있는 본질적인 문제를 바꾸지 않고서는 상황을 호전시킬 수 없는 상황이었다. 이에 따라 호네커의 후임자가 된 에곤 크렌츠(Egon Krenz)는 시위를 동독 정치 문화의 일부로 받아들이겠다는 입장을 밝히며 여행 관련법의 개정 계획을 알렸다. 언론의 보도 내용이 바뀌었으며 선거 관련 논의가 시작되었다. 10월 27일에는 동독을 떠난 사람들과 시위대에 대한 사면이 이루어졌다.

그러나 사회주의 통일당 정권에 대한 저항은 잠잠해지지 않았다. 크렌츠가 호네커의 후임으로 취임한 후 첫 번째 월요 시위에 라이프치히에서만 30만 명이상의 시민들이 시위에 참가하였으며 많은 시위 참가자들은 크렌츠 거부 구호를 외쳤다. 라이프치히뿐만 아니라 플라우엔, 드레스덴, 할레, 츠비카우, 노이브란덴부르크, 예나 등 동독 전역에서 대규모 시위들이 계속되었다. 동베를린에서는 5천 명의 시민들이 인민 의회가 사용하는 건물인 인민 궁전 앞에 모여서 다음과 같은 구호를 외쳤다. '민주주의를 실시하라. 지금 아니면 기회는 없다 (Demokratie - jetzt oder nie.).'

11월 첫 번째 주에도 시위대에 참가한 시민들의 숫자는 계속해서 신기록을 써나가고 있었다. 11월 4일 동베를린에서는 50만 명 이상의 사람들이 알렉산더 광장에 모였으며 11월 6일에는 라이프치히에서 50만 명이, 할레에서는 6만 명, 칼-마르크스-슈타트에서는 5만 명, 코트부스에서는 1만 명, 슈베린에서는 2만 5천 명이 모였다. 이제 민주화를 위한 동독 시민들의 의지는 거스를 수 없는 큰 흐름이 된 것이다.

1989년 11월 9일 저녁 6시에 당시 동독 사회주의 통일당 중앙위원회 공보 담당 서기 겸 내각 대변인이었던 귄터 샤보브스키(Günter Schabowski)는 기자 회견을 시작했다. 해당 기자 회견은 생방송으로 중계되고 있었다. 기자 회견의 내용은 그날 오후 정치국 회의에서 논의된 내용들로 샤보브스키 대변인은 거의 한 시간 동안 당의 개혁 및 경제, 사회 현안들에 대해 브리핑했다.

이와 더불어 '동독 주민들의 여행 의사 또는 동독을 떠나려는 시도'와 관련된 내용을 언급하며 다음과 같은 정치국 결정 사항을 발표했다. '외국으로의 사적 여행은 여행 동기나 가족/친족 관계와 같은 전제 조건들을 제시하지 않아도 신청할 수 있으며 그 승인은 단기간 내에 이루어진다.' 기자 회견 말미에 이탈리아 안사(Ansa) 통신 기자인 리카르도 에어만이 오늘 발표한 여행 관련 법안이 혹시 잘못 발표한 것 아니냐는 질문을 했다. 샤보브스키 대변인은 놀라는 기자들에게 모든 동독 시민들이 '즉시(Sofort, Unverzüglich)' 서독으로 여행할 수 있다고 답변했다.

해당 기자 회견은 실시간으로 중계되고 있었기 때문에 많은 동독 시민들이 이 장면을 지켜보고 있었다. 곧 서독의 대표적인 통신사인 DPA가 동독 경계선이 열렸다고 제1보를 타전했다. 그러자 서독의 모든 언론에 이 뉴스가 긴급 뉴스로 전해졌으며 서독의 가장 대표적인 뉴스 프로그램인 저녁 8시 타게스샤우(Tagesschau)에 동독 경계선이 열렸다는 톱뉴스가 전파를 탔다. 정확하게 이야기하자면 '그 시점'에서는 오보였다.

TV를 지켜보고 상황이 궁금했던 일단(一團)의 동베를린 시민들이 밤 8시 반쯤 서베를린으로 통하는 지점인 존넨알레 검문소, 인발리덴 슈트라세 검문소

1989년 11월 9일 저녁에 열렸던 동독 내각 대변인 귄터 샤보브스키의 기자 회견 장면
ⓒBundesarchiv

그리고 보른홀머 슈트라세 검문소로 모여들었다. 해당 검문소에서는 여전히 서독으로 가는 사증(Visa) 없이는 서베를린으로 넘어갈 수 없었다. 그러나 호기심에 찬 더욱 많은 동독 시민들이 이 장소들로 자꾸 모여들고 있었다. 9시가 되자 모여든 군중들은 검문소를 지키고 있던 동독 국경 수비대에게 경계선의 개방을 요구했다. 긴장이 고조되었다. 보초를 서고 있던 동독 국경 수비대원들은 지시받은 내용이 없고 시민들은 몰려와서 문을 열라고 하니 매우 혼란스러운 상황이었다.

밤 9시가 조금 넘자 보른홀머 슈트라세 검문소에서 임시방편으로 동독 주민들의 서독행을 허용하였다. 검문소 통과 도장을 활용하여 동독 시민권을 박탈한 후 서베를린으로 넘어가도록 했지만 정작 본인들은 그 사실을 몰랐다. 어쨌든 사람들은 환호하며 보른홀머 다리를 지나 서베를린으로 향하기 시작했다. 11시가 되자 수천 명의 사람들이 보른홀머 슈트라세 검문소로 몰려들었다. 어느 누구도 정확한 결정이 무엇인지 알지 못했다. 검문소를 지키던 대원들은 당황하여 어찌할 바를 몰랐고 30분이 지나자 각 검문소의 지휘관들은 경계를 개방하는 것으로 결정했다. 동·서베를린 간의 경계선이 열린 것이다.

다른 검문소에도 수많은 동베를린 사람들이 몰려들어 서베를린으로 향했으며 서베를린 시민들은 이들을 열렬히 환영했다. 밤 12시가 되자 동베를린의 모든 검문소 문이 열렸다. 1961년 8월 13일 동독 정권에 의해 세워졌던 베를린 장벽이 28년 만에 동독 시민들에 의해 무너진 것이다. 동·서베를린 시민들은 거리로 나와 서로 얼싸안고 환호하며 기쁨을 나누었다. TV에서만 보았던 서독의 모습이 궁금했던 동베를린 시민들은 서베를린으로 향했고 서베를린 시민들은 동베를린 시민들을 진심으로 환영했다. 서베를린으로 향하는 동독 사람들은 걸어서 가는 사람들도 많았지만 동독의 자동차인 트라반트(Trabant, 애칭: 트라비)를 타고 가는 사람들도 많았는데, 이 트라비는 동독이 왜 붕괴하게 되었는지를 상징적으로 보여주는 물건이었다.

트라비는 2기통의 아주 작은 자동차로 차체는 플라스틱으로 되어 있었다. 그나마 이러한 자동차도 구입하는 데 평균 15년이 걸렸기 때문에 동독 사람들은 보통 아이가 태어나면 아이가 어릴 때 그 아이의 이름으로 신청해 놓았다. 그렇게 하면 아이가 커서 운전면허를 가질 때가 되어서야 그 작고 장난감 같은 차를 한 대 받을 수 있었다. 그만큼 동독의 경제는 생산성과 효율성 측면에서 낙후되어 있었다. 매일 서독 TV를 시청하면서 서독 사회가 얼마나 풍요로운 곳인지 눈으로 확인할 수 있었던 동독 주민들은 '트라비의 경제'로 대변(代辨)되는 동독 경제 상황과 정치적 억압을 더 이상 참기 어려웠던 것이다. 1989년 평화 혁명을 주도했고 그 대열에 동참했던 동독 시민들은 정치적 자유와 경제적 풍요를 찾아서 동독을 떠났고 동독 정권을 무너뜨렸다.

1989년 11월 13일에 동독 인민 의회는 사회주의 통일당 드레스덴 행정 관구 서기장인 한스 모드로우(Hans Modrow)를 내각 평의회 의장으로 선출했다. 모드로우는 이로부터 나흘 후에 성명을 발표하고 동서독이 협약을 통해 국가 연합을 구성하자는 제안을 한다. 동독은 이를 통해 시장 경제 요소를 도입하지만 사회주의 체제를 그대로 유지하면서 서독을 포함한 서방 국가들과의 협력을 유지하고자 하였다. 그러나 그의 이러한 제안은 동독 주민들의 성에 차지 않았다. 이제 장벽이 무너진 상황에서 동독 주민들은 매일 약 2,000명씩 붕괴된 체

1989년 11월 9일 베를린 장벽이 무너진 후 베를린 장벽 위에 올라가서 기뻐하는 베를린 시민들
©Lear 21

제를 등지고 서독으로 향하고 있었다. 동독의 지도부에게는 시간도 선택지도
그리 많이 남지 않은 상황이었다.

1989년 11월 28일에 헬무트 콜 서독 연방 총리는 서독 연방 의회에서 향후
독일의 미래와 관련하여 '독일과 유럽의 분단 극복을 위한 10개 조항 계획'을
발표한다. 이를 통해 헬무트 콜 총리는 독일 통일이 서독 정부의 정치적 목표임
을 천명한 것이다. 10개 조항의 내용은 다음과 같다.

· 조항 1: 신속한 대 동독 인도주의적 지원 방안
· 조항 2: 광범위한 대 동독 경제 지원
· 조항 3: 동서독 간의 협력 확대
· 조항 4: 협약 체결
· 조항 5: 연합 구조 마련
· 조항 6: 독일 통일 과정은 전체 유럽의 틀 안에서 진행
· 조항 7: 개혁을 지향하는 동유럽 국가들의 유럽 공동체 가입
· 조항 8: 유럽안보협력기구(CSCE) 프로세스의 지속

· 조항 9: 군비 축소와 통제
· 조항 10: 독일 통일

"존경하는 동료 의원 여러분, 지금 유럽과 독일의 분단을 극복할 수 있는 기회가 열리고 있습니다. 현재 자유정신으로 충만한 우리 독일인들은 유럽에 절대로 위협이 되지 않을 것입니다. 오히려 그와는 반대로 지속적으로 함께 성장하고 있는 유럽을 위해 유익한 존재가 되리라 확신합니다." 10개 조항 계획을 발표하려는 콜 총리는 이러한 말로 연설을 시작했다. 그는 '연합 구조'란 독일을 연방 체제를 갖춘 국가로 만드는 목표를 의미한다고 설명했다. 그리고 독일 통일 과정은 전체 유럽이 나아가는 방향의 틀 안에서 진행될 것임을 분명히 했다. 10개 조항 계획은 독일만을 위한 계획이 아니라 동시에 유럽을 위한 계획이기도 하다는 것이다.

서독 정부는 독일 통일과 유럽의 분단 극복이 한 동전의 양면이라는 원칙을 철저히 준수할 것이라는 입장을 표명했다. 그러면서 콜 총리는 자신의 연설 말미에 독일 통일이 서독 정부의 정치적 목표임을 강조하면서도 신중하게 접근해야만 한다는 점을 잘 알고 있었다. 그리고 헬무트 콜 총리의 10개 조항 계획 발표로 향후 독일 문제의 전개 과정과 관련하여 독일이 주도권을 잡았다는 점은 얼마 가지 않아 분명해졌다.

동독 정권과 사회주의 통일당 소속 대규모 조직들, 시민 사회와 교회 대표들이 1989년 12월 7일 동베를린에서 동독의 앞날에 대해 논의하기 위해 '원탁회의(Runder Tisch)'라는 이름으로 모였다. 의제는 사회주의 통일당 및 슈타지 통치의 종식과 민주주의 체제 확립 그리고 자유 총선과 새로운 헌법 등이었다. 교회 대표자가 사회를 맡았으며 '민주주의 지금'과 '출발 민주주의', '평화와 인권 이니셔티브', '좌파 연합', '사민당'과 '녹색당'이 시민운동을 대표하는 조직들이었다. 이들은 '원탁회의(Runder Tisch)'를 자유 총선이 실시될 때까지 한스모드로우 내각에게 자문과 견제 역할을 하는 동시에 제안을 하는 일종의 통제 기구로 간주했으며, 이 조직들의 목표는 민주적인 동독을 만드는 것이었다.

동베를린에서 열렸던 이 중앙 원탁회의는 1990년 3월 12일까지 거의 매주 한 차례씩 열렸는데 이미 첫 번째 회의에서 첫 자유 총선을 치르는 것과 새로운 동독의 헌법을 마련하는 것에 대한 결정이 내려졌다. 또한 동독 정권에 반대하는 그룹은 1989년 11월에 국가 안전청으로 이름을 바꾼 국가 보위부(슈타지)의 해체를 요구했으며 '원탁회의'는 헌법 관련 작업을 함께했다. 원탁회의는 중앙뿐만 아니라 행정 관구와 군 등의 지역 단위에서도 구성이 되어 민주주의 체제를 구축하고 지역 단위 행정을 견제하는 활동을 했다.

1989년 12월 19일에 헬무트 콜 서독 연방 총리는 동독의 드레스덴을 방문하여 2차 대전 때 파괴되어 폐허로 남은 성모 교회 앞 광장에서 연설을 했다. 광장은 사람들로 가득 차서 발 디딜 틈이 없었으며 드레스덴뿐만 아니라 동독 전역에서 헬무트 콜의 연설을 듣기 위해 모인 동독 사람 중 많은 이들이 서독 국기를 들고 흔들었으며 '통일, 통일(Einheit, Einheit)'이라는 구호와 '헬무트, 헬무트'를 연호했다. 드레스덴 도심의 이 광장에 모인 인파 앞에 등장한 헬무트 콜 총리는 균형 감각을 지켜야만 하는 중요한 과제를 안고 있었다. 희망을 가지고 자신의 연설에 귀를 기울이고 있는 청중들을 실망시키지 않으면서 동시에

1989년 12월 7일 동베를린에서 개최된 중앙 '원탁회의(Runder Tisch)' ©Bundesarchiv

동맹국들에게도 안정적인 인상을 심어 주어야만 했다. 다행히 결과는 성공적이었다. 후에 콜 총리는 회상하기를, 1989년 12월 19일의 경험은 독일 통일로 향하는 길목에서 핵심적인 역할을 했다고 했다. 그 이전까지 콜 총리는 동서독 통일까지는 적어도 3~4년이 걸릴 것이라고 생각했는데 드레스덴을 방문하고 나서 모든 일이 매우 빨리 진행될 수 있다는 것을 직감했다는 것이다. 동독 정권의 수명이 다했으며 동독 주민들이 원하는 것은 통일이라는 사실을 실감했다고 한다.

1990년 1월 15일에 동베를린 시민들로 이루어진 시위대가 국가 보위부(슈타지)를 점거한다. 이에 앞서 수주 전에는 에르푸르트나 라이프치히와 같은 동독의 다른 대도시들에서도 시민 시위대가 슈타지 지역 본부 건물을 점거하는 일이 발생했다. 그 이유는 슈타지가 시민들을 정탐하여 가지고 있던 기록들이 담긴 서류들을 비롯한 주요 기밀 서류들을 파기한다는 사실이 알려졌기 때문이다. 시민들은 슈타지 문서의 멸실을 막기 위해 동베를린의 슈타지 본부를 비롯한 각 행정 관구 슈타지 지역 본부를 점거하기 시작했다. 동독 주민들은 지난 수십 년 동안 어떤 '비공식 정보원'이 자신을 정탐하고 감시했나 알고 싶어 했

1989년 12월 19일 드레스덴 도심 광장에서 연설하고 있는
헬무트 콜 서독 연방 총리 ©Bundesarchiv

다. 슈타지 문서는 통일 이후에 시민들에게 공개되어 자신과 관련된 내용을 열람할 수 있게 되었다. 이에 관한 내용은 통일 이후 전개 과정에서 좀 더 구체적으로 다루어 보도록 하겠다.

1990년 2월 13일에 동독의 한스 모드로우 총리가 이틀간의 일정으로 서독의 본을 방문하여 동서독 화폐 통합에 관한 논의를 한다. 전문가들로 이루어진 위원회를 구성하여 화폐 및 경제 통합에 관한 준비를 시작한다. 하루 뒤인 1990년 2월 14일에는 2차 대전 4대 전승국들이 독일 통일 문제에 관해 논의할 준비가 되어 있다는 의사를 표명한다. 미국, 소련, 영국, 프랑스의 4개 전승국이 서독과 동독을 상대로 독일 통일과 관련된 외교적 사안들에 관해 논의를 시작한 것이다. 그 결실은 그로부터 7개월 후인 모스크바에서 있었던 서명식으로 연결이 된다. 2+4 조약을 위한 본격적인 협상은 5월부터 시작된다.

독일은 한반도의 경우와는 달리 2차 세계대전 전범 국가였기 때문에 서독과 동독이 생기고 난 이후에도 완벽하게 주권을 되찾지 못했던 관계로 국제법상으로 독일이 통일을 완성하기 위해서는 2차 세계대전 4대 전승국들의 승인이 필요했다. 이 과제를 해결하기 위해 서독은 큰 공을 기울였다. 4대 전승국 중 독일 통일을 처음부터 끝까지 일관되게 지지한 국가는 미국뿐이었다. 영국과 프랑스는 처음에는 매우 부정적인 입장이었다. 소련도 냉전하에서의 적성 국가였고 2차 세계대전 때 독일로부터 입은 피해가 막대했기 때문에 독일 통일에 대해 부정적인 태도를 보였다. 이러한 역사적 배경으로 인해 서독의 헬무트 콜 연방 총리와 한스-디트리히 겐셔(Hans-Dietrich Genscher) 서독 연방 외교부 장관은 영국과 프랑스 그리고 소련에게 많은 공을 들였으며 마침내 이들의 승인을 받을 수 있었다.

1990년 3월 18일에 동독에서는 인민 의회 의원을 선출하는 총선이 실시되었는데 이 선거는 동독 역사상 처음이자 마지막으로 치렀던 제대로 된 자유 민주 선거였다. 가장 많은 표를 얻은 당은 보수 계열의 독일 동맹(Allianz für Deutschland)으로 동독 기민당과 두 개의 보수 정당이 연합한 당이었다. 독일 동맹은 48%의 지지를 얻었다. 2위를 한 정당은 21.9%를 득표한 사민당이었으

왼쪽부터 제임스 베이커(James Baker) 미국 국무장관, 에두아르드 세바르드나제(Eduard Schewardnase) 소련 외교장관, 한스-디트리히 겐셔(Hans-Dietrich Genscher) 서독 외교장관, 롤랑 뒤마(Roland Dumas) 프랑스 외교장관, 마르쿠스 멕켈(Markus Meckel) 동독 외교장관, 더글라스 허드(Douglas Hurd) 영국 외교장관 ⓒBundesregierung

며 사회주의 통일당의 후신 정당인 민사당이 16.4%로 3위를 차지했다. 자유 민주 연합은 5.3%의 지지를 받았으며 여러 개혁 세력이 함께한 연합 90(Bündnis 90)은 2.9%를 얻는 데 그쳤다.

통일로 가는 길목에서 매우 중요한 의미를 가지는 이 총선의 결과 4월 12일에 기민당의 총리 후보인 로타 드 매지에르(Lothar de Maiziere)가 총리로 취임하였다. 로타 드 매지에르 총리는 이로써 동독 역사상 최초이자 마지막으로 자유 민주 선거를 통해 선출된 총리인 동시에 동독의 마지막 총리로서 통일 독일을 앞두고 있던 시점에서 동독 상황을 잘 마무리하여 통일 독일 정부에게 넘기는 과제를 수행하는 소임을 부여받게 되었다. 1990년 5월 5일 서독의 수도 본(Bonn)에서 '2+4 조약' 협상이 시작되었다. 미국과 영국, 프랑스, 소련의 외교장관과 동서독 외교장관까지 모두 6명이 참석했다.

1990년 5월 18일 본(Bonn)에서 서독의 테오 바이겔(Theo Waigel) 연방 재무부 장관과 동독의 발터 롬베르크(Walter Romberg) 재무부 장관이 동서독 간의 화폐, 경제 및 사회 통합 협약에 서명하였다. 이로써 동독 마르크 화가 없어지고 동독 지역에도 서독 마르크 화가 도입되게 되었으며 동서독이 하나의 경

제권으로 통합되게 되었다. 이 협약은 1990년 7월 1일에 발효되었는데 발효와 함께 서독의 경제 및 법체계가 동독 지역에 적용되게 되었다. 비판론자들은 이렇게 빠른 속도로 동독의 사회주의 계획 경제가 자유 시장 경제로 급속하게 전환되는 과정에서 나타날 부작용에 관해 우려를 표명했다.

분단 시절 동독은 동독이 사회주의 국가들과 자본주의 국가들을 모두 합쳐서 세계 10위의 공업국이라는 주장을 했기 때문에 서독은 그러한 발언을 어느 정도 믿었지만, 실제로 동서독 경계선이 무너지고 동독의 실상이 드러나자 현실은 전혀 달랐다. 동독의 경제와 산업 그리고 기반 시설은 완전히 파탄 상태에 놓여 있었으며, 동독 국영기업들의 생산성도 매우 낮아 하루아침에 도입되는 화폐와 경제 통합에 큰 충격을 받을 것으로 예상했기 때문이다.

실제로 서독의 마르크화와 시장 경제 체제를 동독으로 도입하고 난 후 동독 지역에서는 매우 강력한 구조 조정 과정이 시작되었다. 특히 경쟁력을 갖추지 못한 많은 동독 기업들이 도산하는 사태가 이어졌다. 이러한 이유로 대부분의 서독 경제학자들은 급격한 화폐 및 경제 통합에 반대했지만 이렇듯 신속하게 통합을 하게 된 것은 헬무트 콜 총리의 정치적인 결단이었다. 1989년 11월 9일 베를린 장벽이 무너지자 동독 사회에서 미래를 기약할 수 없었던 젊은 세대를 중심으로 계속해서 서독으로 이주하는 사람들의 숫자가 크게 증가했으며 이러한 상황이 지속된다면 그로 인한 사회적 혼란과 관련 비용을 감당할 수 없게 될 것이라는 위기감이 존재했다.

이러한 상황에서 콜 총리는 동독에서 서독으로 계속되고 있는 이주 움직임을 진정시키기 위해서 힘든 정치적 결정을 했던 것이다. 화폐 통합을 통해서 서독 마르크 화가 동독에서도 유일한 지불 수단이 되었다. 임금과 연금 모두 1:1의 환율로 받게 되었으며 14살 이하의 동독 청소년들은 현찰 2,000 동독 마르크까지 서독 마르크화로 환전할 수 있었으며 15세에서 59세 사이의 동독 주민들은 4,000 동독 마르크까지 그리고 60세 이상 동독 사람들은 6,000 동독 마르크까지 1:1 교환이 가능했다. 이렇듯 화폐, 경제 및 사회 통합이 진행되다 보니 동독의 기업들과 전체 산업은 커다란 충격을 받은 반면 이러한 통합과 통일

과정에서 가장 큰 수혜를 받은 사람들은 동독의 연금 생활자라는 말이 나오게 되었다. 분단 시절 동독 마르크화와 서독 마르크화 간의 공식 환율은 약 5:1 가량이었으며 암시장에서는 심지어 10:1로 거래 되었는데 화폐, 경제 및 사회 통합 협약이 발효되면서 하루아침에 1:1의 환율

1990년 5월 18일 서독 본(Bonn)에서 화폐, 경제 및 사회 통합 협약에 서명하는 테오 바이겔 서독 연방 재무부장관(오른쪽)과 발터 롬베르크 동독 재무부장관(왼쪽), 뒤에 헬무트 콜 서독 연방 총리(오른쪽)와 로타르 드매지에르 동독 총리가 지켜보고 있다. ⓒBundesarchiv

로 환전을 하게 되고 심지어는 연금까지 받게 되었으니 경제적으로 매우 큰 혜택을 보게 되었다. 이 협약이 발효된 7월 1일부터 동서독 간 경계선에서의 검문이 완전히 사라졌다. 이제는 누구나 자유롭게 동서독을 왕래할 수 있게 되었다.

1990년 7월 6일 볼프강 쇼이블레(Wolfgang Schäuble) 서독 연방 내무부 장관(기민당)과 귄터 크라우제(Günter Krause) 동독 차관(기민당) 간에 간단치 않은 과제인 독일 통일 협약에 관한 협상이 시작되었다. 통일 방식에는 2가지 방법이 있었다. 하나는 서독 헌법 제23조에 따라 동독 지역이 통일 독일에 가입하는 방식과 다른 하나는 서독 헌법 146조에 따라 새로운 헌법을 만드는 방식이었다. 헬무트 콜 총리가 보기에 독일 통일을 위해 역사가 제공하고 있는 '기회의 창(Window of opportunity)'은 무한정 열려 있는 것이 아니었다. 기회의 창이 열려 있을 때 그것을 포착하는 것이 급선무였다. 시간이 많지 않았다. 이러한 판단에서 콜 총리와 쇼이블레 장관은 전자(前者)를 선택했다. 동독 인민 의회도 8월에 같은 선택을 했다. 이로써 독일은 통일 과정에 소요되는 시간을 크게 아낄 수 있었다.

1990년 7월 14일부터 16일까지 헬무트 콜 총리는 소련의 미하일 고르바초프 공산당 서기장과 소련 코카서스에서 만나서 독일 통일과 관련된 외교 안보

통일 협약에 서명한 후 손을 잡은 서독 볼프강 쇼이블레 장관(왼쪽)과
로타르 드매지에르 동독 총리(가운데), 동독 귄터 크라우제 차관(오른쪽)

및 군사 문제들에 관한 담판을 짓는다. 독일 통일과 관련하여 마지막으로 남은
소련의 동의를 받는 중요한 자리였는데 회담의 분위기는 격의 없고 편안한 분
위기에서 진행되었다. 통일 독일이 원하는 2가지 핵심 내용은 다음과 같았다.
통일 독일의 나토(NATO: 북대서양 조약 기구)와 유럽 공동체(EC) 가입에 소련
이 동의하는 것과 동독 지역에 45년간 주둔해 온 50만 명의 소련군 병력이 3~4
년 안에 독일에서 완전히 철수하는 것이었다. 소련은 2가지 조건을 모두 받아
들였으며 독일 통일에 동의하였다. '코카서스의 기적'이 현실로 다가온 순간이
었다. 당시 소련은 사회주의 체제가 실패로 돌아가면서 매우 어려운 경제 및 재
정적 상황에 놓여 있었다. 서독은 동독에 주둔하고 있는 50만 명의 소련 병력
철수 비용과 소련에 돌아간 이후 현지 정착 비용을 포함하여 소련에 대한 차관
등을 합쳐서 약 200억 마르크 가량의 재정 지원을 약속했다. '코카서스의 기적'
에는 비싼 비용이 들었다.

  1990년 8월 23일 동독 인민 의회는 통일 독일 헌법 제23조에 의거하여
1990년 10월 3일에 동독이 통일 독일에 가입하는 것으로 의결하고 8월 31일에
는 동베를린에서 볼프강 쇼이블레(Wolfgang Schäuble) 서독 연방 내무부 장

관과 귄터 크라우제(Günther Krause) 동독 차관이 통일 협약에 서명한다. 통일 협약은 약 1,000쪽에 달하는 방대한 문건으로 헌법에 의거한 동독의 통일 독일 가입에 대한 정치적 요건들을 규정하고 있으며 통일 독일이 북대서양 조약기구(NATO)와 유럽 공동체(EC)의 회원 자격을 유지하며 이는 국제법상으로 유효하다는 사실을 명시하고 있다.

1990년 9월 12일 모스크바에서 6개국 외교부장관들(동독에서는 데메지에르 총리가

1990년 9월 12일 모스크바 2+4 조약 서명

참석)이 모여 2+4 조약에 서명하였다. 이로써 통일 독일은 2차 세계대전 이후 전승국들의 관리하에 있던 상태에서 벗어나 완전한 주권을 되찾을 수 있게 되었다. 9월 20일에는 서독의 연방 의회와 동독의 인민 의회가 통일 협약을 비준하였다. 서독의 연방 의회에서는 통일 협약에 대해 442명이 찬성하였으며 47명이 반대하였고 3명이 기권하였다. 동독 인민 의회에서는 299표의 찬성과 80표

1990년 10월 3일 독일 통일의 날 공식 기념행사에 참석한 통일 총리 헬무트 콜 총리와 한스-디트리히 겐셔 연방 외교부 장관, 빌리 브란트 전 서독 연방 총리와 리하르트 폰 바이츠제커 독일 연방 대통령 ⓒBundesarchiv

의 반대 그리고 한 표의 기권이 있었다. 이로써 독일 통일을 위한 모든 준비는 끝이 났다.

1990년 10월 3일 0시를 기해 통일 협약이 발효됨으로써 동서독은 공식적으로 통일되었다. 헌법 제23조에 의거하여 1990년 10월 3일 0시를 기해 동독 지역에 새로 설립된 5개의 신 연방주들(메클렌부르크-포어폼메른주, 브란덴부르크주, 작센-안할트주, 튀링엔주, 작센주)이 헌법의 효력 범위로 가입함에 따라 통일이 이루어졌다. 독일 연방 공화국은 이로써 16개의 연방주들로 이루어진 통일 독일을 이루게 되었다.

V
독일 통일 이후의 변화와 남은 문제들

1989년 11월 9일 베를린 장벽이 무너지고 1990년 10월 3일 독일이 통일될 때까지 걸린 시간은 불과 11개월에 불과했다. 40년간 분단되어 있던 완전히 다른 2개의 체제가 엄청나게 빠른 속도의 통일 과정을 거쳐 하나가 된 것이다. 꿈과 같은 환희와 환호의 1년을 보내고 정신을 차려보니 독일 국민 앞에는 통일 과정의 완수라는 아주 냉혹하고 현실적인 과제가 놓여 있었다.

독일은 통일 과정에서 우선 법률과 제도 및 행정 분야에서 새로운 법률과 제도를 만든 것이 아니라 기존 서독의 법률과 제도를 그대로 동독 지역에 적용시켰다. 통일 독일을 위한 새로운 헌법과 법률 및 제도를 만든다면 실기(失機)를 할 수 있는 위험성이 너무 컸기 때문이다. 그리고 분단 40년간 서독의 법률과 제도는 이미 검증을 거쳤기 때문에 그 안정성 측면에서 우수하다고 할 수 있었다. 실제로 동독 지역이 통일 이후 다른 동유럽 사회주의 국가들의 체제 전환 사례와 비교했을 때 매우 빠른 기간 내에 성공적인 제도 운영을 바탕으로 안정된 상황을 유지할 수 있었던 것은 이미 검증된 서독의 제도를 수용하여 운영했기 때문이다. 하지만 운영 초기에는 당연히 어려움이 있었다. 법규와 제도는 모두 존재하고 있었지만 그것을 운영할 수 있는 인력이 없었기 때문이다. 동독은 40년 동안 전혀 다른 제도 내에서 움직여 왔기 때문에 서독의 제도와 법규를 운영하기 위한 노하우가 결여되어 있는 것이 문제였다. 이 문제를 해결하기 위해 통일 직후 초기에는 제도 및 법규 시스템 정착을 위해 서독 행정 인력의 대 동독 파견 근무 방식을 많이 활용했다. 즉 서독 공무원들이 동독 행정 관청에 장단기 파견 근무를 하면서 직무 처리에 대한 방법을 알려주는 방식이었다. 이러한 방식은 상당히 체계적으로 진행이 되어서 동서독 지역의 도시 간 또는 연방주 간의 파트너십을 통해 꾸준히 지속됨으로써 구동독 지역 행정 재건에 큰 도움이 되었다.

통일 독일은 구동독 경제 및 산업의 유산을 처리해야 하는 복잡한 과제를 앞두고 있었다. 구동독의 경제 체제를 시장 경제 체제로 전환시키는 작업의 일환으로 경쟁력이 없는 국영기업들을 민영화시키거나 처분하는 일이었다. 이 작업의 전담을 위해 독일은 신탁 관리청(Treuhandanstalt)을 설립하였는데 신탁 관리청은 1990년부터 1994년까지 해당 업무를 수행하였으며 약 400만 명에 달하는 구동독 지역 근로자들의 일자리가 관련되어 있었다. 신탁 관리청은 대규모 콤비나트들을 쪼개서 민영화거나 정비하거나 청산하는 작업을 진행했다. 민영화에 성공한 기업들도 있었지만 많은 기업들이 도산하였으며 이에 따라 구동독 지역에서는 많은 수의 실업자들이 생겨나게 되었다. 물론 그 근본 원인은 구동독 지역의 대규모 국영 기업들이 경쟁력을 갖지 못했기 때문이지만 결과적으로 대규모 실업자의 발생은 사회적으로 많은 문제를 야기하였다.

좀 더 정확하게 설명하자면 신탁 관리청은 이미 통일 이전인 1990년 6월에 동독 인민 의회의 의결을 통해 탄생하게 되었다. 동독 경제 체제의 전환과 민영화를 목적으로 만들게 된 기구이다. 통일 이후 헬무트 콜 연방 총리는 민영화 작업을 매우 중요하게 생각하였고 이 작업을 통해 큰 흑자를 볼 수 있으리라 기대했으며 그 자금을 통일 과정에 활용할 수 있기를 희망했다. 그러나 실제 전개 방향은 예상을 완전히 빗나갔다. 통일 이후 뚜껑을 열어보니 동독의 경제 상황은 극도로 안 좋은 상태였다. 1990년 7월 1일에 발효된 화폐, 경제 및 사회 통합 협약에 따라 동독 기업들은 갑자기 세계 시장에서 경쟁을 해야만 하는 처지가 되었다. 종업원들에 대한 임금 지불도 하루아침에 서독 마르크화로 지불해야 하다 보니 매우 큰 부담이 되었으며, 생산성도 아주 낮은 상태였다. 거기에다 생산 설비는 낙후되어 있다 보니 제품은 경쟁력을 가질 수가 없었다. 설상가상으로 환경 오염 문제도 추가적인 악재로 작용하였다. 또한 이전 주요 시장이었던 동유럽 사회주의 국가들이 완전히 붕괴한 것도 큰 어려움이었다.

상황이 이렇다 보니 신탁 관리청이 동독의 기업들과 토지를 매각하는 것은 쉽지 않았으며 1994년 사업을 종료하는 시점에서 약 2,750억 마르크의 큰 적자를 남기고 사업을 마감하였다. 최종적으로 약 12,000개의 기업 중 절반인 6,000건 정도의 민영화 작업에 성공하였으며 약 1,000건 정도는 옛 소유주에게 다시 돌아갔으며 3,700건은 청산하였다. 구동독 지역의 많은 대규모 국영 기업이 해체되자 해당 지역이나 도시는 큰 어려움에 봉착하였다. 많은 수의 근로 자들이 자신들의 일자리를 지키고자 시위와 파업을 했으며 민영화의 결과 서독 출신 기업들이 이익을 볼 것이라는 비판이 제기되었다. 이러한 구동독 지역 산업 기반의 큰 타격으로 인해 실업률이 크게 증가하였는데 이 결과 상대적으로 젊고 학력이 높으며 기술을 가진 인력들이 일자리를 찾아 구서독 지역으로 이주하는 경우가 많이 발생했다.

통일 이후 연방 정부에서는 구동독 지역의 경제 재건 및 활성화를 위해 구동독 지역 재건 프로그램(Aufbau Ost)을 마련하여 실시하였다. 이 프로그램의 목표는 신연방주(구동독 지역)의 경제 및 생활 수준을 서독 지역의 그것과 비슷하게 끌어 올리는 것이었다. 따라서 구동독 지역의 생활 수준이 구서독 지역의 수준과 대등해지면 이 프로그램은 완료되는 것이다. 1990년대에 매우 빠른 속도로 구동독 지역의 경제 수준이 향상됐고, 2000년 이후에는 그 속도가 둔화되기 시작했는데 임금 수준이나 GDP와 같은 주요 경제 지표들을 기준으로 서독 수준의 70%~80%까지 도달한 것으로 조사되었다. 더군다나 교통 및 통신, 상하수도 인프라와 도심 주택 및 건물 재정비, 환경 보호 프로젝트와 학술, 연구 분야 등과 같이 국가(연방 정부와 주 정부)가 주도한 구동독 지역 재건 사업들은 매우 큰 성과를 거둔 것으로 나타났다.

현재 독일이 통일된 지 벌써 30년이 넘었다. 한 세대가 지난 셈이다. 전체적으로 볼 때 통일이 된 지 약 15년 정도가 경과한 2005년경이 되자 제도와 법규 그리고 경제 측면에서는 어느 정도 재건 작업이 일단락되었다고 할 수 있는 수준에 이르렀다. 1990년 7월 1일 화폐, 경제 및 사회 통합 협약이 발효되는 시점에 헬무트 콜 당시 서독 연방 총리는 한 TV 연설에서 다음과 같은 발언을 했다.

"우리가 함께 노력하면 멕클렌부르크-포어폼메른주와 작센-안할트주, 브란덴부르크주와 작센주 그리고 튀링엔주에는 얼마 가지 않아 곧 꽃피는 경관이 펼쳐질 것이며 여러분들은 그곳에서 행복한 삶과 일을 즐길 수 있을 것입니다."그때 콜 총리가 약속했던 꽃피는 경관(Blühende Landschaften)이 실현되기까지는 기대보다는 시간이 더 걸리기는 했지만 통일 후 약 15년이 지난 시점이 되자 구동독 지역이었던 신연방주들은 경제적으로도 어느 정도 안정이 되었고 삶의 질 측면에서도 만족을 느낄 만한 수준에 이르렀다.

상술한 대로 독일 통일과 관련하여 제도와 법규 그리고 경제와 관련된 분야는 상당한 성과를 올렸지만, 이와는 달리 그 어려움을 처음에는 예상하지도 못했으며 문제가 그렇게 오래 가리라고는 생각지도 못한 분야가 있었는데, 그것은 바로 심리적인 문제였다. 통일 직후부터 약 10년에서 15년 동안 옛 동독 지역의 산업 기반이 구조 조정 과정을 거치면서 매우 많은 실업자들이 양산되었다고 설명한 바 있는데, 상황이 심각한 구동독 지역은 실업률이 약 25%에 육박하는 곳들도 있었다. 이러한 상황에서 구동독 지역 사람들에게 비친 구서독 사람들은 아는 척하고 거만하다는 인상을 주는 경우가 많았고 그 반대의 경우인 구동독 사람들은 구서독 사람들이 보기에는 열심히 일하지도 않으면서 불만만 많다는 인식을 가지는 경우들이 있었다.

이런 이유에서 상대방을 비난하는 속어가 생겨났는데, '베써-베씨(Besser-Wessi)'와 '얌머-오씨(Jammer-Ossi)'가 그것이다. 해석하자면 '잘난 척하는 서독 놈'과 '투덜이 동독 놈'정도 될 것이다. 서로 다른 체제에서 40년을 살다 보니 이렇듯 서로의 차이로 인해 생겨난 비속어를 보면서 서로에 대한 이해의 정도가 깊어지고 서로 익숙해지기 위해서는 시간이 필요할 것이라는 생각이 든다. 이제 벌써 한 세대가 흘렀기 때문에 적응과 화합은 어느 정도 진행되었으며, 실제로 현재 30대 이하의 세대는 통일 이후에 출생한 사람들이기 때문에 스스로 분단을 겪지 않은 관계로 그 위 세대와는 달리 옛 동서독 간의 차이로 인한 갈등 요소는 가지고 있지 않다.

예전 동독의 유산 가운데 아직도 그 상처가 완전히 아물지 않은 대표적인 문제가 하나 있다. 바로 동독 공산 독재가 동독 주민들에게 남긴 상처이며, 그 중심에는 사회주의 통일당과 국가 보위부(슈타지)가 있었다. 국가 보위부는 갖은 방법을 동원하여 동독 주민들을 감시했으며 동독 체제에 반대하는 요주의 인물뿐만 아니라 서독의 주요 인사들과 동독의 일반 주민들까지도 감시의 대상으로 삼았으며 관련 내용을 대부분 기록으로 남겼다. 이 내용을 기록한 슈타지 문서는 통일 이후 연방 정부 차원에서 슈타지 문서 보관소를 만들어 보관, 열람, 활용하고 있는데 슈타지가 동독 시절 작성한 문서들을 도서관의 책과 같이 세로로 세워서 그 두께를 측정해도 그 길이가 약 111km에 달할 만큼 양이 방대하다.

이 문서의 개방 여부를 놓고 갑론을박이 있었지만 동독 주민들의 알 권리 차원에서 개방하는 쪽으로 결정이 나서 1990년 말부터 문서를 개방했으며 작년 말까지 문서 열람을 신청한 시민들의 숫자는 약 340만 명에 이른다. 민감한 개인 정보들이 많이 포함되어 있기 때문에 원칙적으로 자신과 관련된 문서만 신청하여 열람할 수 있는데 실제로 문서 열람이 이루어지고 나서 충격을 받은 옛 동독 주민들이 매우 많았다. 그 이유는 동독 정권이 주민들의 감시를 위해 9만 명의 슈타지 정식 요원 이외에 약 19만 명에 달하는 비공식 정보원들을 포섭 내지는 양성하여 사회 곳곳에 심어 놓았기 때문이다.

이들 비공식 정보원들은 일상에서 흔히 볼 수 있었던 사람들이었지만 자신이 슈타지의 비공식 정보원이라는 사실을 숨기고 자신의 주변에 있던 사람들을 감시하고 그 내용을 슈타지에 보고하는 역할을 하였다. 그러다 보니 주민들을 일상에서 감시하는 비공식 정보원이 자신의 주위에 있던 직장 동료이거나 가족이거나 심지어는 배우자인 경우도 비일비재했다. 때문에 통일 이후 자신의 슈타지 문서를 통해 이러한 사실을 알고 충격을 받고 가정이 파탄에 빠지는 경우도 종종 발생했다.

슈타지 문서는 개인이 열람하는 경우 외에 모든 공공 부문 종사자(정치인, 언론인, 공무원, 교사 등)의 채용 시에 과거 동독 시절에 사회주의 통일당이나 슈타지에 협력했던 전력 유무를 확인하는 데 활용하며 그 외에 학술 목적의 연

슈타지 문서 서고 전경
©Dr. Hubertus Knabe

구나 공익 목적의 언론 보도 시에 열람이 가능하도록 되어 있다. 이러한 목적으로 1990년 말부터 작년 말까지 열람을 신청한 건수는 약 400만 건에 이른다.

이렇듯 동독 전체를 철저한 감시와 억압 체제로 만들어 주민들을 괴롭혔던 관련자들에 대한 사법 처리는 어떻게 진행되었을까? 특히 동독 독재 체제의 희생자들 입장에서 보면 통일 이전 동독에서 벌어졌던 비정상적 행위(내독 간 동서독 경계선을 넘다 동독 국경 수비대의 총에 사살된 경우라든지 동독 사회에서 일상화되어 있던 감시 행위, 무단 체포 행위 등)에 대한 사법 처리는 매우 미흡했다. 구동독 시절의 '부당 행위'와 관련하여 통일 이후 약 총 10만 명 가량에 대해 사법 조사가 이루어졌다. 이 중 1,737건에 대해 기소가 이루어졌고 그중 753건에 대해서만 유죄 판결이 선고되었다. 하지만 그 중에서도 실제로 금고 이상의 형이 내려진 경우는 불과 수십 건에 불과했다.

이렇듯 소수의 사법 처리 결과가 나왔던 이유는 형법 불소급의 원칙이 적용되었기 때문이다. 동독 시절에 유효한 법이 존재했기 때문에 당시에 발생한 사건들에 대해서는 통일 이후의 법을 소급시켜 적용하는 것은 적절치 못하며 그 당시 동독의 법을 적용하는 것이 온당하다는 취지였다. 그 결과 동독 체제 아래에서 억압을 받았던 사람들에게는 매우 실망스러운 사법 처리 결과가 나오게 되었다. 이러한 상황을 접하고 동독 출신의 대표적인 시민운동가 배르벨 볼라이(Bärbel Bohley)는 다음과 같은 말을 남겼다. "우리가 원했던 건 정의였지만 우리가 얻은 것은 법치국가였다(Wir wollten Gerechtigkeit und bekamen den Rechtsstaat)."

독일이 통일된 지 30년이 넘었지만 여전히 서쪽 지역과 동쪽 지역 시민 간의 정치 행태도 차이가 난다. 독일 전체 16개의 주 의회들의 정당별 의석 분포를 기준으로 살펴보면 옛 동독 지역이었던 다섯 개 주(메클렌부르크-포어폼메른주, 브란덴부르크주, 작센-안할트주, 튀링엔주, 작센주)에 동베를린 지역을 포함한 통계를 보면 정치적 스펙트럼으로 볼 때 가장 왼편과 가장 오른편에 있는 2개의 정당들인 좌파당(Linke)과 독일을 위한 대안당(AfD)이 차지하는 의석 비율이 약 40%나 된다. 이에 반해 옛 서독 지역의 10개 주와 서베를린 지역을 합한 주 의회 들에서의 좌파당과 독일을 위한 대안당이 차지하는 의석 비율은 약 12%에 그친다. 즉 구동독 지역 유권자들의 선거 행태를 구서독 지역 유권자들과 비교해보면 포퓰리즘을 기반으로 한 극단적인 정당을 지지하는 비율이 높다는 사실이 분명하게 드러난다.

VI
다가올 한반도 통일을 위한
독일 통일이 주는 시사점

1953년 7월 27일 한반도 휴전 이후 첫 번째 대북 유화 정책이었던 김대중 대통령의 '햇볕 정책'의 모델인 서독의 '동방 정책'을 실시했던 빌리 브란트 (Willy Brandt) 서독 전 연방 총리가 독일 통일 직후 했던 '뿌리가 하나인 것은 함께 자란다'라는 말처럼 한반도의 통일도 언젠가는 이루어질 것이다. 그러나 독일의 통일 경험을 살펴볼 때 다가올 한반도 통일에서 유념해야 할 내용이 몇 가지 있다.

첫째, 통일의 기반을 닦기 위해서 현실적으로 필요한 것은 경제력이다. 기회가 될 때 북한 주민들을 지원하기 위한 인도적인 지원은 필요하지만, 통일의 과정이 시작되면 포괄적이며 광범위한 경제 정책을 펼쳐야 하며 이를 위해서는 우선 대한민국의 경제력이 바탕이 되어야 한다. 따라서 우리의 경제 토대를 튼튼히 유지하는 것이 가장 기본적인 작업이라 할 수 있다.

둘째, 독일은 처음부터 감안하지 못했던 요소가 바로 동독 사람들의 사회 심리적인 부분이었다. 통일 작업의 근간이 되는 물적 토대인 제도와 규범의 구축, 경제 재건 분야는 마련된 내용을 적용하여 운영하고 자원을 투입하면 성과가 나타난다. 하지만 사회를 이루는 구성원의 마음을 이해하고 헤아리는 작업은 마음과 성의가 필요한 부분이다. 사람과 사람 사이의 이해와 화합이 따르지 않으면 사회적으로 진정한 통합이 이루어지기 힘들며 이는 심각한 갈등 국면으로 연결될 수 있기 때문이다. 이러한 의미에서 사람들의 마음을 어루만지고 치유하고 소통하고자 하는 노력은 물적, 제도적 기반을 마련하는 작업과 마찬가지로 중요하며 통일 과정의 초기부터 함께 진행해야 할 일임을 잊지 말아야 한다.

셋째, 통일 이후 특히 북쪽 지역 사람들이 정치적인 포퓰리즘에 쉽게 경도 되지 않고 정치 의식의 균형을 유지할 수 있도록 도움을 주는 작업이 필요하다. 통일 이후 새로운 환경을 접하게 되면 아무래도 상대적으로 옛 북한 지역 국 민들이 더욱 적응에 어려움을 겪거나 이러한 과정에서 물적, 심적 어려움을 느 낄 가능성이 높을 것이며 이는 정치적인 불안정성에 현혹되기 쉬운 조건을 의 미한다. 이를 방지하기 위한 방편으로 범국가적인 민주 시민 교육(정치 교육, Political Education)의 실시를 통해 새로운 환경에 적응하는 것을 돕고 소통 훈련의 장으로 삼으면 도움이 될 것이다.

독일 통일의 출발점이나 전개 과정은 우리 상황과 많은 점이 다르다. 그렇 기 때문에 그 사례나 해결 방안을 1 대 1로 적용하기는 쉽지 않지만 여러 가지 측면에서 우리에게 많은 영감을 준 것이 사실이다. 그 어느 나라보다 통일을 열 망하는 우리이기에 지난 30여 년 동안 독일보다 독일 통일에 관해서 더 많은 연 구와 토론을 했다는 우스갯소리가 나올 정도로 많은 애를 써왔다. 이러한 노력 을 바탕으로 다가올 한반도 통일을 슬기롭게 준비해 나아가야 할 것이다.

제9장

중국, 대만 양안관계와 한반도

이권호 신라대학교 국제관계학과 교수

I
서론: 양안관계와 쟁점

양안(兩岸)이란, 대만해협 동쪽의 대만(Taiwan)과 서쪽의 중국대륙 (Mainland China)을 가리키는 지리적 개념이다. 양안관계(Cross-Strait relations)란, 분열된 상태의 중국과 대만 간의 상호 관계를 말한다. 1895년 청 일전쟁의 패배로 일본에 할양되었던 대만은 일본 제국주의 항복으로 제2차 세 계대전이 종결되면서 중화민국에 귀속되어, 1945년부터 1949년까지 4년간 중 화민국의 주권하에서 대륙과 더불어 '하나의 중국'이 되었다.

대만의 정식 국명은 중화민국이다. 중화민국은 신해혁명으로 청(靑)나라를 전복하고 1912년 건국한 아시아 최장수의 공화국이다. 1921년 7월 상해에서 마 오쩌둥을 위시한 13명의 지도자가 모여 중국공산당을 설립했다. 공산당은 항일 투쟁과 국민당과의 내전을 승리로 장식하고, 1949년 10월 1일 중국대륙에 중 화인민공화국을 건국했다. 국공내전에서 패퇴한 중화민국 정부는 1949년 12월 수도를 대만으로 옮겨와 현재까지 대만 본섬과 팽호제도 및 금문(金門)·마조도 (馬祖島)를 실질 통치하고 있다. 결국 국공내전의 결과 승리한 공산당은 대륙에 중화인민공화국을 건국했고, 중화민국 정부는 대만으로 수도를 옮겨와 대치하 면서 분열된 상태를 유지하고 있다. 중화민국은 1971년 중화인민공화국이 UN 에 가입하면서 퇴출당할 때까지 유엔 안전보장이사회 상임이사국으로 국제사 회에서 중국을 대표하는 신분을 유지했었다.

양안관계의 핵심은 중국과 대만의 '하나의 중국'에 대한 서로 다른 해석과 입장이다. 중국은 '일국양제'의 통일방식을 통해 대만을 흡수 통합하려고 한다. 이에 반해 대만에서는 중국과의 통합에 대해 다양한 목소리가 있다. 중국과의 통합을 원하는 세력, 대만의 독립을 주장하는 세력, 그리고 다수를 차지하는 현상 유지 세력이 있다. 공산당 일당 지배체제인 중국에서는 일국양제의 통일방식에 대해 이견이 없지만, 대만에서는 집권 정당이 어디냐에 따라서 정부의 통일정책도 변해 왔다.

본 주제에서는 먼저, 왜 대만에서는 중국대륙과 '하나의 중국'에 대해 다른 입장을 가진, 통일을 주장하는 세력과 현상 유지나 대만의 독립을 주장하는 세력들이 첨예하게 대립하고 있는지를 대만의 역사를 통해서 밝혀본다. 그리고 중국이 주장하는 '일국양제'의 통일방식은 무엇이고, 중국과 대만 양안 간 통일문제에 대해 어떻게 협상과 담판을 진행해 왔는지, 양안 간의 경제·사회·문화적 교류협력 상황은 어떠한지를 살펴본다. 그리고 결론적으로 정치적으로는 갈등과 대립이 지속되고, '하나의 중국'으로의 통일에 대해서도 다양한 의견이 존재하지만, 경제적으로는 운명공동체가 되어버렸고, 사회문화적 분야의 교류 협력은 그 어떠한 타 국가들보다도 가장 친밀한 관계가 되어 있는 양안관계가 남북한 관계에 시사하는 바는 무엇인지를 논의해 보려고 한다.

II
대만 역사와 대만화

1. 1949년 이전 대만의 역사

대만이 중국의 세력권에 편입되어, 중국 문화의 영향을 받아 온 것은 이미 3세기경부터라고 역사 자료들은 증명하고 있다. 그렇지만 중국의 직접적인 대만에 대한 행정적 통치는 17세기 말 청나라 시기까지는 이루어지지 않았다. 1590년 초기 해외 식민지 개척에 나선 포르투갈인이 중국대륙의 동남부 끝자락에서 180킬로미터 떨어진 아름다운 녹색 섬을 발견하고 포르모사(Formosa)라고 부르면서 서구 사회에 대만이 알려지게 되었다.

네덜란드는 동아시아의 근거지 건설을 위하여 1624년 대만 남부를 점거하고, 점차 대만의 서부 평원으로 범위를 확대하면서 식민지 통치체제를 구축했다. 스페인은 1626년부터 대만의 지룽(基隆)과 단쉐이(淡水)를 교두보로 하여 대만의 서북부 식민지 개척을 시도했지만, 네덜란드의 공격으로 1642년 대만에서 철수했다. 네덜란드 동인도회사는 대만을 환적 무역지로 하여 중국 남부지역에 대한 무역을 강화하고, 중국인을 모집하여 대만의 개척에 박차를 가하게 되었다. 이 시기 중국대륙에서의 삶이 고단한 이민자들이 대거 대만으로 이주하게 되었고, 대만에 거주하고 있던 원주민들과의 투쟁을 통해 점차 한인(漢人) 사회를 건설하게 되었다. 이 과정에서 대만은 본격적으로 중국의 문화권 안으로 편입되었고, 중국인이 거주하는 지역이 되었다.

그렇지만 당시 중국대륙을 지배하고 있었던 명나라는 대만을 중국의 통치권 범위 안에 포함하지 않고, 오히려 동남 연해안 해적들의 근거지 정도로 인식하고 있었다. 명나라 말기 정지룡(鄭芝龍)을 수령으로 하는 무장 세력들이 중국의 동남 연해안 지역을 무대로 해상 무역을 하면서, 명나라 관병의 체포를 피해 대만 서남부의 북항에 기지를 마련하고 이 일대를 건설하면서, 대만 개척의 선구자가 되었다. 정지룡의 아들 정성공(鄭成功)은 푸젠(福建)성 일대에서 반청복명 운동을 전개했지만 실패하자, 1661년 진먼도(金門島)에 주둔하고 있던 주 병력을 대만으로 이동하여 네덜란드를 몰아내고 대만을 반청복명의 기지로 설립했다. 정성공이 대만을 통치하면서 대만은 명실상부한 한인(漢人) 중심의 자주적인 정치체제로 자리 잡았다. 당시 대만의 인구는 10만 명 정도밖에 되지 않았지만, 제염, 사탕수수, 쌀농사 등의 농업기반을 구축했을 뿐만 아니라 일본과 서구 제국주의 국가들과의 대외무역을 활발히 전개하기 시작했다.

정성공을 비롯한 그 후손들의 대만 통치는 3대, 22년으로 막을 내린다. 정성공은 1662년 만 38세의 나이로 요절하고 그의 아들 정경(鄭經)이 대만을 통치하면서 어느 정도 국가의 체계를 갖추었다. 정경은 청나라의 혼란을 틈타 푸젠성 일대를 공격하지만 1680년 샤먼(廈門) 전투에서 대패하고 대만으로 돌아와 울분과 실의에 빠진 채 사망하게 된다. 왕위 계승을 둘러싼 권력 투쟁에서 정씨 3대 정극상(鄭克塽)이 왕좌를 차지했지만, 1683년 대만을 공격한 청의 수군제독 시랑(施琅)에게 항복하면서 정씨 왕조의 대만 통치는 막을 내리게 된다. 1684년 대만은 청의 푸젠성 대만부로 예속되고 중앙에서 관리를 파견하여 통치하면서 정식으로 중국의 주권 관할지가 되었다.

청나라 조정은 대만이 또다시 반청복명의 기지로 전락하는 것을 방지하기 위해 대만 이민을 제한했지만, 대만의 비옥한 토지와 풍부한 어업자원 및 서구 열강과 무역의 통로라는 이점으로 인해 대륙으로부터 대량의 이민이 계속되었다. 정씨 왕조 말기(1680년대) 대만의 인구는 12-15만 정도로 추산되지만, 1811년 194만 명으로, 19세기 말에는 거의 300만 명에 이르게 된다.[1] 특히 중국대륙의 남부 연안 지역, 광동성과 푸젠성의 주민들에게 대만은 새로운 삶을 누릴 수

---

1 若林正丈, 『戰後臺灣政治史--中華民國臺灣化的歷程』(臺北: 國立臺灣大學出版社, 2019), p.34.

있는 '신세계'였다. 이민자들이 대거 대만으로 유입되면서 한족과 원주민 간의 대립과 충돌이 있었을 뿐만 아니라 광동성과 푸젠성 출신 이민자 간의 대립도 점차 격렬해졌다. 언어와 풍습 및 생활양식이 서로 다른 사람들끼리 공동체를 구성하는 이민 사회의 특징을 가지면서 출발한 대만은 크게 원주민과 한족, 한족 내부에서도 광동의 커쟈인(客家人)과 푸젠성의 민난인(閩南人) 사이의 언어·문화적 차이를 보이는 다종족사회로 발전하게 되었다.

1885년 청나라는 대만을 푸젠성에서 독립하여 대만성으로 격상시켰지만, 청일전쟁에서 패배하자 시모노세키 조약에 따라 1895년 4월 17일 대만을 일본에 할양하였다. 대만은 1945년 10월 25일 일본이 제2차 세계대전의 패전국으로서 대만을 중국에 다시 반환하기까지 50년의 일제 식민지 통치를 받았다. 일본에 의한 반세기 식민 통치 기간, 대만은 정치·문화적으로는 일제의 '황민화(皇民化)' 정책에 따라 점차 일본에 동화되었고, 경제적으로는 식민지의 경제 수탈을 위한 기반시설 건설이 이루어졌다. 특히 대만은 일본의 내수에 필요한 농산품의 공급 기지와 대동아전쟁에 필요한 물자를 생산하는 전략기지로 전락하게 되었다.[2]

일본의 항복으로 제2차 세계대전이 종결되고, 카이로선언과 포츠담선언에서 명시한 바와 같이 대만은 중화민국으로 귀속되었다. 일제의 통치 기간 중 대만인들은 '2등 국민'의 신분에 머물러 있었기에 광복이 되어 조국의 품에 안길 것에 대하여 엄청난 기대를 했다. 그렇지만 국민당 정부는 전쟁이 이렇게 갑작스럽게 종결될지 몰랐기 때문에 대만의 접수와 통치에 대한 어떠한 사전 준비도 없었다. 일본군에 비해 느슨한 규율과 비루한 장비의 국민당 군대와 관리들의 부당한 지배 태도는 대만 현지 엘리트들의 냉소와 불만을 초래하기에 충분했다. 비록 대만이 혈연적으로 한족이고 중화의 전통을 이어 왔다지만, 대만해협 180km의 거리는 양안 간 문화와 언어 및 관습에서 상당한 차이를 드러나게 하였다. 게다가 대만이 일본에 할양되어 50년간 일본 제국주의의 지배를 받게 되면서, 대만은 중국대륙과는 다른 사회로 변질되었고 정치·경제적 구조도 상이하

2   彭懷恩, 『臺灣發展的政治經濟分析』(臺北: 風雲論壇出版社, 1991), pp. 89~97.

게 발전했다.

대만인의 조국 중국에 대한 기대와 여전히 '2등 국민'대우를 받는 현실과의 괴리 사이에 엄청난 실망과 무력감이 불만으로 자라고 있었다. 게다가 국민당 정부의 미숙한 초기 대만 통치 방식과 관료의 대응은 결국 '2.28 사건'이라는 비극적 사태를 초래하게 되었다.[3] '2.28 사건'으로 약 2만여 명의 대만 엘리트들이 공산당원과 친일파라는 명목으로 대륙에서 온 국민당 군사정권에 의해 처단되었다. 국민당 정부의 백색테러에 대한 공포로 인해 대만인들의 응어리진 2.28 사건의 한이 밖으로 드러나지는 않았지만, 대만 사회의 종족 간 갈등을 초래할 수 있는 꺼지지 않은 불씨로 남게 되었다.[4]

2. 계엄통치시기(1949년~1987년)

1949년 10월 1일 중국공산당은 대륙 대부분을 차지하고, 중화인민공화국의 건국을 선포했다. 국공내전에서 패배한 국민당 행정원장 옌시산(閻錫山)은 1949년 12월 7일 중화민국의 수도를 청두(成都)에서 타이베이로 천도한다고 선포했다. 이틀 후 장제스(蔣介石)는 비행기로 타이베이에 도착했다. 이로써 중화민국은 대륙의 통치권을 상실하고, 대만과 대륙은 4년간의 짧은 통일 이후, 1949년부터 다시 분열되었다. 국공내전에서 공산당이 비록 대륙에서 승리를 거두었지만, 국민당 정부는 대만으로 철수하여 명맥을 유지했고, 공산당의 대만에 대한 실질적 통치가 실현되지 못한 상태에서, 중화민국 정부는 현재까지 대만에서 실질적인 주권을 행사하고 있다. 결국 중국의 양안에는 서로 합법성을 주장하는 두 개의 정부가 정치, 군사적으로 대치하는 분열 상태로 남게 되었다.

1949년부터 1987년까지 국민당의 대만 통치 행태는 당국가체제와 권위주의 정권의 계엄통치로 규정할 수 있다. 1949년 5월 국민당 정부는 대만에 언론·

3   張讚合, 『兩岸關係變遷史』(臺北: 周知文化與佛光大學, 1996), pp. 41~71.
4   彭百顯, 『大歲月: 臺灣政治經濟500年』(臺北: 宇河文化出版社, 2018), pp. 279~280.

출판·집회·결사의 자유를 제한하는 '비상동원체제'의 계엄령을 선포하고, 1987년 7월까지 장장 38년간 국민당 일당 독재체제를 유지했다. 1950년 한국전쟁이 발발하자, 미국은 대만해협에 군대를 파견하여 공산당의 대만 침공을 봉쇄하고, 1954년 대만과 '공동방위조약'을 체결하는 등 1965년까지 대만에 대한 군사 경제적 지원을 아끼지 않았다. 1970년대는 대만의 외교사에서 참담한 고난의 시기였다. UN 안전보장이사회 상임이사국이었던 대만은 1971년 중국이 제3세계의 지원을 등에 업고 국제연합에 가입하면서 퇴출당하게 된다.

1972년 미국과 중국의 '상해공동선언', 1979년 미·중수교가 발표되면서 최대의 외교적 위기를 맞게 되었다. 미국은 대만과의 '공동방위조약'을 파기하고 '대만관계법'을 제정하여 대만의 안전을 보장하려고 했다. 1979년 '메이리다오(美麗島)사건'을 시발점으로 1980년대 대만 사회에서도 민주화 요구의 목소리가 점차 커지게 되었다. 1987년 장징궈는 계엄령을 해제하고 대만 민중의 정치활동을 허용했다. 대만의 독립을 당의 강령으로 채택한 민주진보당이 정식으로 설립되면서 대만의 정당정치가 시작되고 더불어 국민당과의 정권 장악을 다투게 되었다.

1950년대 대만 경제는 '2.28 사건'의 공포정치와 비상계엄령의 강압적 통치 분위기에서 인민의 불만을 잠재우고, 정부 주도의 경제정책을 강력하게 추진할 수 있었다. 국민당 정부는 토지개혁을 마무리하고, 미국의 원조와 일본 점령기 산업의 기초 위에 경제 건설을 시작했다. 1960년대 대만은 '수출주도형'경제발전 모델을 통해 농업국가에서 공업국가로 점차 탈바꿈 하게 되었다. 1973년 제1차 오일쇼크 발생 시기에도 10%가 넘는 경제성장률을 유지할 수 있었다. 1975년 장제스가 사망하고 그의 아들 장징궈(蔣經國)가 실권을 장악하여 10대 건설' 계획 추진하면서 세계 경제의 불경기 속에서도 대만 경제는 지속적 성장을 거듭했다. 1980년대 대만은 정부 주도 경제정책의 성공과 보편적 대중교육을 통한 수준 높은 인력의 확보를 통해 강소공업국가의 반열에 들었고, 1987년 GDP 6,000달러를 달성하고, 홍콩, 싱가포르, 한국과 함께 '아시아 네 마리 용'이라고 불리게 되었다.

3. 대만의 민주화와 대만화(1988년~2021년)

1988년 장징궈 총통 사망 후 대만성 출신인 부총통 리덩후이(李登輝)가 총통에 오르면서 본격적인 대만의 정치개혁이 추진되었다. 리덩후이 총통과 국민당 주류파는 1990년에서 1996년까지 3차례에 걸친 헌법 수정을 주도하여, 국회의원 선거 방식의 개혁, 대만성과 행정원 직할시 타이베이 및 가오슝 시장의 민선, 총통직선제 개헌을 완성하게 된다. 리덩후이 총통 재임 기간과 민진당 출신의 천수이볜(陳水扁) 총통 임기(1996-2005) 중 제2차 헌정 개혁이 이루어지면서, 대만성 성장과 성의회 의원 선거 폐지, 개헌안 국민투표 결정, 총통-행정원장-입법원 권한 재설정, 소선거구제와 정당비례대표제 도입, 국민대회 폐지 등, 대만은 위로부터의 개혁을 통한 제도상의 민주화를 달성하게 되었다.

제도적 개혁과 더불어 대만 정치민주화의 또 하나의 실질적인 행태는 다당제가 구축되고 정권교체가 이루어졌다는 것이다. 1986년 9월 대만의 독립을 주장하는 민진당이 창당되고, 1989년 대만 정부는 공식적으로 민주진보당을 인정했다. 2000년 3월 민진당의 천수이볜이 총통으로 선출되면서 국민당 일당 장기집권 체제가 종식되고, 정권교체가 이루어지게 되었다. 그리고 2001년 12월 제5기 입법위원 선거에서 민진당이 제1당으로 도약하면서 의회에서도 실질적인 정권교체를 이루게 되었고, 2004년 총통선거에서 천수이볜은 연임에 성공한다. 2008년부터 2015년까지는 국민당의 마잉지우(馬英九)가 연임으로 총통에 당선되었고, 2016년 총통선거에서는 민진당의 차이잉원(蔡英文)이 당선되고, 2020년 선거에서 연임하여 현재까지 총통직을 수행하고 있다.

대만 민주화의 특징적 현상은 '위로부터의 정치제도적 개혁'과 '평화적 정권교체', 그리고 정치·경제·사회·문화 전반에 걸쳐 진행된 '대만화' 작업이다. '대만화'는 대만인이라는 자아의식에서부터 출발하여 국가의 정체성 인식에까지 이르는 과정이다. 대만에서는 1945년부터 1950년 사이에 대륙에서 건너 온 사람들을 '외성인'이라 부르고, 그전부터 대만에 살고 있었던 사람들을 '본성인'이라고 통칭한다. 외성인의 대부분은 국민당과 함께 건너 온 사람들로 1950년 대만의 인구 739만 명 중 120만 명 정도로 추산한다. 이들 외성인들이 1980년대까지 대만의 정계·재계·군대·학계를 지배하는 주류 세력이었다. 많은 본성인들은 '2.28사건'의 백색공포의 기억과 대만의 정치는 외성인들이 주축을 이룬 국민당 외래정권에 의해 농단되었다는 인식을 가지고 있다. 이러한 본성인 자아 인식은 대만과 중국은 별개라는 대만의식으로 자라게 되었고, 대만인 중심의 정당 건립을 모색하는 실천으로 발전한다. 1986년 9월 국민당 정권에 반대하고, 대만 독립을 당헌에 규정한 본성인 중심의 민주진보당이 창당되었다. 국민당이 중국의 정체성과 양안 통일을 지향한다면, 민진당은 대만은 중국의 주권과 관계없는 실질적으로 독립된 국가라고 주장하고, '중화민국'보다는 '대만공화국'을 외치는, 양안 간의 통일보다는 대만의 독립을 주장하는 정당이다. 1987년 이래 대만에서는 기본적으로 국민당과 민진당 양당 체제가 자리 잡았고, 통일지향의 남색(국민당, 친민당, 신당 등)과 독립지향의 녹색(민진당, 대만단결연맹) 진영의 대결 구도를 형성하게 되었다. 결국 대만에서 자유로운 정당정치는 제도적으로 이루어졌지만, 종족주의적 이데올로기를 가진 남색과 녹색의 양대 진영 체제가 형성되었고, 국가의 정체성에 대한 첨예한 갈등과 대립이 남게 되었다.

Ⅲ
일국양제 통일방안과 양안관계의 변천

1. 일국양제 통일방안

'일국양제'란, '하나의 국가'에 '두 종류의 제도'를 수용한다는 중국의 통일
방안이다. 1982년 중국의 지도자 덩샤오핑(鄧小平)은 '대만문제'를 해결하기 위
하여 일국양제란 개념을 처음으로 제시했는데, 일국양제의 통일방안은 그전에
제시된 '대만 민중에게 고하는 글(告臺灣民衆書)'과 '엽9조(葉九條)'의 내용을 기
초로 하고 있다. 1979년 1월 중국은 '대만 민중에게 고하는 글'을 통해 대만해협
의 군사 대치 상태를 대화로 해결하고, 양안 민중의 자유 왕래와 경제 문화교류
를 위해 '3통(통항, 통우편, 통상)'을 실현하자고 제의했다. 그리고 1981년에는
전인대 상무위원장 예젠잉(葉劍英)은 '중국의 대만 통일을 위한 9가지 방안'(엽9
조로 약칭)을 발표하였는데, 3통과 더불어 이산가족 상호방문과 여행 및 4류(학
술·문화·체육·과학기술 교류)를 제의하고, 통일 후 대만의 특별행정구로서 고도
의 자치권 보장과 군대 보유를 약속했다. 이와 함께 대만의 현행 사회·경제제도
와 생활방식, 개인의 재산 및 외국과의 교류도 변하지 않고 그대로 보장한다고
밝혔다.

1984년 6월 덩샤오핑은 홍콩 문제 처리에 대해 언급하면서 "우리의 정책은
'하나의 국가, 두 종류의 제도' 를 실시하는 것이다. 구체적으로 말하면 10억 인
구의 대륙은 사회주의제도를, 홍콩과 대만은 자본주의제도를 시행하는 것이
다"[5]라고 일국양제에 대한 명확한 정의를 내렸다.

---

5   『鄧小平文选』第三卷(北京: 人民出版社, 1993), p.58.

일국양제 통일방안의 기본 내용[6]은 먼저, '하나의 중국'을 원칙으로 한다. 양 안관계의 발전과 평화통일 실천의 가장 기초는 '하나의 중국'을 대전제로 하며, '대만의 독립'이나 '두 개의 중국'및 '하나의 중국, 하나의 대만'을 절대 반대한다. 그리고 중국 통일의 전제하에, 국가의 주체는 사회주의제도를 견지하지만, 동시 에 대만은 원래의 사회제도와 생활방식을 오랜 기간 변하지 않고 유지한다는 것 이다.

또한 통일 후 대만은 특별행정구로써 고도의 자치권을 가지며, 자체의 입법 권과 사법권을 행사하고, 독립된 군대와 정당과 행정부를 보유할 수 있을 뿐만 아니라, 중앙정부의 요직에 대만인을 위한 자리도 마련해 둔다. 그리고 양안 통 일은 대화와 타협의 담판을 통하여 평화롭게 실현되어야 한다는 점을 강조한 다. 그렇지만 외국 세력이 중국 통일을 간섭하거나, 대만 독립을 기도하는 어떠 한 행동도 불허하며 이 경우에는 무력 사용을 배제하지 않는다. 대만 문제는 중 국 내정으로 어떠한 국가도 간섭할 권리가 없다는 것을 전제로 한다.

덩샤오핑이 제시한 '일국양제'통일방안은 1995년 1월, 당시 중국공산당 총 서기 장쩌민(江澤民)의 "중국 통일 대업의 완성을 위한 계속 분투"라는 연설의 '평화통일 8항 주장'으로 더 구체화 되었다. '8항 주장'의 가장 핵심 내용은 "'하 나의 중국'원칙은 평화통일 실현의 기초이며 전제로써, 대만 독립을 조장하는 어떠한 분열 행위도 결단코 반대하며, 무력 사용도 배제하지 않는다"는 것이다.[7] 또한 2002년 11월 중국공산당 16차 전국대회 업무보고서는 "세계에 오직

하나의 중국만이 있으며, 대륙과 대만은 하나의 중국에 속하고, 중국의 주 권과 영토는 분할될 수 없다"는 '하나의 중국'원칙을 처음으로 공산당의 보고서 에 기재했다.

2005년 3월에는 '반분열국가법(反分裂國家法)'을 제정하여 대만 문제 해결 을 위한 기본 원칙으로서, '하나의 중국'과 평화통일의 실현, 대만 독립 반대, 중 국 통일은 중국 내부의 일로써 외국 세력의 간섭을 받지 않는다는 법령을 제정

6   中共中央台辦 國台辦 編, 『中國臺灣問題(涉台幹部讀本)』(臺北: 松燁文化, 2018), pp. 36~38.
7   中共中央台辦 國台辦 編, 『中國臺灣問題(涉台幹部讀本)』(臺北: 松燁文化, 2018), pp. 38~40.

했다. 2012년 11월 새롭게 중국공산당 총서기에 당선된 시진핑(習近平)도 "평화통일과 일국양제"가 대만 문제를 해결하고, 국가 통일을 이루는 최선의 방식임을 밝혔고, 2021년 11월 공산당 창당 100주년을 기념한 '역사결의'에서도 '하나의 중국'원칙과 '92공식'의 견지, 대만 독립의 반대, 외부세력의 간섭 반대를 재천명했다.

2. 양안관계의 변천

중국의 일국양제 통일방안에 대해 대만은 어떠한 입장을 견지해 왔을까? 중국은 덩샤오핑이 제시한 '일국양제'의 통일방안을 일관되게 주장하고 있는 것에 반해, 대만은 세월의 흐름과 정권이 바뀜에 따라 대륙정책이 많은 변화를 거듭해 왔다. 1949년 국민당 정부가 대만으로 천도한 이래 장제스 집권 시기는 양안 간 군사적 대치 상황에서, 상대방의 존재에 대한 합법성을 부정하고, UN에서 중국 대표권을 쟁취하기 위한 외교각축전을 벌였으며, 양안 간에 서로 수복하고 해방한다는 호언을 주고받았다. 1971년 10월 중화인민공화국은 UN에서 중국의 합법적 지위를 차지하고, 대만은 퇴출당한다. 중국과 미국은 1972년 '상해공동선언', 1979년 중·미수교로 관계가 정상화되고, 양안관계는 군사 대치에서 각자 경제발전을 추구하는 방향으로 나아가게 된다.

1978년 중국공산당 11기 3중전회 이래 덩샤오핑은 경제발전을 최고의 목표로 삼고 개혁개방을 위한 대만과의 관계 개선을 모색했다. 중국은 1979년 '대만동포에게 고하는 글'을 발표하고, 과거의 '대만해방'구호를 '평화통일'의 주장으로 바꾸고, '일국양제'의 통일구상을 발표하기에 이른다. 이에 반해 장징궈 총통은 중공과는 "접촉하지 않고, 담판하지 않으며, 타협하지 않는다"는 3불정책(三不政策)과 '삼민주의 통일중국'의 대륙정책을 고수했다. 그렇지만 대만도 1987년 7월 38년간 권위주의 정권을 지켜왔던 계엄령을 해제하고, 대륙의 친척 방문을 허용하며, 1991년에는 '비상시기임시동원령(動員戡亂時期臨時條款)'을 폐지하면서, 언론의 자유와 집회결사의 자유 및 정치활동을 보장하고, 점차 위로부터의 민주화를 실행해 갔다.

리덩후이 총통 집권 초기, 대만은 대륙의 친지 방문 개방에 이어 1988년부터 대만 기업의 대륙투자를 허락하고, 1989년에는 양안 민중 간 통화와 우편 왕래를 허용하는 교류 촉진 정책을 추진했다. 1990년에는 국가통일위원회를 설립하여 '국가통일강령'을 제정하고, '하나의 중국, 두 개의 대등한 정치 실체, 세 가지 단계, 네 가지 원칙'의 국가 통일을 강조했다. '국가통일강령'은 "민주·자유·균부(均富)의 중국 건립"을 목표로 하며, 대륙과 대만은 중국의 영토이며, 중국의 통일은 당파의 투쟁이 아니라 전체 인민의 복지를 위하며, '중화' 문화의 중흥과 기본 인권의 보장 및 민주법치의 실천을 종지로 함을 천명했다. 또한 통일강령은 이성·평화·대등·호혜의 4개 원칙에 기초하여 단기로 교류호혜-중기에는 신뢰협력-최종 협상통일의 3단계 방안을 강조하고 있다.

대만과 중국이 각자 주장하는 '하나의 중국'에 대해 대만은 1912년에 건국하여 현존하는 중화민국을 의미하고, 대륙은 중화인민공화국이 중국이며, 통일 후 대만을 하나의 '특별행정구'로서의 자치를 보장하겠다는 주장을 해왔다. 결국 양안 간에 '하나의 중국'에 대한 상이한 인식으로 인해 통일에 관한 협상이 진척되기 어려웠다. 1992년 11월 대만의 '재단법인 해협교류기금회(약칭, 해기회)'와 중국의 해협양안관계협회(약칭, 해협회)는 '하나의 중국' 의미에 대해 서로 다르게 인식하고 있음을 쌍방이 인정하고, '하나의 중국'을 '각자의 방식으로 표현'하는 것을 인정한다는 구두 성명을 발표했다. 이것이 소위 말하는 '92공식'이다. 1993년 4월, 양안을 대표하는 대만 해기회와 중국 해협회의 회장이 처음으로 싱가포르에서 '고왕회담(辜汪會談)'을 개최하여 양안의 교류협력에 대한 실무적 협의를 전개했다.

1995년 1월 장쩌민은 소위 '강8점(江八點)'이라는 '조국통일의 대업 촉진' 담화에서, '하나의 중국'틀 안에서 평화통일을 달성하겠다는 방침을 발표했다. 이에 대한 대응으로 동년 4월 리덩후이 총통은 '양안의 정상적 관계 건립과 통일에 유리한 형세 조성'을 위한 6가지 내용의 담화를 발표했다. 담화의 핵심 내용은 "양안의 분열 통치 현실의 인정과 통일 추구, 중화 문화를 기초로 하는 양안 교류 강화, 양안 경제무역 교류 증진과 상호이익 발전, 국제조직의 평등한 참여, 평화방식으로 분쟁 해결, 양안 공동으로 홍콩과 마카오의 번영 촉진"등을 천명하고 있다. 리덩후이 총통의 담화는 양안이 대등한 관계임을 재천명하는 것이지만, 중국의 입장에서는 수용할 수 없는 무리한 내용이었다.

리덩후이 총통은 1995년 개인 신분으로 본인의 모교인 미국 코넬대학을 방문하여 특강을 실시했다. 중국은 리덩후이의 방문 행위는 조국의 분열을 조장하는 정치 활동이라고 비난하면서 군사연습을 통하여 대만을 압박했다. 한편 대만에서는 양안 간 경제교류의 활성화로 교역량이 대폭 증대되면서 중국 의존도는 심각하게 높아졌고, 대만 기업의 중국 투자와 이전으로 산업공동화 현상이 나타나게 되었다. 1996년 리덩후이 정부는 대만 기업의 중국 투자를 제한하는 '계급용인(戒急用忍)'을 발표하고, 투자와 교역의 새로운 시장으로 동남아로 방향을 선회하는 '남향정책'을 적극적으로 추진했다.

1999년 7월 리덩후이 총통은 '독일의 소리'방송과의 인터뷰에서 "중화민국은 1912년 건국 이래, 계속해서 주권 독립의 국가이며, 특히 1991년 헌법 개정 후, 양안관계는 '특수한 국가와 국가의 관계'가 되었기에, 대만이 다시 독립을 선포할 필요가 없다"고 주장했다. 이 주장은 중국의 강력한 항의를 불러일으켰고, 중국은 '양국론(두 개의 중국론)'이라고 지적하면서 리덩후이를 대만 독립분자로 간주하고 2008년까지 대만과의 공식적 채널을 통한 교류를 단절한 냉전의 기간을 보내게 되었다.

2000년 3월 민진당의 천수이볜이 총통으로 당선되면서, 대만은 처음으로 정권교체가 이루어졌고, 당헌에서 대만 독립을 주장하는 민진당의 집권으로 양안관계는 새로운 국면을 맞게 되었다. 천수이볜 총통은 취임 연설에서 중국을 의식하여, "임기 중 대만 독립 不선포, 국호 不변경, 헌법의 不개정, 대만독립 국민투표 不실시 및 국통강령 및 국통회를 폐지하지 않을 것"의 4불1몰유(四不一沒有) 정책을 선제적으로 밝혔다. 그렇지만 천수이볜 총통은 2002년 일본 동경에서 개최된 세계대만동향회 회의에서 영상 메시지를 통해 "대만은 다른 국가의 일부도 아니고, 지방정부도, 하나의 성도 아니다. 대만은 제2의 홍콩이나 마카오가 될 수 없다. 대만은 주권이 독립된 국가이기 때문이다. 간단히 말하면 대만과 대륙 중국은 '일변일국(一邊一國: 한 지역에 하나의 국가)'으로 명확하게 분리되어 있다"고 강조했다.

2005년 중국의 '반분열법'에 대해 천수이볜은 2006년 국가통일위원회와 국가통일강령을 폐지하는 강경한 대응을 했다. 또한 대륙에 의존하고 있는 대만의 무역통상도 '적극적 관리, 제한적 개방'으로 대만 경제의 주체성을 확립하려고 했다. 천수이볜은 2000년 총통 당선 연설에서 발표했던 '4불1몰유'에서 '4요1몰유(四要一沒有)'[8]로 대만 독립의 방향으로 완전히 선회하면서, 중국과는 대항의 태세를 드러냈다.

2008년 대만은 제2차 정권교체가 이루어져 국민당의 마잉지우가 총통으로 당선되었다. 당선 연설에서 마잉지우는 대만 주류 민의인 '不통일, 不독립, 不무력'의 이념에 부합하여, 중화민국 헌법의 틀 안에서, 1992년의 양안이 합의한 '92공식'을 근거로, 대만해협의 현상 유지와 양안관계의 순조로운 발전을 촉진한다는 소위 '신삼불정책'을 발표했다. 그리고 '해기회'와 '해협회'의 '양안양회(兩岸兩會)'의 협상 기제가 다시 작동하면서, 2008년부터 2015년까지 11차례에 걸친 회담이 열렸고, 담판을 통해 양안의 삼통 및 직항과 중국 여행객의 대만 관광 등을 실현하는 중요한 결실을 보게 되었다. 그리고 2010년 '양안경제협력협의'인 ECFA[9] 체결과 후속 조치를 위한 회담을 계속했다.

마잉지우는 2010년 "중화민국 헌법의 틀에서 양안관계는 국가 대 국가의 관계가 아니라, 일종의 특수한 관계로, 상호 주권을 부인하지만, 상호 통치권을 부인할 수 없는 상태의 관계"라고 정의했다. 2012년 연임에 성공한 마잉지우는

---

8 4요1몰유(四要一沒有)'는 "대만은 독립, 정명, 신헌법 및 발전이 필요하며, 대만에는 좌우노선에 대한 고민은 없으며, 오직 대만독립의 문제만 있다"는 천수이볜의 주장.

9 ECFA(Economic Cooperation Framework Agreement)는 양안 간의 FTA로, 광범위한 무역통상의제를 포함하고 있으며, 상품의 세금감면, 서비스업종의 시장개방, 쌍방향 투자 촉진과 보장, 분쟁해결 및 산업협력 등의 영역에서, 양안의 경쟁력 강화를 모색하는 협력 틀이다. ECFA의 서비스업 시장의 개방은 일자리가 부족한 대만의 젊은이들의 불만을 야기하여, 반 국민당 정서의 대중운동으로 발전하고, 2016년 민진당 차이잉원 집권의 주요한 원동력이 되었다.

취임 연설에서 '신삼불정책'과 '92공식'의 기초 위에서 양안의 평화발전을 추진하겠다고 발표했다. 그리고 중국의 '일국양제'에 대하여, 하나의 중국 내에 대만지역과 대륙지역이 함께 존재한다는 '일국양구(一國兩區)의 개념을 제시했다. 이에 대해 중국도 중화민국이 존재하고 있다는 사실을 인정하면서, 대만이 제시한 '하나의 중국'이라는 대만의 입장에 대해 충분히 이해하고 부정적 반응을 보이지는 않았다. 2015년 11월 양안 최고지도자 시진핑과 마잉지우는 싱가포르에서 1949년 이후 68년 만에 처음으로 정상회담을 가졌다. 양안 지도자 담화의 핵심내용은 '92공식'의 전제하에 양안의 공동협력과 중화민족의 부흥을 위해 힘쓰자는 것이었다. 이 시기가 양안관계의 변천과정에서 상호 신뢰가 가장 돈독하고 실질적 교류 협력이 잘 이루진 황금시기로 볼 수 있을 것이다.

그렇지만 마잉지우 집권 시기인 2014년, 대만과 홍콩에서는 반중정서의 시민운동이 일어나면서 양안의 교류와 협력을 중시했던 국민당에게는 엄청난 정치적 부담으로 작용하였다. 2014년 9월의 홍콩 '우산운동'은 홍콩의 민주화 운동이자 시민 불복종 운동이지만, 내면적으로 들여다보면 운동의 동기는 중국본토인들에 대한 홍콩인들의 두려움과 적개심에서 비롯되었다는 것을 쉽게 발견할 수 있다. 1997년 홍콩 반환 당시부터, 홍콩인들은 중국공산당의 홍콩 민주주의 말살에 대한 불안감과 시민의식이 낮은 중국인들이 대거 유입되어 홍콩 사회를 혼란에 빠뜨리게 될 것을 우려했다. 반중정서는 당시 많은 홍콩인을 호주, 캐나다 등 서방국가로 이민가게 하는 원동력으로 작용했다. 2014년 3월, 대만의 '태양화 학생운동'도 중국과 ECFA 체결로 서비스 업종이 개방되면 많은 중국인이 대만으로 유입되고 그렇지 않아도 부족한 청년 일자리를 대륙인에게 빼앗길 수 있다는 우려가 적잖이 작용했다.

대만 정치대학 선거연구센터의 '대만인의 정체성 인식조사'를 보면 자신을 '중국인'이 아니라 '대만인'이라고 인식하는 비율이 2014년 처음으로 60%를 넘어서게 되었고, 2020년에는 64.3%에 달하고 있다. 과거 대만에서 자신을 '중국인'또는 '대만인이자 중국인'이라고 인식하는 사람들이 많았지만, 최근에는 점차 '중국의식'이 약화되고, '대만의식'이 강화되고 있다. 특히 최근 대만의 여론조사에 의하면 1987년 계엄령 해제 후 정치민주화 시대에 태어난 청년들이 자신의 정체성에 대해 '중국인'이 아니라 '대만인'이라는 인식하는 비율이 80%에 이르고 있다.[10]

그림 1 ▮ 대만인의 정체성 인식 조사

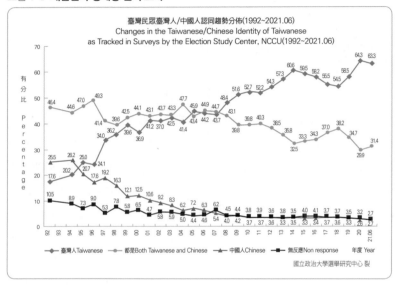

2014년 일어난 '태양화 학생운동'은 많은 대만인들에게 '대만의식'을 각성하게 했고, 대만의 정치 및 양안관계에 대한 이해와 중국 공산정권에 대한 비판적 인식을 갖게 했다. 이러한 시대적 배경 속에서 민진당의 차이잉원이 2016년 대만의 제14대 총통으로 취임했다. 차이잉원의 대륙정책은 마잉지우의 정책과는 상당한 차이를 보인다. 차이잉원은 취임 연설에서 '92공식'의 '하나의 중국'에 대해 명확한 입장을 표명하지 않았다. 이는 즉각 중국의 반발을 불러왔다. 동년 7월 1일, 시진핑은 공산당 창당 95주년 대회 치사에서 "양안 평화발전의 기초는

10 "台灣民意調查顯示：台灣人認同創新高 但維持現狀仍是主流民意"(2020.07.14.), BBC NEWS/中文, https://www.bbc.com/zhongwen/trad/chinese-news-53391406(검색일: 2021.12.20).

'92공식'이다"라고 재삼 강조했다.

차이잉원이 취임 연설에서 '92공식'에 대한 어떠한 언급도 하지 않은 것은 천수이볜의 대만 독립 노선을 계승하겠다는 것이라고, 중국 당국은 인식했다. 차이잉원의 양안정책은 동년 국경절 연설에서 애매모호한 현상유지와 '신4불원칙(新四不原則)'으로 모습을 드러내었다. 신4불원칙은 "우리의 승낙과 선의는 변하며, 압력에 굴복하지 않고, 대항의 길로 나아가지는 않을 것"이라는 내용을 담고 있다. 그렇지만 차이잉원 정부는 대외경제정책을 신남향정책(新南向政策)으로 설정하고 중국대륙에 의존하고 있는 경제통상의 관계를 아세안과 인도, 호주, 뉴질랜드 및 서남아시아 국가로 발전시키겠다는 정책을 추진하면서 중국으로부터 대만 독립으로 나아간다는 의심의 눈총을 받아 왔다.

2020년 1월의 대만 총통선거에서 압도적 득표로 재선에 성공한 차이잉원은 BBC와의 인터뷰에서 "우리는 독립 국가임을 선포할 필요 없는 이미 하나의 독립된 국가이다. 우리는 중화민국대만이다"라고 천명했다. 이 발언은 '하나의 중국'원칙을 위배한 '양국론'이라고 즉각적인 중국대륙의 반발을 불러일으켰다. 그렇지만 차이잉원은 주저하지 않고 중국에 대립각을 세우고 있다. 안으로는 대만 국민이 자신에게 압도적인 지지를 보낸 것은 중국의 '일국양제'에 대한 반중정서가 투표로 표출되었다는 것을 알고 있었기 때문이다. 차이잉원 총통은 2016년 총통선거에서 대만의 '태양화 운동', 홍콩의 '우산혁명'등을 통해 중화권 내에 팽배해진 반중정서를 이미 확인했다. 또한 2019년 '범죄자강제송환법'에 반대한 홍콩 시민의 반중시위 과정에서 중국 당국의 '일국양제'와 '항인치항(港人治港: 홍콩인이 홍콩을 다스린다)'및 '고도자치'보장이라는 것이 허구임을 많은 대만 민중이 인식하고 있다는 자신감을 가지게 되었다.

미국의 트럼프 집권 이래 지속되고 있는 미·중 간의 무역 갈등과 패권전쟁에서 대만은 확실히 미국의 편에 서서 중국의 심기를 불편하게 하고 있다. 2020년 이후 중국은 각종 악재에 시달리고 있다. 코로나 팬데믹의 발원지라는 오명과 홍콩인의 자유를 제한하는 국가보안법 강제 제정[11], 신장지역의 인권유린 문

---

11   홍콩 국가보안법을 통해, 중국 정부와 홍콩 정부는 국가안보라는 명목으로 홍콩의 학교, 사회단체,

제 및 해외 인터넷의 통제와 시진핑의 장기집권 우려 등으로 국제사회의 비난이 끊이지 않는다. 중국에 대한 혐오 정서가 점차 확대·심화 되고 있다. 대만에서는 아직 다수가 양안관계의 현상 유지를 바라고 있지만, 점차 대만독립을 지지하는 여론이 높아지고 있다. 이러한 상황에서 차이잉원은 미국의 지지를 등에 업고 중국과는 대립의 날을 세우고 있다.

매체 및 인터넷을 감시하고 관리할 수 있는 폭넓은 권한을 얻게 되었다. 2020년 6월 30일 제정된 홍콩 국가보안법 제1조는 "일국양제와 항인치항 및 고도자치방침을 확고히 관철하고, 홍콩 내에서 국가분열, 국가정권 전복, 테러활동 및 외국 세력과 결탁해 국가안전을 위협하는 범죄행위로부터 홍콩 안전을 보호하기 위해, 중국의 헌법과 홍콩자치법 및 전인대의 결정에 근거해 본 법률을 제정한다"고 밝히고 있다. 결국 홍콩의 '일국양제와 항인치항 및 고도자치'라는 것이 절대적인 것이 아니라 중국의 법률 테두리 안에서만 인정된다는 것을 명확히 하고 있다. 출처: "中华人民共和国香港特别行政区维护国家安全法"(2020.06.30.), 新华网 http://xinhuanet.com/legal/2020-06/30/c_1126179649.htm(검색일: 2021.12.10.)

IV
양안의 경제·사회·문화 교류 현황

1. 경제교류

1987년 대만 당국이 계엄령을 해제하자 타이상(台商: 대만기업인)들의 대륙 투자가 본격적으로 이루어졌고, 양안 간의 경제교류가 활성화되기 시작했다. 대만 대륙위원회의 자료에 의하면, 1991년부터 2020년까지 30년간 대만의 대륙에 대한 투자 총액은 1,924억 달러에 이르고, 대만 전체 해외투자의 55.48%를 점하고 있다. 중국에 투자한 국가별 투자순위에서 대만은 당당히 2위를 차지하고, 대만의 해외투자에서 중국이 계속해서 1위 국가의 자리를 꿰차고 있다. 타이상의 중국 투자는 초기 중소기업의 노동집약형 전통제조업에서 점차 하이테크와 금융서비스 등의 산업으로 확장했고, 기업 규모도 대형화되었다. 투자 지역도 초기에는 대만과 가까운 푸젠성과 광동성 등 연해지역에서 점차 중부와 서부지역으로 확대되었다.

양안교역도 1987년 15억 2천 달러에서 2020년에는 2,600억 달러로 급성장했다. 특히 양안교역에서 2020년 대만은 1,400억 달러의 무역흑자를 기록했다. 중국은 대만의 최대 수출국가이자 무역수지 흑자 공여국이다.

양안 간의 경제교류를 활성화하기 위한 기제를 구축하기 위한 양안 간의 많은 협정도 이루어지게 되었다. 가장 대표적인 경제협력 협정은 ECFA를 통한 양안 간의 관세 감면과 서비스 업종의 개방으로 많은 대만 기업과 회계법인이 대륙에 진출하고, 영화와 드라마도 대륙 시장을 개척하게 되었다. 또한 2009년 '해협양안금융협력합의'를 체결하면서 금융협력의 정상화와 제도화를 달성하고, 양안의 많은 은행들이 대만과 대륙에 개설되었다. 대만의 집권 정당이 국민당인지 민진당인지에 따라 양안 간에 갈등과 협력의 정도는 차이가 있지만, 경제교류는 큰 틀에서 상호의존의 관계를 유지하고 있다.

2. 사회·문화교류

중국의 국가대만사무실의 발표에 의하면, 2019년도 양안 간 왕래 인원은 900여만 명에 이른다고 한다. 양안 간의 교류 형태는 목적에 따라 크게 친척방문, 의료서비스, 경제통상, 교육문화 및 관광여행 등으로 이루어진다. 2005년부터 2011까지 중국대륙에서 친척 방문, 의료서비스, 가족 모임 등의 명목으로 대만을 방문한 인원수는 매년 4~7만여 명이었고, 2012년 12만여 명, 2013년 17만여 명으로 대폭 증가했고, 2014-2019년 매년 6~8만 명 정도가 입국했다(2014년 통계에서는 의료목적의 방문자는 의료서비스 교류라는 항목으로 따로 분류함). 2020년은 코로나19 팬데믹으로 입국 제한을 했기 때문에 방문자가 1만여명으로 현격히 줄어들었다.

양안 혼인신고 건수는 2020년 12월 기준으로 총 35만 쌍이 넘는다. 2008년부터 2012년까지 혼인신고 건수는 매년 약 1만 2천여 쌍 정도였고, 2013년, 2014년은 1만여 쌍으로 감소하였고, 최근은 매년 조금씩 줄어드는 추세이다.

2006년 8월 양안 인민의 상호 관광 방문 개방을 위해 중국은 '해협양안여행교류협회'를 대만은 '재단법인대만해협양안관여행협회'를 설립하고 양안 간에 소통과 협력의 기제를 마련하는 데 합의했다. 이에 따라 대만은 2008년 베이징 사무소를 시작으로, 2012년 상하이, 2015년 푸젠성에 사무소를 개설했다. 대만의 '해기회'와 대륙의 '해협회'는 2008년 6월 海峽兩岸關於大陸居民赴台灣旅遊協議를 서명하고 중국 여행객의 대만 관광을 허용하고, 동년 7월부터 13개 성의 33개 여행사를 통한 단체관광이 정식 개방되었다.

2011년에는 중국 자유여행객의 대만 여행을 개방했고, 2013년부터는 단체

여행객 1일 입국자 숫자를 5,000명으로, 자유여행객은 2,000명으로 제한했다. 대만 교통부 자료에 의하면, 2013년 대만을 방문한 중국 여행객은 287만 명, 2015년 334만 명, 2016년 351만 명으로 대만 전체 관광객의 50%에 육박했다. 그러나 차이잉원 총통 집권 후 양안관계가 악화되면서, 2018년에는 190만 명 수준으로 크게 줄어들었으며, 중국 정부는 2019년부터 자유여행객의 대만 관광을 금지했고, 2020년에는 코로나 상황으로 인해 대만은 관광객 입국을 전면 제한했다.

　문화·교육 분야의 교류 확대는 양안 인민의 상호이해와 인식을 증진하여, 양안관계의 우호적 발전에 유리한 환경을 조성할 수 있다. 양안 정부는 관련 규정과 법령을 계속해서 보강·정비하면서, 교류 활동을 촉진하고 있다. 양안 정부가 학술교육과 문화교류에 적극적 태도를 보이는 이면에는, 서로가 다른 주판알을 두드리고 있는 모습이 그려진다. 대만은 자유, 민주, 다원적 개방의 가치를 대륙에 알려 대륙 인민 스스로 억압과 통제의 현실을 자각하고 깨어나기를 바라는 입장이고, 대륙은 양안 통일에 대해 수동적이고 현상 유지를 바라는 대만의 민심을 중화(中華)라는 바다로 끌어내기 위한 목적이 있는 것처럼 보인다.

　학술교육교류는 2004년 3월 양안 학교 교류협정을 개방을 한 이래 2021년 1월까지 1만 7천여 건의 교류협력 합의가 있었다. 2008년 10부터 중국대륙 학생의 대만 연수 기간을 기존 4개월로 제한했던 것을, 1년으로 연장했고, 2011년 중국학생의 대만 전문대 이상 입학을 허용했다. 2020년까지 19,222명의 중국 유학생이 대만에서 수학하고 있다. 양안 간에 정치·군사·외교적으로는 대립하고 있지만, 경제·사회·문화·교육의 방면에서는 밀접한 교류협력관계를 유지하고 있음을 볼 수 있다.

V

결론: 양안관계 발전의 남북한 관계 시사점

　　남북한 관계와 양안관계는 동일 민족이 이데올로기적 대립으로 분단되었다는 측면에서는 유사하지만, 분단의 역사적 배경과 지리적 상태, 국제사회에서의 지위, 민족 정체성 인식에 있어서는 본질적인 차이를 보인다. 중국과 대만은 공산주의와 자유민주주의라는 이데올로기적 대립을 보이는 점은 남한이 자유민주주의를 북한이 공산주의 이념을 지향하고 있다는 점에서는 유사하다. 그렇지만 남북한은 1991년 유엔에 동시에 가입하고, 기본적으로 상호 독립된 국가임을 인정하고 통일을 추구하고 있지만, 양안관계는 그렇지 못하다. 중국은 '하나의 중국' 원칙을 내세우고, 중국에 두 개의 국가가 존재한다는 사실을 부정하고 대만을 국가로 인정하지 않을 뿐만 아니라, 국제사회에서 고립화시키는 전략을 추진하고 있다.

　　중국은 영토와 인구, 군사력, 경제 규모, 및 외교적 지위 등 종합국력의 측면에서 대만에 비교해 월등히 우세하다. 중국은 우세한 종합국력을 바탕으로 대만에 '하나의 중국' 원칙과 '일국양제'의 통일방식을 강력하게 밀어붙이고 있다. 최근 홍콩 민주화 시위에 대한 무력 진압과 중국의 홍콩 내정에 대한 간섭은 일국양제 방식을 통해 대만의 자치를 보장하겠다는 중국의 약속이 거짓임으로 드러났고, 대만의 중국에 대한 믿음을 부숴버렸다.

　　대만의 총통선거에서 나타난 민심의 향방과 최근의 대만 여론조사는 대만 주민이 스스로 중국인이라고 생각하거나 대만인이면서 중국인이라는 인식은 빠르게 사라지고, 중국인이라는 것을 스스로 부정하고 대만인이라고 하는 자신의 정체성을 밝히는 주민이 급격히 많아지고 있음을 알 수 있다. 대만에서는 아직 양안 간에 현상 유지를 원하는 주민들이 많지만, 중국이 무력으로 대만의 독립을 제지하지 않는다면, 대만이 독립하는 게 훨씬 더 낫다고 생각하는 사람들이 많아지고 있다. 중국의 민족주의와 애국주의에 편승한 강압적 태도가 오히려 대만 주민의 반감을 증폭시키고 있다.

비록 양안 간에는 정치·군사·외교적으로는 대립 상태이지만 비정치적 분야에서는 단계적이고 점진적 방식으로 상호의존의 관계로 발전했다. 중국과 대만은 1987년부터 실질적인 관계 개선이 이루어졌다. 1987년 대만은 계엄령을 해제하고 중국이 제안한 '친척탐방'을 수용하고, 대만 국민의 대륙 친척 방문을 허용했다. 1991년 대만은 국공내전 시기에 제정했던 '비상시기동원임시조항(動員戡亂時期臨時條款)'을 폐지하고, 정상적인 헌정체제로 복귀했다. 이 조례의 폐지는 중국공산당과의 전쟁상태 종식을 선포한 것이며, 중국과 접촉을 방해하는 법적 장애물을 제거한 것이다.

그렇지만 양안 쌍방이 서로 상대의 주권을 부정하고, 중국의 합법성이 자신에게 있다고 주장하는 상황에서 정부 간 공식적 접촉은 쉽지 않았다. 이 난제를 해결하기 위해서 양안 쌍방은 반민반관 형태인 '해기회'와 '해협회'를 조직하여, 민간차원의 접촉을 통하여 교류협력을 시작했다. 민간차원의 교류협력은 점차 경제교류로 확대되었고, 정부 차원의 교류 조직을 탄생하게 했다. 대만은 정부 차원의 대륙 문제를 담당하는 기관으로 총통부의 '국가통일위원회'와 행정원 산하의 '대륙위원회'를 설치했다. 중국은 공산당 중앙위원회 산하에 '대만공작영도소조'와 국무원 '대만사무판공실'을 조직했다.

신기능주의 통합이론에서 강조하는 민간 차원의 교류가 정부 차원의 교류로 발전하였고, 경제교류 협력에 필요한 합의가 법제화, 제도화되는 과정을 거치면서 정부 간 접촉으로 발전하게 되었다. 마잉지우 총통 집권 시기인 2010년 ECFA 체결을 통해 양안 간의 경제교류 협력은 정치적 통합으로 발전할 수 있는 계기를 마련했다. 분단 이래 최초의 양안 정상회담이 시진핑과 마잉지우의 만남으로 2015년 싱가포르에서 개최되었다.

그렇지만 마잉지우 정부의 양안관계 개선의 의지와 노력과는 관계없이 대만의 민심은 점차 중국과의 통일에 대해 부정적인 입장으로 변하고 있다. 대만의 민심이 반중정서로 돌아서게 된 배경에는 여러 요인이 변수로 작용했겠지만, 중국의 지나친 민족주의와 애국주의 열풍을 빼놓을 수 없을 것이다. 중국의 애국주의는 대만뿐만 아니라 주변국에서도 중국에 대한 혐오를 야기하고 있다. 시진핑 집권 이후 중국의 권위주의 체제의 강화도 중국에 대한 반감을 불러일으키는 한 요인이 되었을 것이다.

특히 홍콩의 민주화 요구에 대한 중국의 경직된 자세는 대만 주민들에게 중국에 대한 불신을 조장하는 요인으로 작용했다. 또한 양안 인적교류가 정상화되면서, 대거 대만에 방문했던 대륙 중국인의 태도도 대만인의 반중정서를 자극한 것으로 보인다. 결국 양안관계의 본질은 양안 인민 간의 정서적 상태가 어떠한가에 달려있다. 양안 인민이 상호신뢰와 하나의 민족이라는 뜨거운 정서를 공유하고 있다면 정치 형태와 이념에 상관없이 통일로 나아가겠지만, 만일 쌍방 인민 간에 애정이 없고 불신하고 심지어 적대시한다면 통일이 힘들 뿐만 아니라 통일이 되어도 얼마 지나지 않아 분열될 것이 뻔하다.

남북한 관계는 양안관계와 비교해서 공통적이거나 유사한 것보다는 상이한 점이 훨씬 많다. 그렇지만 양안관계가 대립과 협력의 변증법적 변화를 거듭하는 상황 속에서 우리가 교훈으로 삼아야 할 많은 부분이 존재한다. 양안 간에 비록 정치·군사·외교적으로 대립하고 있지만, 경제통상과 사회문화적 분야에서의 교류협력이 가능한 원인을 찾아봐야 할 것이다. 중국이 개혁개방을 통한 경제적 발전이 없었다면 양안 간의 경제통상과 사회문화적 교류협력도 불가능했을 것이다.

남북한이 평화와 통일의 길로 함께 나아가기 위해서는 북한의 개방이 전제되어야 한다. 지금과 같이 북한이 정권 안전을 위해 핵무기의 개발을 지속하고 이에 대한 국제사회의 제재가 가해지고, 북한은 빗장을 걸어 잠그고 자력갱생을 외치는 악순환이 계속된다면 남한의 대화와 협력의 숱한 노력은 물거품이 될 뿐이다. 북한이 스스로 걸어 나올 수 있는 주변 환경을 만들어 주는 것이 가장 급선무이다. 그 첫걸음은 종전선언으로부터 시작되어야 할 것이다.

제10장

한반도 평화로 가는 세 개의 길

서보혁 통일연구원 평화연구실 연구위원

I
들어가는 말

"통일을 반드시 해야 해?", "오랜 분단으로 통일은 어렵고, 대신 남북이 싸우지 않고 평화롭게 살면 되는 거 아닌가?" 2000년대 들어서 이런 말을 많이 듣는다. 통일을 지지하는 국민여론은 1990년대까지는 70~80%대를 유지했지만 2000년대 들어서는 40-50%를 보이고 있다.[1] 통일에 회의적인 여론은 젊은 세대들에게서 큰 것으로 파악되고 있다. 한편, 통일의 필요성에 관해서도 '같은 민족이니까' 라는 응답이 줄어들고(물론 제일 큰 응답이지만), 대신 다른 이유들이 부상하고 있다. 다른 이유들로는 '전쟁 위협 제거', '한국의 선진국화'라는 응답이 많았고, '이산가족의 고통 해소', '북한 주민의 생활 개선'이 그 뒤를 잇고 있다.

통일의 필요성에 대한 여론이 줄어들고 그 이유가 다양해지는 것은 자연스러워 보인다. 분단이 장기화 되면서 남북의 생활 및 사고방식에서 차이가 커졌고, 경제침체로 통일 비용에 대한 부담도 크게 받아들여지기 때문에 통일에 대한 관심이 낮아질 수밖에 없다. 그리고 북한 정권이 세습되고 핵무기 개발을 계속 하면서 부정적인 인식도 높아졌다.

다만 그런 여론 속에 통일과 평화에 대한 인식을 협소하게 생각해 오지는 않았는지 되돌아보게 된다. 그동안 우리는 주로 통일은 남북이 한 국가, 하나의 체제가 되는 것으로, '평화'를 '전쟁이 없는 상태'로 이해해 왔다. 분단이 장기화

---

[1] 통일 관련 국민여론은 서울대학교 통일평화연구원이 2007년부터 한국갤럽에 의뢰해 매년 진행하는 '통일의식조사'가 가장 오래되었다. 조사결과는 서울대 통일평화연구원 웹사이트에서 확인할 수 있다.

되며 남북 간에 이질감이 커졌기 때문에 체제 중심의 통일론을 가지는 것은 자연스러워 보인다. 평화를 전쟁 없음으로 이해하는 것도 전쟁의 경험과 군사적 긴장을 감안하면 역시 자연스러워 보인다. 이런 시각에서는 통일이 현 분단체제에서 한쪽이 사라져야 가능하고, 평화는 통일과 선후관계에 있는 것으로 이해될 수밖에 없다. 이런 통일·평화관에서 탈피해 새로운 상상력을 가져보는 것도 유익할 것이다. 말하자면 통일에 평화적 시각을 불어넣고 평화를 통일과 조화롭게 생각해보는 것은 어떨까?

이 장에서는 통일 문제를 기존의 민족주의 혹은 국가주의 담론이 아니라 평화주의 시각에서 생각해 보고자 한다. 민족과 국가(체제) 중심의 주류 통일 담론은 시대 변화를 등한시하고 다양성과 공감에 소홀하다는 문제점을 보일 수 있다. 이미 세계는 민족이나 이념 중심의 세계에서 다양성의 시대로 진입했다. 물론 그럼에도 세계는 자원, 종족, 종교, 영토 등을 이유로 분쟁이 끊이지 않고 있다. 한반도 통일 문제를 세계평화의 관점에서 보려는 이유도 여기에 있다.

이 장에서는 먼저, 평화에 관한 정의와 형태를 살펴봄으로써 통일을 평화의 관점에서 토의할 이론적 바탕을 찾아보고자 한다. 그리고 나서 한반도에서 평화를 일구어가는 길을 국제안보, 남북관계, 한국사회 등 세 차원에서 각각 비핵평화, 통일평화, 민주·생태평화 등으로 나누어 제시해 볼 것이다.

II
평화의 정의와 유형[2]

1. 평화의 정의

평화란 무엇인가? 평화는 분명 동서고금을 초월하는 보편가치이지만 그 안에 시대정신이 담겨 있고, 말하는 사람마다 그 정의를 달리할 수 있다. 여러 문화권과 종교에서 말하는 평화의 정의를 살펴보면서 위 질문을 생각해 보자.

먼저 기독교의 샬롬(Shalom)을 생각해 보자. 기독교인들이 예배나 인사에서 "주님의 평화를 빕니다"라고 말할 때 그 평화가 샬롬이다. 히브리 성서에서 온 샬롬은 '튼튼하다', '안전하다'는 뜻이다. 이를 포함해 성서에서 평화는 다의적으로 쓰인다. 신약성서에서 사용되는 에이레네(Eirene)는 종말론적 구원을 의미한다. "땅에서는 사람들 사이에 평화"(눅 2:14)가 지칭하는 예수의 탄생은 참된 평화를 의미하는데, 그것은 인간이 하느님과 세계와 자기 자신과의 관계를 온전하게 회복함을 말한다. 이와 달리 "나는 평화를 주려고 오지 않았다"(마 10:34, 눅 12:51)는 예수의 말은 칼 혹은 분열로 이해되고 있다. 예수의 이 말에서 평화는 거짓 평화를 말한다. 이와 달리 "평화를 위하여 일하는 사람은 행복하다"(마 5:9)에서 평화는 위와 정반대이다. 많은 현대 기독교인들이 평화를 내면적·초월적으로 이해하는 것과 원래 기독교의 평화관은 차이가 있는 것 같다.

불교에서 평화는 온갖 집착을 없앤 평온한 상태로 이해된다. 그렇지만 불교

---

2 이 장은 필자가 쓴 『평화학과 평화운동』(정욱식과 공저, 모시는사람들, 2016)의 제1부 제1장의 15~29쪽을 수정 요약한 것이다.

에서 평화는 크게 개인적 차원과 사회적 차원을 아우른다. 원효대사가 말한 '일심(一心)'과 '화쟁(和爭)'이 그것이다. 힌두문화권에서 평화는 물질과 정신의 분리가 없는 내적 상태(Shanti-)나 해롭게 하지 않는다(Ahimsa-)는 의미를 띠고 있다.

한자문화권에서 평화(平和) 혹은 화평(和平)은 내면적, 사회경제적 측면을 부각시켜준다. 특히, 和는 입 안에 들어가는 음식으로 풀이되는데, 평화가 경제적 평등을 담고 있음을 알 수 있다.

한편, 평화와 폭력이 이웃 사이라는 점도 여러 곳에서 발견된다. 살생을 금하는 불교에서도 평화는 전쟁과 공존할 수 있다. 원광법사나 원효대사 등 여러 고승들은 전쟁이 바람직한 것은 아니지만 침략전쟁에 대해서는 방어를 위해 불가피하게 가담할 수 있다고 보았다. 평화는 심지어 폭력을 말하거나 폭력과 거의 구분되지 않으면서 정의되는 경우도 있다. 폭력을 의미하는 히브리어 어근, 하마스(Hamas)는 왕이 가난한 자를 보호해 주지 않고 폭력에 가담하는 경우를 말한다. 이때 평화는 폭력과 동전의 양면을 이룬다. 성서에서 "폭력으로 남의 것을 빼앗지 말라"(룩 3:14)고 할 때 폭력은 분명 평화의 반대편에 서있다. 그러나 예수가 부정하고 탐욕에 넘친 성전을 정화한 일종의 폭력사건(막 11:15~19, 마 21:12~13, 룩 19:45~48, 요 2:13~17)은 당시 유대사회의 종교권력, 나아가 지배계급을 겨냥한 정치적 행위였다. 20세기 국제정치학자였던 라이트(Q. Wright)는 "전쟁은 평화와 뚜렷하게 구분되지 않는다"고 말할 정도였다.

2. 평화의 유형

우리가 흔히 평화라고 말할 때 그 뜻은 전쟁을 비롯한 폭력이 없이 조용한 상태, 즉 '소극적 평화(Negative Peace)' 혹은 '물리적 평화'를 뜻한다. 대부분 소극적 평화는 힘으로 질서가 만들어져 서로 눈치 보면서 침묵하는 경우다. 그래서 소극적 평화는 깨지기 쉽고 전쟁 이전의 일시적이고 과도적인 상태이다. 한반도는 1950~53년 대규모 전쟁 이후 형성·지속되고 있는 분단·정전체제[3] 하에서 오랫동안 전쟁이 일어나지 않아 소극적 평화 상태라 할 수 있다. 그러나 휴전선과 서해북방한계선(NLL) 일대에서의 심심찮은 무력 충돌은 소극적 평화의 근본적인 한계를 잘 보여주고 있다. 그 사이 남한은 미국의 핵우산에 놓여 있고 북한이 핵무장을 함으로써 분단·정전체제는 재래식 전쟁은 물론 핵전쟁의 위험까지 안고 있다. 그래서 소극적 평화 너머에 또 다른 수준의 평화를 상상하지 않을 수 없다. '구조적 평화'는 전쟁이 일어나는 원인-정치적 억압, 경제적 불평등, 사회적 차별, 문화적 배제 등-을 폐지하고 적절한 제도와 기구로 사회 전체 구성원들의 필요(Needs)가 충족돼 조화롭게 살아가는 상태를 말한다. 또 '문화적 평화'는 구조적 평화를 자연스럽고 지속가능하게 하는 태도와 관행이 내면화된 상태를 말한다. 다시 말해 소극적 평화는 구조적 평화와 문화적 평화 없이는 그 한계가 명백하다. 구조적 평화와 문화적 평화를 묶어 '적극적 평화(Positive Peace)'라 일컫는다.

'민주적 평화'는 민주주의를 신봉하는 사람 혹은 민주주의 국가는 시민의 복리에 관심이 많아 전쟁을 멀리하고 분쟁의 평화적 해결을 선호해 그런 민주주의 국가들 사이에는 평화를 정착시키기 쉽다는 이론에 기반한다. 민주평화론의 사상적 기반은 칸트(I. Kant)가, 정치적 비전은 윌슨(W. Wilson)이 제시하였다. 그러나 민주적 평화는 민주주의 국가와 비민주주의 국가 사이에서는 성립이 불가능하고, 때로는 그런 두 종류의 국가들 사이의 전쟁을 합리화하는 데 이용되기도 한다. '자유주의적 평화'도 민주적 평화와 유사한 용어인데, 민주주의, 무역, 인적 교류, 그리고 국제기구들은 전쟁을 막고 평화를 가져오는 데 기여한다는 시각이다.

이와 달리 '사회주의적 평화'는 자유주의적 평화, 민주적 평화를 부르주아의 계급지배, 제국주의 세력의 세계지배를 정당화하는 기만적인 주장이라고 비판한다. 대신 제국주의 국가의 식민통치 아래 있는 민족의 민중들에게 자결의

---

3 이 개념에 대한 이해는 서보혁·나핵집, 『지속가능한 한반도 평화를 향하여』 (서울: 동연, 2016), 34~42쪽을 참조할 것.

식을 불어넣고, 특히 노동자들에게 계급의식을 불어넣어 사회주의 혁명을 고취시킨다. 사회주의적 평화는 전 세계 노동자들의 해방이 달성될 때까지 계급투쟁이 불가피하다고 보기 때문에 그때까지 평화는 진정한 평화가 아니라고 보는 대신 노동해방, 민족해방을 위해 필요하면 폭력도 불사할 수 있다고 주장하는 자기모순에 빠진다.

한편 '안정적 평화'가 가능하려면 관련국들이 상대국에 대한 의심을 풀고 안보 문제를 해결하고 분쟁의 평화적 해결을 정착시킬 수 있어야 한다. 안정적 평화를 추구하는 사람들은 소극적 평화에 주목해 신뢰와 예측가능성을 강조한다. 이와 유사한 용어가 '지속가능한 평화'이다. 이 말은 정치군사적 차원에서는 안정적 평화의 개념을 수용하지만 동시에 사회경제적 측면에서 인간발전과 생태친화적인 발전, 곧 지속가능한 발전(Sustainable Development)을 강조한다. 지속가능한 평화는 평화의 범위를 인간과 인간의 관계에서 인간과 자연의 관계로 확장시켰다는 점에서 평가할 만하다.

'정의로운 평화(Just Peace)'는 폭력에 시달리고 억눌리고 차별받고 소외 받는 사람들이 해방되고 인간으로서의 존엄이 바로 서야 한다고 주장한다. 정의로운 평화는 성서 등 여러 경전에 명시되어 있는데 인권, 사회정의 없는 평화는 거짓 평화로 본다. 2013년 10월 30일~11월 8일 부산에서 열린 세계교회협의회(WCC) 제10차 총회에서는 「정의로운 평화로 가는 길에 관한 선언(Statement on the Way of Just Peace)」이 채택되었는데, 선언문에서 정의로운 평화는 ① 공포로부터 자유로운 공동체의 평화, ② 생명이 지속가능한 지구와의 평화, ③ 존엄 있는 삶이 이루어지는 시장에서의 평화, ④ 모든 생명이 보호받는 민족 간의 평화로 제시되고 있다.

'시민의 평화'는 누가 평화를 향유하느냐의 문제에 주목하는 용어다. 헤그레(H. Hegre) 등은 "전체주의 국가에서 평화가 있다면 그것은 동물원의 평화에 불과하지만, 민주적 시민의 평화는 보다 정의롭고 지속적이다"라고 말했다. 시민의 평화는 자유주의적·민주적 평화와 가까운 사이다. 그렇지만 명목상 시민이지만 실제로는 시민의 지위를 누리지 못하는 계층이나, 심지어 미등록 외국인

노동자와 난민과 같이 시민으로도 간주되지 못하는 사람들에게 '시민의 평화'
는 남의 이야기처럼 들릴 것이다. 주체를 기준으로 평화를 분류한다면 민중의
평화, 이방인의 평화도 가능해야 진정한 평화라 할 수 있을 것이다.

　이외에도 평화는 개인의 내면과 특정 집단, 특히 억압받아 온 소수민족이나
사회적 약자가 추구하는 평온함과 해방감을 지칭할 수도 있다.

한반도 평화로 가는 세 개의 길

1. 비핵평화의 길

2020년은 핵비확산조약(NPT)이 발효된 지 50주년이 되는 해였다.[4] NPT 는 핵보유국들(미국, 소련, 영국, 프랑스, 중국)이 비핵국가들의 핵무장을 불허 하는 대신 그들에게 핵공격을 하지 않을 것을 약속하고(소위 소극적 안전보장), 민수용 핵발전을 인정하는 것을 골자로 한다. 그러나 핵비확산체제는 1990년 대 들어 앙숙관계인 인도와 파키스탄이 핵실험을 감행하고 비슷한 시기 북한도 핵개발 의혹을 받으며 흔들리기 시작했다. 물론 남아프리카공화국이 핵을 포기 했지만 이미 이스라엘은 공공연한 핵보유국으로 평가되었다. 1990년대 초 냉 전체제가 붕괴되었는데 그로 인해 북한의 안전은 위협에 빠졌다. 당시 북한은 (공산국가들과 관계 정상화를 전개하는 남한의 '북방외교'에 대응하는 차원에 서) 남한, 미국, 일본 등과 관계개선을 시도하였다. 그러나 그것이 실패하자 핵 개발의 길로 들어섰다.

지난 30여 년 동안 한반도에서는 체제 안보를 핵무장으로 실현하려는 북한 과 그것을 저지하려는 미국 사이의 줄다리기가 이어져 왔다. 때로는 군사적 긴 장이, 때로는 대화가 오가는 것을 보며 한반도에 사는 사람들은 불안하기 짝이 없었다. 김정일 정권 때부터 현 김정은 정권까지 북한은 여섯 차례의 핵실험과 수십 차례의 탄도미사일 실험을 거쳐 지금은 사실상의 핵보유국으로 평가되고

---

4 2020년은 또 6·25전쟁 발발 70주년, 광주민주화운동 40주년, 6·15 남북공동선언 20주년이기도 하다.

있다. 그동안 북한은 남한, 미국 등과 수차례 비핵화 합의를 했지만 그마저도 위반하며 핵능력을 높여왔다. 북한은 핵 없이는 정권과 체제의 안전을 보장할 수 없다고 인식하고 있다. 2019년 12월 31일 끝난 「조선로동당 중앙위원회 제7차 제5기 전원회의 결정서」에서 북한정권은 "미국의 대조선 적대시가 철회되고 조선반도에 항구적이며 공고한 평화체제가 구축될 때까지 국가안전을 위한 필수적이고 선결적인 전략무기 개발을 중단 없이 계속 줄기차게 진행해 나갈 것임을 단호히 선언"했다. 미국은 북한이 핵을 완전히 포기할 때까지 제재를 풀 수 없다는 입장이다.

이처럼 북한의 핵 포기는 미국의 적정 상응조치와 함께 풀어가야 할 문제이다. 이를 공식 선언한 것이 2018년 6월 12일 싱가포르에서 열린 사상 최초의 북미정상회담 결과인 싱가포르 공동선언이다. 이 선언의 연장선상에서 같은 해 9월 19일 평양에서 남북정상회담이 열리고 부속합의로 남북한 군 수뇌가 남북군사합의서에 서명했다. 그 이후 남북은 중무장화가 되어버린 비무장지대(DMZ)에서 상호 경비초소(GP)를 시범 철거하고 공동경비구역(JSA)을 비무장화 하고 이를 위한 지뢰제거와 도로 개설에 협력했다.

그러나 2019년 2월 27~28일 베트남 하노이에서 열린 북미정상회담이 결렬되면서 싱가포르 공동선언과 평양 공동선언의 합의 이행이 중단되었다. 2022년 1월 현재까지 남북·북미대화는 중단되어 있다. 그사이 북한은 핵·장거리미사일 실험을 중단하였지만 핵개발을 완전히 중단한 것은 아니다. 또 1953년 7월 27일 휴전협정 서명으로 한국전쟁이 중단되었지만 북미관계 정상화와 한반도 평화협정은 아직까지 이루어지지 않고 있다. 한반도 비핵화와 평화체제 수립, 곧 비핵평화가 국제안보 차원의 과제라고 말하는 이유가 여기에 있다.

그러면 비핵평화는 어떻게 하면 이룰 수 있는가? 싱가포르 공동선언 이전까지 북한과 미국은 70년 가까운 적대관계를 지속하였고, 지난 30여 년 동안에는 북한의 핵 포기와 미국의 대북 안전보장 사이의 선후를 둘러싸고 입장 차이를 좁히지 못했다. 싱가포르 공동선언에서 밝힌 관계 정상화, 평화체제, 비핵화, 인도주의적 협력을 실천하는 방법을 함께 만들어 내고 그것을 공동 이행하는 일이 남아 있다. 그러나 싱가포르 공동선언 이후 북한과 미국은 하노이 정상회담, 스톡홀름 실무접촉에서 입장 차이만 드러낸 채 오늘에 이르고 있다. 새로 출범하는 바이든 행정부 들어서도 미국이 북한에 대한 안전보장을 제시하지 않은 채 북한의 핵 포기를 우선 요구한다면, 북한은 핵 개발을 계속해 나갈 것이다. 바이든 행정부가 전임 트럼프 정부에서 남긴 북한과의 합의를 존중한다고 한 것은 다행스럽다.(물론 적극적인 대화에 임하지 않는 것은 유감스러운 일이다.) 마찬가지로 제8차 노동당대회를 거치면서 북한이 핵 포기를 하지 않고 경제발전을 추구한다면 그것은 국제사회의 강력한 제재로 성공하기 어렵다.

비핵평화 협상을 벌이는 북한과 미국 사이에 한국이 있다. 비핵화든, 평화체제든 한반도 평화의 이해당사자로 한국을 빼놓고 말하는 것은 이치에 맞지 않다. 그리고 한국전쟁에 관여했고 남북한과 외교관계를 갖고 있는 중국을 빼고서도 비핵평화를 논하기 힘들다. 말하자면 비핵평화의 길은 적어도 남북미중 4자가 함께 논의하며 그 해법을 찾아나가야 할 것이다. 이에 대해서는 일정한 합의가 있어 보인다. 예를 들어 2018년 판문점 공동선언에서 남북한 정상은 "남과 북은 … 항구적이고 공고한 평화체제 구축을 위한 남북미 3자 또는 남북미중 4자회담 개최를 적극 추진해 나가기로 하였다"고 밝혔다. 또 2021년 한국 정부가 종전선언을 적극 주창하는 과정에서 남북미중이 당사자로서 입장을 나타낸 것은 주목할 만하다.

그렇지만 비핵평화가 워낙 복잡한 문제이고 그에 관한 4자의 이해관계가 각기 다르므로 비핵평화의 길이 단숨에 만들어지기는 어렵다. 그래서 이행 로드맵(Roadmap)을 만들어야 하는데, 이것이 북한과 미국을 비롯해 관련 당사자들 사이의 의견을 좁히지 못하는 핵심 이유이다. 그럼에도 비핵화와 평화체제를 ① 병행 추진, ② 관련 당사자들의 공동 참여, ③ 평화적 추진 등의 원칙 아래 최소한의 단계로 나누어 추진하는 방안을 마련할 수 있다. 바로 이 과제가 향후 북미 협상에서 다룰 과제이다. 그 과정에서 한국은 북미 간 비핵평화 협상을 촉진해 협상의 성공을 견인하고, 그 성과에 힘입어 비핵화–평화체제–남북관계를 병행 발전시켜 간다는 목표를 잃지 말아야 할 것이다.

비핵평화는 다음에서 살펴볼 통일평화와 함께 분단과 전쟁으로 고통받아 온 한겨레의 안전하고 행복한 삶을 제공할 수 있다. 구체적으로 남북한은 DMZ를 국제평화지대로 만들어 전쟁 위험에서 해방될 뿐만 아니라 폭넓은 교류협력을 통해 통일을 점진적으로 추구해 나갈 수 있다. 동시에 북한과 미국은 적대관계를 종식하고 관계를 정상화함으로써 (핵)전쟁 위험을 제거하고 호혜적인 교류를 진행할 수 있다. 결국 비핵평화는 오랜 한반도 냉전 구조를 종식시키고 평화와 공영의 '신한반도체제'를 형성해 나갈 일차 관문이다.

2. 통일평화의 길

이제 이 글을 시작하면서 던진 질문에 답을 구해 볼 차례이다. 먼저 통일평화와 평화통일을 비교해 보자. '평화통일'은 평화적 수단에 의한 통일 달성을 말한다. 평화가 수단, 통일이 목표이다. 그에 비해 '통일평화'는 통일을 거쳐 평화공동체를 수립한다는 뜻이다. 이때 통일이 수단, 평화는 목표가 아니라 둘 다 목표이다. 통일평화는 통일을 통과하지 않으면 한반도에 지속가능하고 안정적인 평화를 달성하기 어렵다는 시각이다. 분단이 평화적으로 지속될 것인지도 회의적이지만, 만약 그렇다 하더라도 국내정치, 국가예산, 그리고 국민들의 마음 등 모든 면에서 한반도 구성원들은 북한과의 대치 상태로 인해 비정상적인 삶을 살아갈 수밖에 없다. 물론 통일평화론은 통일을 지고(至高)한 선으로 주장하는 것이 아니라 한반도형 평화를 추구함에 있어 통일의 위상을 재설정해 보자는 것이다. 그러므로 통일이 먼저 달성할 목표이고 평화는 통일 달성 후(혹은 그 과정에서부터) 만들어 갈 최종 목표이다.

평화통일과 통일평화의 차이와 함께 연속성을 생각해보는 것도 유익하다. 즉 평화-통일-평화, 이렇게 볼 수 있다. 남북은 평화공존하에서 다름을 인정하고 공동번영을 추구해 나간다. 그 과정에서 쌓아가는 신뢰와 협력의 습관을 바탕으로 평화적 수단에 의한 통일을 점진적으로 추구해 나가는 것이다. 그런 통일 과정과 그 결과를 바탕으로 한반도의 모든 구성원들은 전쟁 없음(소극적 평화)은 물론 화해, 민주주의, 인권, 평등, 지속가능한 발전 등을 추구하는 하나의 공동체(적극적 평화)를 추구하는 것이다. 이것이 평화주의 시각에서 통일을 상상하는 요점이다.

물론 통일평화론이 한반도의 밝은 미래상을 제시하는 것으로 만족할 수 없다. 이글 처음에 한 질문에는 통일의 필요성과 함께 가능성도 담겨 있다. 통일평화론이 가장 바람직해 보이지만 현 분단·정전체제에서 언제, 어떻게 통일평화가 실현될 수 있을 것인가? 오히려 현 분단·정전체제가 군사적 충돌 없이 지속되면 '분단평화'가 도래할 수도 있다. 또 통일이 되더라도 남북 간 지역 갈등이 발생하고 통일코리아가 주변국들과 분쟁을 초래하는 소위 '통일폭력' 상황이 나타날 수도 있다. 어쩌면 통일평화는 이런 가능성에 사전 대처하며 추진할 때 현실성이 높아질 것이다.

그럼 통일평화를[5] 어떻게 만들어갈 것인가? 그 방향으로 '3공(三共)'을 제시해 본다. 3공은 공감, 공존, 공영을 말한다. 통일평화는 새로운 시각으로 통일을 상상하는 것이지만 그 길은 평화통일보다 더 길고, 더 많은 인내가 필요하다. 그러므로 통일평화의 길을 닦아가려면 일관된 방향이 필요하다. 그 방향이 3공인 셈이다. 통일은 남북이 하는 것이지만 그것이 가능하려면 남북 간 협력은 물론 국내외의 지지도 중요하다. 공감(共感)은 남북이 상호 존중하고 통일 문제에 관해 상호 입장을 이해하는 노력을 말한다. 나아가 공감은 남북이 합의하고 실천하는 통일 노력에 대한 국내외적 이해와 지지를 뜻하기도 한다. 공감이 없는 상태에서 통일 방안을 논의하는 것은 사상누각(沙上樓閣)에 불과할 것이다. 공감의 바탕 위에서 남북은 서로 다른 체제와 이념, 생활방식의 차이를 존중하면서도 그 둘을 잘 조화시키며 얻을 수 있는 제3의 가능성에 주목할 필요가 있다. 남북이 취해 온 서로 다른 이념과 체제는 이미 세계 냉전이 해체되면서 다양한 제3의 길로 융해되었다. 그리고 세계화와 정보화의 조류 속에서 기존의 가

---

5   통일평화, 분단평화, 통일폭력에 관심있는 독자들은 김병로·서보혁 엮음, 『분단폭력: 한반도 군사화에 관한 평화학적 성찰』 (서울: 아카넷, 2016)을 참조할 것.

치와 방식이 재구성되어 왔다. 공존(共存)은 단순히 서로 다른 남북을 소극적으로 인정하는 데 머물지 않는 능동적인 개념이다. 그래야 공영이 가능해진다. 공영(共榮)은 말 그대로 둘 이상이 협력해 공동의 이익을 추구하는 것을 말한다. 2018년 판문점 공동선언, 평양 공동선언을 비롯해 그간 남북이 만든 수많은 합의는 결국 공영을 실천하는 방법을 제시한 것이다. 그리고 필요하면 더 협의해 합의할 수 있다. 문제는 합의를 실천해 공영을 구현하는 일이다. 또 합의 이행은 더 큰 공영의 밑거름이 될 신뢰를 축적하는 일이기도 하다. 공영은 상호의 존재를 인정하고 공존하는 태도를 전제로 한다.

3공이 통일평화의 기본 방향이라고 말할 수 있지만 현재와 같은 남북관계에서 누가 어떻게 진행하는지, 그 전략을 마련할 때 현실성이 높아질 것이다. 통일평화의 주 당사자는 남북한이지만, 남북한이라고 해도 남북한 정부만이 아니다. 남한의 경우 이제 중앙정부만이 아니라 지방정부도 남북 교류협력의 주체로서 많은 준비를 해 오고 있다. 그리고 각 분야에 걸쳐 시민단체들도 각기 관심사와 남북교류의 경험을 갖고 부산/경남을 포함해 그동안 많은 지자체에서 북한과 교류협력한 경험이 있고 앞으로 협력에 대비해 준비를 해오고 있다. 그리고 기업도 교류협력에 나선 바 있고 앞으로 북한투자와 통일경제를 설계하며 상황을 주시하고 있다. 이와 함께 주변국들을 비롯해 많은 나라와 국제기구들도 한반도 통일에 관심을 갖고 지지, 지원, 협력을 해 왔다. 현실적으로 통일평화는 평화통일을 거친 이후에 전망할 수 있는데, 평화통일은 비핵평화의 길 위에 닦아가야 할 것이다.

분명한 것은 현재와 같은 장기 분단·정전체제가 한반도 구성원 개개인의 마음과 삶, 한겨레의 미래, 그리고 세계평화에 대단히 부정적인 영향을 주는 거대폭력이라는 사실이다. 한반도 평화의 길은 동북아 국제정치 차원의 비핵평화와 남북관계 차원의 통일평화가 함께 이루어질 때 실현될 것이다. 통일평화론은 ① 남북한 정부는 물론 관심 있는 모든 이해 당사자들의 참여가 열려 있고, ② 통일 미래에 평화공동체라는 보편가치를 반영하고, ③ 통일을 최종목표가 아니라 더 큰 목표(평화공동체)를 위한 관문임을 제시해 주고 있다.

3. 민주·생태평화의 길

마지막으로 한국사회, 곧 우리 자신들이 평화를 만들어가는 노력이 필요하다. 만약 우리사회를 구성하는 개개인이 평화로운 마음, 평화를 만들어 가려는 의지와 행동이 없다면 평화는 오지도 않고 나의 삶을 변화시키지도 못할 것이다.

그럼 한국사회에서 평화 만들기는 무엇인가? 필자는 이것을 민주·생태평화로 제시해보고자 한다. 이 제안에서 보듯이 한국사회에서의 평화 만들기는 독특하지 않다. 세계 보편가치를 한국에서 실현하자는 것으로서 세계 각국, 각 지역에서 다 같이 진행하는 일이기도 하다. 그동안 한국사회에서 평화는 협소하거나 도구적으로 인식되어왔다. 예를 들어, 북한의 전쟁 도발을 억지시켜 얻는 평화, 혹은 노동자의 권리를 희생시킨 채 경제성장을 추구하는 '산업평화'가 있었다. 이것은 힘에 의해 억눌려 조용한 상태를 말한다. 불안정하고 왜곡된 평화이다. 그러나 이제 이런 협소한 이해에서 벗어나 평화는 인간들 사이의 우애로운 관계에서 존엄한 삶을 누리고, 다른 한편으로는 인간과 자연의 공존을 통해 우애의 관계와 존엄한 삶을 확대하는 것으로 이해할 필요가 있다. 그래서 한국사회에서 평화 만들기를 민주·생태평화로 제안하고자 한다.

수많은 희생을 밑거름으로 하여 1987년 군사 권위주의체제가 몰락하고 절차적 민주화가 실현되기 시작하였다. 그러나 그 절차적 민주화를 사회 각 영역에서 구현하고 우리의 생활태도와 관습에서 권위주의를 모두 청산하였다고 말하기 어렵다. 나아가 고용, 복지, 젠더 등 모든 삶에서 실질적 민주화는 아직도 갈 길이 멀다. 특히 불평등의 문제는 경제적 자유화 이후 더 심각해진 것으로 평가된다. 통계청이 발표한 '2022년 8월 고용동향'에 따르면 코로나19가 다소 약해지면서 고용 현황이 약간 개선되었다. 15~64세 고용률(OECD 비교기준)은 68.9%로 전년동월대비 2.0%p 상승하였고, 이 가운데 15-29세 고용률은 47.3%로 전년동월대비 2.1%p 상승했다. 그러나 고용에서 성별 차이는 크다. 여성의 고용률은 53.6%로 전년동월대비 1.5%p 상승했지만, 남성의 고용률(72.2%)보다는 18.6%p 낮은 수치이다. 고르지 못한 고용 현황은 근로 유형에서도 나타난다. 임금근로자는 전년동월대비 3.5%p 증가했지만, 비임금근로자(자영업자와 무급가족노동자)는 1.1%p 증가하는데 그쳤다. 노동자의 안전은 여전히 사회적 문제이지만 그중에서도 하청 노동자의 생명은 더 불안하다. 태안화력발전소 고 김용균 씨와 같이 산업재해로 숨진 하청 노동자가 매년 수백명에 이르고 심지어는 김용균씨가 작업하던 곳에서 다시 사망하는 어처구니 없는 비극이 발생하기도 했다. 하청노동자의 산재 사망이 끊이지 않는 것은 위험한 업무를 하청 업체에 맡기는 이른바 '위험의 외주화' 때문이라고 전문가들은 지적한다.[6] 그래서 국회에서 중대재해기업처벌법 제정 논의가 일어나 '중대재해처벌'이 2022년 1월 27일 시행되었지만, 처벌 대상 기업과 시행 시점, 산재 예방방법, 감독기관의 임무 등 보완할 점이 한 두가지가 아니다.

한편, 고용 부문에서 성차별은 아직도 크게 개선되지 못했다. 2019년 9월 기준 A사에 재직 중인 일반직 고졸 남성 직원 1,142명 중 과장급 이상은 1,030명으로 90%에 달하는데 반해, 일반직 고졸 여성 직원은 569명 중 과장 진급 이상이 30명으로 5%에 불과했다. 국가인권위원회의 조사에 따르면, 기업의 임원과 승진 소요 기간에서 여전히 성차별이 일어나고 있는 것으로 나타났다. 인권위는 그 원인으로 "과거 성별에 대한 고정관념에 따라 설계됐던 채용 관행과 고졸 여성 직원의 업무를 보조적이라거나 평가 절하하여 고졸 여성 직원을 승진에서 배제하거나 후순위 배정한 결과"[7]라고 지적했다.

민주평화는 민주주의의 공고화를 말한다. 민주주의 국가라고 민주평화가 저절로 되는 것이 아니다. 시민들이 힘들게 벌어 납부한 세금이 삶의 질을 높이는데 쓰이도록 하고, 특히 미래 세대와 사회적 약자의 인권 신장에 힘쓰는 것이 민주평화이다. 그럴 때 인간과 인간의 우애가 형성되고 존엄한 삶이 가능해질 것이다.

그렇다면 생태평화는 무엇인가? 생태평화는 인간과 자연의 관계를 억압의 관계에서 우애의 관계로 전환해 결국 인간의 존엄한 삶을 증대하는 노력을 말

6 『연합뉴스』, 2019년 9월 22일.
7 『KBS뉴스』, 2019년 12월 23일.

한다. 인류가 탄생한 이래 지금까지 자연은 인류의 욕망을 채우기 위한 정복과 수탈의 대상이 되어왔고 최근에는 생태위기가 도래하고 급기야 인간의 생존도 위기에 처하게 되었다. '기후변화'가 이제 '기후위기'로 불리고 있는 것은 그 단적인 예에 불과하다.

2015년 12월 파리에서 열린 기후변화당사국총회(IPCC)에서는 "지구 평균 온도를 산업화 이전 온도에서 2도 이하 수준으로 증가하는 것으로 억제하면서, 증가 폭을 1.5도까지 낮추기 위해 노력한다"[8]는 내용을 담은 협정을 채택했다. 그러나 2018년 10월 IPCC는 지구 온난화 수준을 산업화 이전보다 1.5도로 제한하는 것은 "급속하고 광범위하며 전례 없는 변화"를 통해서만 가능할 것이라고 경고했다. 사실상 파리협정의 목표 달성이 단기적으로 어려움을 인정한 것이다. 결국 2019년 IPCC 제50차 총회에서 지구 육지 표면 기온이 산업화 이전보다 평균 1.53도 상승했음이 밝혀졌다.[9] 2021년 세계 기상이변은 산업화 이전 대비 1.09도 상승한 기온에서 발생했다. 그런데 과학계가 지구 생존의 분수령이 될 산업화 이전 대비 1.5도 상승할 가능성이 20년 안으로 더 가까워졌다고 IPCC는 경고하고 있다.[10] 그런 가운데 제26차 유엔 기후변화협약 당사국 총회(COP26)가 글래스고우에서 11월 2주간 열렸다. 참가국 대표들은 2030년 기준 온실가스 감축목표를 상향 조정하고 2050년까지 탄소중립 실현을 결의했지만, 위와 같은 전망에서 볼 때 미흡한 점이 많다. 2022년 5월 세계기상기후(WMO)는 〈2021 세계기후 현황〉을 발표하면서 2021년 지구 기온이 산업화 이전 기온에서 섭씨 1.1도 상승했다고 보고하고, 지구가 온실가스 배출, 바다 온도, 해수면 상승, 해양 산성화, 육지 기온 상승 등 모든 면에서 기록적인 수치를 보였다고 평가했다.

한국은 이미 산업화, 민주주의, 분단, 그리고 최근에는 한류(寒流)로 세계에 널리 알려졌다. 한국인들의 해외여행 사랑도 세계적으로 알려져 있다. 그에 비

---

8 『한겨레』, 2016년 11월 7일.
9 『연합뉴스』, 2019년 8월 8일.
10 『한겨레』, 2021년 8월 9일.

해 한국인들은 지구촌 문제를 끌어안는 데 소극적인 것처럼 보인다. 지구촌 문제, 결국 그것이 우리사회와 나 자신의 삶과 직결되어 있다는 깨달음이 필요한 시점이다. 이제 우리에게 불편한 일상이 된 미세먼지와 코로나19 사태는 과잉생산, 과잉소비로 요약되는 인간의 생태계에 대한 폭력의 산물이자 인간 삶에 대한 '자연의 역습'인지도 모른다. 결국 생태평화는 가족과 이웃의 범위를 타 국가와 민족, 그리고 지구 위 모든 생명체에 대한 관심과 배려를 요청한다.

그러므로 생태평화는 '죽임'의 문화를 '살림'의 문화로 바꾸는 의식개혁을 바탕으로 성장·소비지상주의 생활에서 나눔과 절제의 삶으로 전환하는 것을 그 방향으로 한다. 과학자들은 위와 같은 기후 상승 속도를 감안할 때 인류는 이미 지구를 살릴 전환점(Tipping Point)을 지나쳤을지도 모른다고 우려한다. 그렇지만 아직 희망은 남아 있을 것이다. 개인에서부터 가정, 지역사회, 일터, 국가, 그리고 세계 등 각 차원에서 인간과 자연의 공존과 우애가 가능하도록 대전환의 결단이 필요하다.

IV
맺음말

평화는 인류가 추구하는 공통 염원이다. 인류 역사의 발전과 시대의 요청에 따라 평화의 내용과 방향도 변모해 왔다. 본문에서 살펴본 평화의 개념과 유형은 그 자체로 인류 지성의 풍부함을 보여주는 동시에 성찰과 상상의 창을 더 열어 준다. 우리 각자가 꿈꾸는 평화는 무엇인가? 그것은 나에게 어떤 동기와 목표의식을 불어넣어 주는가? 나 자신이 선호하는 평화는 친구의 그것과 호환 가능한가?

평화가 가장 절실한 분단 한반도, 갈등이 심각한 한국 사회에 살면서도 평화를 깊이 생각해보지 못한 것은 평화를 생각할 수 없게 만드는 현실이 가장 큰 원인이다. 이와 함께 기성의 고정관념, 교육제도, 산업주의 언론 및 문화, 그리고 거기에 빠져온 나 자신의 책임도 적지 않다. 평화를 다양하고 풍부하게 이해하는 것은 평화 감수성을 높이는 것은 물론 평화 만들기에도 유용한 일이다.

본문에서 한반도 평화를 만드는 길을 비핵평화, 통일평화, 민주·생태평화로 제시하였다. 이것은 국제관계, 남북한 관계, 그리고 한국 사회 등 3차원에서 이해하고 전망할 수 있다고 보았기 때문이다.

한반도 평화는 나 자신의 평화로운 삶, 세계 평화, 그리고 생태계 보전과 무관하지 않다. 평화는 인류 보편가치이기 때문에 한국인들이 염원하는 평화는 다른 곳의 사람들이 염원하는 평화와 본질적으로 다르지 않다. 본문에서 논의한 비핵평화와 민주·생태평화는 세계 각지의 인류가 염원하는 평화이기도 하다. 민주·생태평화는 오늘날 가장 중요한 세계 공통의 목표이다. 비핵평화도 크게 보아 그렇지만, 한반도 분단과 관련 있는 북한과 미국의 적대관계를 배경으로 하고 있어 그 해법에는 특수한 사정이 반영될 수밖에 없다. 통일평화는 장기화되고 고질적인 분단·정전체제의 극복이라는 한반도 특수의 목표이다. 그럼에도 통일평화는 평화통일과 달리, 최종목표를 통일이 아니라 평화공동체로 보고 있다. 이때 평화공동체는 한반도 역사와 문화를 배경으로 하지만 인류 보편가치들의 조화로운 달성을 추구한다는 점에서 세계 각지의 평화 만들기와 호환할 수 있다. 물론 통일평화는 평화통일에 기반하여 추구하는 것이 적합하다. 통일평화의 이런 비전을 현실화하기 위해서 공감·공존·공영을 방향으로 하는 3공의 원칙을 제안해 보았다.

현재 남북대화의 문이 닫혀 있어 통일평화는 먼 미래의 일로 보일 수도 있다. 그럴수록 한편으로 지난 시간을 되돌아보고 상대가 관심을 두는 일에 함께할 방안을 궁리하면 뜻이 보이고 길이 열릴 것이다. 평화로운 한반도는 마음이 평화로운 사람들이 만들어 가는 영구혁명의 과제인지도 모른다.

부록 1

민족공동체통일방안[1]

「민족공동체통일방안」은 우리 정부의 공식 통일방안이다. 1994년 8월 15일 김영삼 대통령이 제시한 통일방안으로서, 1989년 9월 11일 노태우 정부 시기에 발표된 「한민족공동체통일방안」을 계승하면서 남북기본합의서 발효 등 상황 변화를 반영하여 보완·발전시킨 것이다.

1) 배경 및 특징

1994년 8월 15일 김영삼 대통령은 광복절 경축사를 통해 새로운 통일방안을 제시했다. 「한민족공동체 건설을 위한 3단계 통일방안」(약칭, 「민족공동체통일방안」)이 그것이다.

「민족공동체통일방안」은 기본적으로 1989년 9월 11일 천명된 「한민족공동체통일방안」을 계승하면서 보완·발전시킨 것으로, 세계적인 탈냉전과 남북 체제경쟁의 종결, 그리고 1992년 2월 19일 '남북기본합의서'발효 등 여러 가지 새로운 국면 조성에 부응하여 제시된 것이다.

「민족공동체통일방안」은 동족상잔의 전쟁과 장기간의 분단이 지속되어 온 남북관계 현실을 고려한 바탕 위에서 통일의 접근방법을 제시하고 있다. 우선 남북 간 화해협력을 통해 상호 신뢰를 쌓고 평화를 정착시킨 후 통일을 추구하는 점진적·단계적 통일방안이다.

남과 북의 이질화된 사회를 하나의 공동체로 회복·발전시켜 궁극적으로는 '1민족 1국가'의 통일국가 실현을 목표로 하고 있다.

1989년 천명된 「한민족공동체통일방안」은 화해와 신뢰구축의 과정을 남북연합으로 나아가기 위한 자연스러운 과정으로 본데 비해, 「민족공동체통일

---

1   본 내용은 통일부 홈페이지(https://www.unikorea.go.kr/unikorea/policy/Mplan/Pabout, 검색일: 2022.8.15.)의 내용을 옮겼습니다.

방안」은 이 과정을 단계화한 것이 특징이다. 「민족공동체통일방안」은 현재까지 대한민국 정부의 공식 통일방안으로 지속되고 있다.

2) 주요 내용

① 통일의 기본철학과 원칙

「민족공동체통일방안」에서는 통일의 기본철학으로서 자유민주주의를 제시하고 있다. 이는 우리가 통일로 나아가는 과정이나 절차에서 뿐만 아니라 통일국가의 미래상에서도 일관되게 추구해야 할 가치는 자유와 민주가 핵심으로 되어야 한다는 것을 의미한다.

이와 함께 통일의 접근시각으로 민족공동체 건설을 제시하였다. 민족통일을 통하여 국가통일로 나가자는 뜻이다. 통일은 권력배분을 어떻게 하느냐보다는 민족이 어떻게 함께 살아가느냐에 초점이 맞추어져야 하며, 계급이나 집단 중심의 이념보다는 인간중심의 자유민주주의가 바탕이 되어야 한다는 것이다.

또한 「민족공동체통일방안」은 통일을 추진함에 있어서 견지해야 할 기본원칙으로서 자주, 평화, 민주를 제시하고 있다.

'자주'의 원칙은 우리 민족 스스로의 뜻과 힘으로, 그리고 남북 당사자 간의 상호 협의를 통해 통일이 이루어져야 한다는 것을 의미한다.

'평화'의 원칙은 통일이 전쟁이나 상대방에 대한 전복을 통해서 이루어질 수 없으며, 오직 평화적으로 이루어져야 한다는 점을 강조한다.

'민주'의 원칙이란 통일이 민족구성원 모두의 자유와 권리를 바탕으로 이루어지는 민주적 통합의 방식으로 이루어져야 한다는 원칙이다.

② 통일의 과정

「민족공동체통일방안」에서 통일은 하나의 민족공동체를 건설하는 방향에서 점진적·단계적으로 이루어 나가야 한다는 기조하에 통일의 과정을 화해·협력단계 → 남북연합단계 → 통일국가 완성단계의 3단계로 설정하고 있다.

1단계인 '화해·협력단계'는 남북이 적대와 불신·대립관계를 청산하고, 상호 신뢰 속에 긴장을 완화하고 화해를 정착시켜 나가면서 실질적인 교류 협력을 실시함으로써 평화공존을 추구해 나가는 단계이다. 즉 남북이 상호 체제를 인정하고 존중하는 가운데 분단상태를 평화적으로 관리하면서 경제·사회·문화 등 각 분야의 교류협력을 통해 상호 적대감과 불신을 해소해 나가는 단계라 할 것이다. 이러한 1단계 과정을 거치면서 남북은 상호신뢰를 바탕으로 민족동질성을 회복하면서 본격적으로 통일을 준비하는 방향으로 나가게 된다.

「민족공동체통일방안」은 남북 간의 공존을 제도화하는 중간과정으로서 과도적 통일체제인 '남북연합'을 2단계로 설정하였다. 이 단계에서는 남북 간의 합의에 따라 법적·제도적 장치가 체계화되어 남북연합 기구들이 창설·운영된다. 남북연합에 어떤 기구를 두어 어떤 일을 할 것인가는 남북 간의 합의에 의해 구체적으로 정해질 것이지만, 기본적으로는 남북정상회의, 남북각료회의, 남북평의회 그리고 공동사무처가 운영될 것이다.

마지막 '통일국가 완성'단계는 남북연합 단계에서 구축된 민족공동의 생활권을 바탕으로 정치공동체를 실현하여 남북 두 체제를 완전히 통합하는 것으로서 1민족 1국가의 단일국가를 완성하는 단계이다. 즉, 남북 의회 대표들이 마련한 통일헌법에 따른 민주적 선거에 의해 통일정부, 통일국회를 구성하고 두 체제의 기구와 제도를 통합함으로써 통일을 완성하는 것이다.

③ 통일의 미래상

「민족공동체통일방안」에서는 통일국가의 미래상으로 민족 구성원 모두가 주인이 되며 민족구성원 개개인의 자유와 복지와 인간존엄성이 보장되는 선진 민주국가를 제시하고 있다.

첫째, 민족공동체 건설을 위한 전제조건인 자유민주주의는 자유와 평등을 기본으로 삼권분립, 법치주의, 의회제도, 시장경제, 시민사회 등을 근간으로 이루어져 있다. 자유민주주의를 제대로 작동시키기 위해서는 이와 같이 민주적 기본원칙을 준수하는 규범적 토대가 마련되어야 한다.

둘째, 경제적으로는 시장경제를 바탕으로 모든 국민이 잘사는 국가, 소외된 계층에게는 따뜻한 사회, 국제사회의 공동번영에 기여하는 나라가 되어야 한다.

셋째, 대외적으로는 성숙한 세계국가로 나아가기 위한 국가역량을 강화해야 한다. 선진 복지경제 및 확고한 국가안보 역량과 함께 높은 문화적 국력도 갖춘 국가를 지향해야 한다.

- **통일의 철학**: 인간 중심의 자유민주주의
- **통일의 원칙**: 자주, 평화, 민주
  - · 자주: 민족자결의 정신에 따라 남북 당사자간의 해결을 통해
  - · 평화: 무력에 의거하지 않고 대화와 협상에 의해
  - · 민주: 민주적 원칙에 입각한 절차와 방법으로
- **통일의 과정(3단계)**: 화해협력 → 남북연합 → 통일국가

화해협력	남북한이 서로의 실체를 인정하고 적대·대립관계를 공존·공영의 관계로 바꾸기 위한 다각적인 교류협력 추진
남북연합	남북 간 체제의 차이와 이질성을 감안, 경제·사회공동체를 형성·발전시키는 남북연합을 과도체제로 설정(2체제, 2정부) ① 남북정상회의(최고결정기구) ② 남북각료회의(집행기구) ③ 남북평의회(대의기구/100명 내외 남북 동수 대표) ④ 공동사무처(지원기구/상주연락대표 파견)
통일국가	△ 남북평의회에서 통일헌법 초안 마련 ⇒ △ 민주적 방법과 절차를 거쳐 통일헌법 확정·공포 ⇒ △ 통일헌법에 의한 민주적 총선거 실시 ⇒ △ 통일정부와 통일국회 구성(1체제 1정부)

주요 남북합의

1) 7·4 남북공동성명(1972)

2) 남북사이의 화해와 불가침 및 교류·협력에 관한 합의서(1991)

3) 한반도 비핵화 공동선언(1992)

4) 6·15 남북공동선언(2000)

5) 남북관계 발전과 평화번영을 위한 선언(2007)

6) 한반도의 평화와 번영, 통일을 위한 판문점선언(2018)

7) 평양공동선언(2018)

8) 판문점선언 군사분야 이행합의서(2018)

7·4 남북공동성명

최근 평양과 서울에서 남북관계를 개선하며 갈라진 조국을 통일하는 문제를 협의하기 위한 회담이 있었다.

서울의 이후락 중앙정보부장이 1972년 5월 2일부터 5월 5일까지 평양을 방문하여 평양의 김영주 조직지도부장과 회담을 진행하였으며, 김영주 부장을 대신한 박성철 제2부수상이 1972년 5월 29일부터 6월 1일까지 서울을 방문하여 이후락 부장과 회담을 진행하였다.

이 회담들에서 쌍방은 조국의 평화적 통일을 하루빨리 가져와야 한다는 공통된 염원을 안고 허심탄회하게 의견을 교환하였으며 서로의 이해를 증진시키는데서 큰 성과를 거두었다.

이 과정에서 쌍방은 오랫동안 서로 만나보지 못한 결과로 생긴 남북사이의 오해와 불신을 풀고 긴장의 고조를 완화시키며 나아가서 조국통일을 촉진시키기 위하여 다음과 같은 문제들에 완전한 견해의 일치를 보았다.

1. 쌍방은 다음과 같은 조국통일원칙들에 합의를 보았다.

   첫째, 통일은 외세에 의존하거나 외세의 간섭을 받음이 없이 자주적으로 해결하여야 한다.

   둘째, 통일은 서로 상대방을 반대하는 무력행사에 의거하지 않고 평화적 방법으로 실현하여야 한다.

   셋째, 사상과 이념, 제도의 차이를 초월하여 우선 하나의 민족으로서 민족적 대단결을 도모하여야 한다.

2. 쌍방은 남북사이의 긴장상태를 완화하고 신뢰의 분위기를 조성하기 위하여 서로 상대방을 중상 비방하지 않으며 크고 작은 것을 막론하고 무

장도발을 하지 않으며 불의의 군사적 충돌사건을 방지하기 위한 적극적인 조치를 취하기로 합의하였다.

3. 쌍방은 끊어졌던 민족적 연계를 회복하며 서로의 이해를 증진시키고 자주적 평화통일을 촉진시키기 위하여 남북사이에 다방면적인 제반교류를 실시하기로 합의하였다.

4. 쌍방은 지금 온 민족의 거대한 기대 속에 진행되고 있는 남북적십자회담이 하루빨리 성사되도록 적극 협조하는 데 합의하였다.

5. 쌍방은 돌발적 군사사고를 방지하고 남북사이에 제기되는 문제들을 직접, 신속 정확히 처리하기 위하여 서울과 평양 사이에 상설 직통전화를 놓기로 합의하였다.

6. 쌍방은 이러한 합의사항을 추진시킴과 함께 남북사이의 제반문제를 개선 해결하며 또 합의된 조국통일원칙에 기초하여 나라의 통일문제를 해결할 목적으로 이후락 부장과 김영주 부장을 공동위원장으로 하는 남북조절위원회를 구성·운영하기로 합의하였다.

7. 쌍방은 이상의 합의사항이 조국통일을 일일천추로 갈망하는 온 겨레의 한결같은 염원에 부합된다고 확신하면서 이 합의사항을 성실히 이행할 것을 온 민족 앞에 엄숙히 약속한다.

서로 상부의 뜻을 받들어

이 후 락   김 영 주
1972년 7월 4일

남북 사이의 화해와 불가침 및 교류·협력에 관한 합의서

남과 북은 분단된 조국의 평화적 통일을 염원하는 온 겨레의 뜻에 따라, 7·4남북공동성명에서 천명된 조국통일 3대원칙을 재확인하고, 정치 군사적 대결상태를 해소하여 민족적 화해를 이룩하고, 무력에 의한 침략과 충돌을 막고 긴장 완화와 평화를 보장하며, 다각적인 교류·협력을 실현하여 민족공동의 이익과 번영을 도모하며, 쌍방 사이의 관계가 나라와 나라사이의 관계가 아닌 통일을 지향하는 과정에서 잠정적으로 형성되는 특수관계라는 것을 인정하고, 평화 통일을 성취하기 위한 공동의 노력을 경주할 것을 다짐하면서, 다음과 같이 합의하였다.

제1장 남북화해

제1조 남과 북은 서로 상대방의 체제를 인정하고 존중한다.

제2조 남과 북은 상대방의 내부문제에 간섭하지 아니한다.

제3조 남과 북은 상대방에 대한 비방·중상을 하지 아니한다.

제4조 남과 북은 상대방을 파괴·전복하려는 일체 행위를 하지 아니한다.

제5조 남과 북은 현 정전상태를 남북 사이의 공고한 평화상태로 전환시키기 위하여 공동으로 노력하며 이러한 평화상태가 이룩될 때까지 현 군사정전협정을 준수한다.

제6조 남과 북은 국제무대에서 대결과 경쟁을 중지하고 서로 협력하며 민족의 존엄과 이익을 위하여 공동으로 노력한다.

제7조 남과 북은 서로의 긴밀한 연락과 협의를 위하여 이 합의서 발효 후 3개월 안에 판문점에 남북연락사무소를 설치·운영한다.

제8조 남과 북은 이 합의서 발효 후 1개월 안에 본회담 테두리 안에서 남북

정치분과위원회를 구성하여 남북화해에 관한 합의의 이행과 준수를 위한 구체적 대책을 협의한다.

제2장 남북불가침

제9조 남과 북은 상대방에 대하여 무력을 사용하지 않으며 상대방을 무력으로 침략하지 아니한다.

제10조 남과 북은 의견대립과 분쟁문제들을 대화와 협상을 통하여 평화적으로 해결한다.

제11조 남과 북의 불가침 경계선과 구역은 1953년 7월 27일자 군사정전에 관한 협정에 규정된 군사분계선과 지금까지 쌍방이 관할하여 온 구역으로 한다.

제12조 남과 북은 불가침의 이행과 보장을 위하여 이 합의서 발효 후 3개월 안에 남북군사 공동위원회를 구성·운영한다. 남북군사공동위원회에서는 대규모 부대이동과 군사연습의 통보 및 통제문제, 비무장지대의 평화적 이용문제, 군인사교류 및 정보교환 문제, 대량살상무기와 공격능력의 제거를 비롯한 단계적 군축 실현문제, 검증문제 등 군사적 신뢰조성과 군축을 실현하기 위한 문제를 협의·추진한다.

제13조 남과 북은 우발적인 무력충돌과 그 확대를 방지하기 위하여 쌍방 군사당국자 사이에 직통 전화를 설치·운영한다.

제14조 남과 북은 이 합의서 발효 후 1개월 안에 본회담 테두리 안에서 남북군사분과위원회를 구성하여 불가침에 관한 합의의 이행과 준수 및 군사적 대결상태를 해소하기 위한 구체적 대책을 협의한다.

통일
교육

제3장 남북교류·협력

제15조 남과 북은 민족경제의 통일적이며 균형적인 발전과 민족전체의 복리향상을 도모하기위하여 자원의 공동개발, 민족 내부 교류로서의 물자교류, 합작투자 등 경제교류와 협력을 실시한다.

제16조 남과 북은 과학·기술, 교육, 문화·예술, 보건, 체육, 환경과 신문, 라디오, 텔레비전 및 출판물을 비롯한 출판·보도 등 여러 분야에서 교류와 협력을 실시한다.

제17조 남과 북은 민족구성원들의 자유로운 왕래와 접촉을 실현한다.

제18조 남과 북은 흩어진 가족·친척들의 자유로운 서신거래와 왕래와 상봉 및 방문을 실시하고 자유의사에 의한 재결합을 실현하며, 기타 인도적으로 해결할 문제에 대한 대책을 강구한다.

제19조 남과 북은 끊어진 철도와 도로를 연결하고 해로, 항로를 개설한다.

제20조 남과 북은 우편과 전기통신교류에 필요한 시설을 설치·연결하며, 우편·전기통신교류의 비밀을 보장한다.

제21조 남과 북은 국제무대에서 경제와 문화 등 여러 분야에서 서로 협력하며 대외에 공동으로 진출한다.

제22조 남과 북은 경제와 문화 등 각 분야의 교류와 협력을 실현하기 위한 합의의 이행을 위하여 이 합의서 발효 후 3개월 안에 남북경제교류·협력공동위원회를 비롯한 부문별 공동위원회들을 구성·운영한다.

제23조 남과 북은 이 합의서 발효 후 1개월 안에 본회담 테두리 안에서 남북교류·협력분과위원회를 구성하여 남북교류·협력에 관한 합의의 이행과 준수를 위한 구체적 대책을 협의한다.

제4장 수정 및 발효

제24조 이 합의서는 쌍방의 합의에 의하여 수정·보충할 수 있다.

제25조 이 합의서는 남과 북이 각기 발효에 필요한 절차를 거쳐 그 문본을
서로 교환한 날부터 효력을 발생한다.

1991년 12월 13일

남 북 고 위 급 회 담	북 남 고 위 급 회 담
남측 대표단 수석 대표	북 측 대 표 단 단 장
대 한 민 국	조선민주주의 인민공화국
국 무 총 리 정 원 식	정 무 원 총 리 연 형 묵

6·15 남북공동선언

조국의 평화적 통일을 염원하는 온 겨레의 숭고한 뜻에 따라 대한민국 김대중 대통령과 조선민주주의인민공화국 김정일 국방위원장은 2000년 6월 13일부터 6월 15일까지 평양에서 역사적인 상봉을 하였으며 정상회담을 가졌다.

남북정상들은 분단 역사상 처음으로 열린 이번 상봉과 회담이 서로 이해를 증진시키고 남북관계를 발전시키며 평화통일을 실현하는 데 중대한 의의를 가진다고 평가하고 다음과 같이 선언한다.

1. 남과 북은 나라의 통일문제를 그 주인인 우리 민족끼리 서로 힘을 합쳐 자주적으로 해결해 나가기로 하였다.

2. 남과 북은 나라의 통일을 위한 남측의 연합제 안과 북측의 낮은 단계의 연방제 안이 서로 공통성이 있다고 인정하고 앞으로 이 방향에서 통일을 지향시켜 나가기로 하였다.

3. 남과 북은 올해 8.15에 즈음하여 흩어진 가족, 친척 방문단을 교환하며, 비전향장기수 문제를 해결하는 등 인도적 문제를 조속히 풀어 나가기로 하였다.

4. 남과 북은 경제협력을 통하여 민족경제를 균형적으로 발전시키고, 사회, 문화, 체육, 보건, 환경 등 제반분야의 협력과 교류를 활성화하여 서로의 신뢰를 다져 나가기로 하였다.

5. 남과 북은 이상과 같은 합의사항을 조속히 실천에 옮기기 위하여 빠른 시일 안에 당국 사이의 대화를 개최하기로 하였다.

김대중 대통령은 김정일 국방위원장이 서울을 방문하도록 정중히 초청하였으며, 김정일 국방위원장은 앞으로 적절한 시기에 서울을 방문하기로 하였다.

2000년 6월 15일

대 한 민 국	조선민주주의인민공화국
대 통 령	국 방 위 원 장
김 대 중	김 정 일

한반도의 비핵화에 관한 공동선언

남과 북은 한반도를 비핵화함으로써 핵전쟁 위험을 제거하고 우리나라의 평화와 평화통일에 유리한 조건과 환경을 조성하며 아시아와 세계의 평화와 안전에 이바지하기 위하여 다음과 같이 선언한다.

1. 남과 북은 핵무기의 시험, 제조, 생산, 접수, 보유, 저장, 배비, 사용을 하지 아니한다.

2. 남과 북은 핵에너지를 오직 평화적 목적에만 이용한다.

3. 남과 북은 핵재처리시설과 우라늄농축시설을 보유하지 아니한다.

4. 남과 북은 한반도의 비핵화를 검증하기 위하여 상대측이 선정하고 쌍방이 합의하는 대상들에 대하여 남북핵통제공동위원회가 규정하는 절차와 방법으로 사찰을 실시한다.

5. 남과 북은 이 공동선언의 이행을 위하여 공동선언이 발효된 후 1개월 안에 남북핵통제공동위원회를 구성·운영한다.

6. 이 공동선언은 남과 북이 각기 발효에 필요한 절차를 거쳐 그 문본을 교환한 날부터 효력을 발생한다.

1992년 1월 20일

남북고위급회담	북남고위급회담
남측 대표단 수석 대표	북측 대표단 단장
대 한 민 국	조선민주주의 인민공화국
국 무 총 리 정 원 식	정 무 원 총 리 연 형 묵

남북관계 발전과 평화번영을 위한 선언

대한민국 노무현 대통령과 조선민주주의인민공화국 김정일 국방위원장 사이의 합의에 따라 노무현 대통령이 2007년 10월 2일부터 4일까지 평양을 방문하였다. 방문기간 중 역사적인 상봉과 회담들이 있었다.

상봉과 회담에서는 6·15공동선언의 정신을 재확인하고 남북관계발전과 한반도 평화, 민족공동의 번영과 통일을 실현하는데 따른 제반 문제들을 허심탄회하게 협의하였다.

쌍방은 우리민족끼리 뜻과 힘을 합치면 민족번영의 시대, 자주통일의 새시대를 열어 나갈수 있다는 확신을 표명하면서 6·15공동선언에 기초하여 남북관계를 확대·발전시켜 나가기 위하여 다음과 같이 선언한다.

1. 남과 북은 6·15공동선언을 고수하고 적극 구현해 나간다.
   남과 북은 우리민족끼리 정신에 따라 통일문제를 자주적으로 해결해 나가며 민족의 존엄과 이익을 중시하고 모든 것을 이에 지향시켜 나가기로 하였다.
   남과 북은 6·15공동선언을 변함없이 이행해 나가려는 의지를 반영하여 6월 15일을 기념하는 방안을 강구하기로 하였다.

2. 남과 북은 사상과 제도의 차이를 초월하여 남북관계를 상호존중과 신뢰 관계로 확고히 전환시켜 나가기로 하였다.
   남과 북은 내부문제에 간섭하지 않으며 남북관계 문제들을 화해와 협력, 통일에 부합되게 해결해 나가기로 하였다.
   남과 북은 남북관계를 통일 지향적으로 발전시켜 나가기 위하여 각기 법률적·제도적 장치들을 정비해 나가기로 하였다.

남과 북은 남북관계 확대와 발전을 위한 문제들을 민족의 염원에 맞게 해결하기 위해 양측 의회 등 각 분야의 대화와 접촉을 적극 추진해 나가기로 하였다.

3. 남과 북은 군사적 적대관계를 종식시키고 한반도에서 긴장완화와 평화를 보장하기 위해 긴밀히 협력하기로 하였다.

남과 북은 서로 적대시하지 않고 군사적 긴장을 완화하며 분쟁문제들을 대화와 협상을 통하여 해결하기로 하였다.

남과 북은 한반도에서 어떤 전쟁도 반대하며 불가침의무를 확고히 준수하기로 하였다.

남과 북은 서해에서의 우발적 충돌방지를 위해 공동어로수역을 지정하고 이 수역을 평화수역으로 만들기 위한 방안과 각종 협력사업에 대한 군사적 보장조치 문제 등 군사적 신뢰구축조치를 협의하기 위하여 남측 국방부 장관과 북측 인민무력부 부장간 회담을 금년 11월중에 평양에서 개최하기로 하였다.

4. 남과 북은 현 정전체제를 종식시키고 항구적인 평화체제를 구축해 나가야 한다는데 인식을 같이하고 직접 관련된 3자 또는 4자 정상들이 한반도지역에서 만나 종전을 선언하는 문제를 추진하기 위해 협력해 나가기로 하였다.

남과 북은 한반도 핵문제 해결을 위해 6자회담 「9.19 공동성명」과 「2.13 합의」가 순조롭게 이행되도록 공동으로 노력하기로 하였다.

5. 남과 북은 민족경제의 균형적 발전과 공동의 번영을 위해 경제협력사업을 공리공영과 유무상통의 원칙에서 적극 활성화하고 지속적으로 확대 발전시켜 나가기로 하였다.

남과 북은 경제협력을 위한 투자를 장려하고 기반시설 확충과 자원개발을 적극 추진하며 민족내부협력사업의 특수성에 맞게 각종 우대조건과 특혜를 우선적으로 부여하기로 하였다.

남과 북은 해주지역과 주변해역을 포괄하는 「서해평화협력특별지대」를 설치하고 공동어로구역과 평화수역 설정, 경제특구건설과 해주항 활용, 민간선박의 해주직항로 통과, 한강하구 공동이용 등을 적극 추진해 나가기로 하였다.

남과 북은 개성공업지구 1단계 건설을 빠른 시일안에 완공하고 2단계 개발에 착수하며 문산-봉동 간 철도화물수송을 시작하고, 통행·통신·통관 문제를 비롯한 제반 제도적 보장조치들을 조속히 완비해 나가기로 하였다.

남과 북은 개성-신의주 철도와 개성-평양 고속도로를 공동으로 이용하기 위해 개보수 문제를 협의·추진해 가기로 하였다.

남과 북은 안변과 남포에 조선협력단지를 건설하며 농업, 보건의료, 환경보호 등 여러 분야에서의 협력사업을 진행해 나가기로 하였다.

남과 북은 남북 경제협력사업의 원활한 추진을 위해 현재의 「남북경제협력추진위원회」를 부총리급 「남북경제협력공동위원회」로 격상하기로 하였다.

6. 남과 북은 민족의 유구한 역사와 우수한 문화를 빛내기 위해 역사, 언어, 교육, 과학기술, 문화예술, 체육 등 사회문화 분야의 교류와 협력을 발전시켜 나가기로 하였다.

남과 북은 백두산관광을 실시하며 이를 위해 백두산-서울 직항로를 개설하기로 하였다.

남과 북은 2008년 북경 올림픽경기대회에 남북응원단이 경의선 열차를 처음으로 이용하여 참가하기로 하였다.

7. 남과 북은 인도주의 협력사업을 적극 추진해 나가기로 하였다.

남과 북은 흩어진 가족과 친척들의 상봉을 확대하며 영상 편지 교환사업을 추진하기로 하였다.

이를 위해 금강산면회소가 완공되는데 따라 쌍방 대표를 상주시키고 흩어진 가족과 친척의 상봉을 상시적으로 진행 하기로 하였다.

남과 북은 자연재해를 비롯하여 재난이 발생하는 경우 동포애와 인도주의, 상부상조의 원칙에 따라 적극 협력해 나가기로 하였다.

8. 남과 북은 국제무대에서 민족의 이익과 해외 동포들의 권리와 이익을 위한 협력을 강화해 나가기로 하였다.

남과 북은 이 선언의 이행을 위하여 남북총리회담을 개최하기로 하고, 제 1차 회의를 금년 11월 중 서울에서 갖기로 하였다.

남과 북은 남북관계 발전을 위해 정상들이 수시로 만나 현안 문제들을 협의하기로 하였다.

2007년 10월 4일
평 양

대 한 민 국	조선민주주의인민공화국
대 통 령	국 방 위 원 장
김 대 중	김 정 일

한반도의 평화와 번영, 통일을 위한 판문점선언

　대한민국 문재인 대통령과 조선민주주의인민공화국 김정은 국무위원장은 평화와 번영, 통일을 염원하는 온 겨레의 한결같은 지향을 담아 한반도에서 역사적인 전환이 일어나고 있는 뜻깊은 시기에 2018년 4월 27일 판문점 「평화의 집」에서 남북정상회담을 진행하였다.

　양 정상은 한반도에 더 이상 전쟁은 없을 것이며 새로운 평화의 시대가 열리었음을 8천만 우리 겨레와 전 세계에 엄숙히 천명하였다.

　양 정상은 냉전의 산물인 오랜 분단과 대결을 하루 빨리 종식시키고 민족적 화해와 평화번영의 새로운 시대를 과감하게 열어나가며 남북관계를 보다 적극적으로 개선하고 발전시켜 나가야 한다는 확고한 의지를 담아 역사의 땅 판문점에서 다음과 같이 선언하였다.

　1. 남과 북은 남북관계의 전면적이며 획기적인 개선과 발전을 이룩함으로써 끊어진 민족의 혈맥을 잇고 공동번영과 자주통일의 미래를 앞당겨나갈 것이다.
　　남북관계를 개선하고 발전시키는 것은 온 겨레의 한결같은 소망이며 더 이상 미룰 수 없는 시대의 절박한 요구이다.

　　① 남과 북은 우리 민족의 운명은 우리 스스로 결정한다는 민족자주의 원칙을 확인하였으며 이미 채택된 남북 선언들과 모든 합의들을 철저히 이행함으로써 관계개선과 발전의 전환적 국면을 열어나가기로 하였다.
　　② 남과 북은 고위급회담을 비롯한 각 분야의 대화와 협상을 빠른 시일 안에 개최하여 정상회담에서 합의된 문제들을 실천하기 위한 적극적

인 대책을 세워나가기로 하였다.

③ 남과 북은 당국 간 협의를 긴밀히 하고 민간교류와 협력을 원만히 보장하기 위하여 쌍방 당국자가 상주하는 남북공동연락사무소를 개성지역에 설치하기로 하였다.

④ 남과 북은 민족적 화해와 단합의 분위기를 고조시켜 나가기 위하여 각계각층의 다방면적인 협력과 교류, 왕래와 접촉을 활성화하기로 하였다.

안으로는 6·15를 비롯하여 남과 북에 다같이 의의가 있는 날들을 계기로 당국과 국회, 정당, 지방자치단체, 민간단체 등 각계각층이 참가하는 민족공동행사를 적극 추진하여 화해와 협력의 분위기를 고조시키며, 밖으로는 2018년 아시아경기대회를 비롯한 국제경기들에 공동으로 진출하여 민족의 슬기와 재능, 단합된 모습을 전 세계에 과시하기로 하였다.

⑤ 남과 북은 민족 분단으로 발생된 인도적 문제를 시급히 해결하기 위하여 노력하며, 남북적십자회담을 개최하여 이산가족·친척 상봉을 비롯한 제반 문제들을 협의 해결해 나가기로 하였다.

당면하여 오는 8.15를 계기로 이산가족·친척 상봉을 진행하기로 하였다.

⑥ 남과 북은 민족경제의 균형적 발전과 공동번영을 이룩하기 위하여 10·4 선언에서 합의된 사업들을 적극 추진해나가며, 1차적으로 동해선 및 경의선 철도와 도로들을 연결하고 현대화하여 활용하기 위한 실천적 대책들을 취해 나가기로 하였다.

2. 남과 북은 한반도에서 첨예한 군사적 긴장상태를 완화하고 전쟁 위험을
   실질적으로 해소하기 위하여 공동으로 노력해나갈 것이다.
   한반도의 군사적 긴장상태를 완화하고 전쟁위험을 해소하는 것은 민족
   의 운명과 관련되는 매우 중대한 문제이며 우리 겨레의 평화롭고 안정된
   삶을 보장하기 위한 관건적인 문제이다.

   ① 남과 북은 지상과 해상, 공중을 비롯한 모든 공간에서 군사적 긴장과
      충돌의 근원으로 되는 상대방에 대한 일체의 적대행위를 전면 중지하
      기로 하였다. 당면하여 5월 1일부터 군사분계선 일대에서 확성기 방송
      과 전단살포를 비롯한 모든 적대행위들을 중지하고 그 수단을 철폐
      하며, 앞으로 비무장지대를 실질적인 평화지대로 만들어 나가기로 하
      였다.

   ② 남과 북은 서해 북방한계선 일대를 평화수역으로 만들어 우발적인 군
      사적 충돌을 방지하고 안전한 어로활동을 보장하기 위한 실제적인 대
      책을 세워나가기로 하였다.

   ③ 남과 북은 상호 협력과 교류, 왕래와 접촉이 활성화되는 데 따른 여러
      가지 군사적 보장대책을 취하기로 하였다.

   남과 북은 쌍방 사이에 제기되는 군사적 문제를 지체없이 협의 해결하기 위
   하여 국방부장관회담을 비롯한 군사당국자회담을 자주 개최하며 5월중에 먼
   저 장성급 군사회담을 열기로 하였다.

3. 남과 북은 한반도의 항구적이며 공고한 평화체제 구축을 위하여 적극 협력해 나갈 것이다.

한반도에서 비정상적인 현재의 정전상태를 종식시키고 확고한 평화체제를 수립하는 것은 더 이상 미룰 수 없는 역사적 과제이다.

① 남과 북은 그 어떤 형태의 무력도 서로 사용하지 않을 데 대한 불가침 합의를 재확인하고 엄격히 준수해 나가기로 하였다.

② 남과 북은 군사적 긴장이 해소되고 서로의 군사적 신뢰가 실질적으로 구축되는 데 따라 단계적으로 군축을 실현해 나가기로 하였다.

③ 남과 북은 정전협정체결 65년이 되는 올해에 종전을 선언하고 정전협정을 평화협정으로 전환하며 항구적이고 공고한 평화체제 구축을 위한 남·북·미 3자 또는 남·북·미·중 4자회담 개최를 적극 추진해 나가기로 하였다.

④ 남과 북은 완전한 비핵화를 통해 핵 없는 한반도를 실현한다는 공동의 목표를 확인하였다.

남과 북은 북측이 취하고 있는 주동적인 조치들이 한반도 비핵화를 위해 대단히 의의 있고 중대한 조치라는데 인식을 같이하고 앞으로 각기 자기의 책임과 역할을 다하기로 하였다.

남과 북은 한반도 비핵화를 위한 국제사회의 지지와 협력을 위해 적극 노력해 나가기로 하였다.

양 정상은 정기적인 회담과 직통전화를 통하여 민족의 중대사를 수시로 진지하게 논의하고 신뢰를 굳건히 하며, 남북관계의 지속적인 발전과 한반도의 평화와 번영, 통일을 향한 좋은 흐름을 더욱 확대해 나가기 위하여 함께 노력하기로 하였다.

당면하여 문재인 대통령은 올해 가을 평양을 방문하기로 하였다.

2018년 4월 27일
판 문 점

대 한 민 국	조선민주주의인민공화국
대 통 령	국무위원회 위원장
문 재 인	김 정 은

평양공동선언

대한민국 문재인 대통령과 조선민주주의인민공화국 김정은 국무위원장은 2018년 9월 18일부터 20일까지 평양에서 남북정상회담을 진행하였다.

양 정상은 역사적인 판문점선언 이후 남북 당국 간 긴밀한 대화와 소통, 다방면적 민간교류와 협력이 진행되고, 군사적 긴장완화를 위한 획기적인 조치들이 취해지는 등 훌륭한 성과들이 있었다고 평가하였다.

양 정상은 민족자주와 민족자결의 원칙을 재확인하고, 남북관계를 민족적 화해와 협력, 확고한 평화와 공동번영을 위해 일관되고 지속적으로 발전시켜 나가기로 하였으며, 현재의 남북관계 발전을 통일로 이어갈 것을 바라는 온 겨레의 지향과 여망을 정책적으로 실현하기 위하여 노력해 나가기로 하였다.

양 정상은 판문점선언을 철저히 이행하여 남북관계를 새로운 높은 단계로 진전시켜 나가기 위한 제반 문제들과 실천적 대책들을 허심탄회하고 심도 있게 논의하였으며, 이번 평양정상회담이 중요한 역사적 전기가 될 것이라는 데 인식을 같이하고 다음과 같이 선언하였다.

1. 남과 북은 비무장지대를 비롯한 대치지역에서의 군사적 적대관계 종식을 한반도 전 지역에서의 실질적인 전쟁위험 제거와 근본적인 적대관계 해소로 이어나가기로 하였다.

    ① 남과 북은 이번 평양정상회담을 계기로 체결한 「판문점선언 군사분야 이행합의서」를 평양공동선언의 부속합의서로 채택하고 이를 철저히 준수하고 성실히 이행하며, 한반도를 항구적인 평화지대로 만들기 위한 실천적 조치들을 적극 취해나가기로 하였다.

② 남과 북은 남북군사공동위원회를 조속히 가동하여 군사분야 합의서의 이행실태를 점검하고 우발적 무력충돌 방지를 위한 상시적 소통과 긴밀한 협의를 진행하기로 하였다.

2. 남과 북은 상호호혜와 공리공영의 바탕위에서 교류와 협력을 더욱 증대시키고, 민족경제를 균형적으로 발전시키기 위한 실질적인 대책들을 강구해 나가기로 하였다.

① 남과 북은 금년 내 동, 서해선 철도 및 도로 연결을 위한 착공식을 갖기로 하였다.

② 남과 북은 조건이 마련되는 데 따라 개성공단과 금강산관광 사업을 우선 정상화하고, 서해경제공동특구 및 동해관광공동특구를 조성하는 문제를 협의해 나가기로 하였다.

③ 남과 북은 자연생태계의 보호 및 복원을 위한 남북 환경협력을 적극 추진하기로 하였으며, 우선적으로 현재 진행 중인 산림분야 협력의 실천적 성과를 위해 노력하기로 하였다.

④ 남과 북은 전염성 질병의 유입 및 확산 방지를 위한 긴급조치를 비롯한 방역 및 보건·의료 분야의 협력을 강화하기로 하였다.

3. 남과 북은 이산가족 문제를 근본적으로 해결하기 위한 인도적 협력을 더욱 강화해 나가기로 하였다.

① 남과 북은 금강산 지역의 이산가족 상설면회소를 빠른 시일 내 개소하기로 하였으며, 이를 위해 면회소 시설을 조속히 복구하기로 하였다.

② 남과 북은 적십자 회담을 통해 이산가족의 화상상봉과 영상편지 교환 문제를 우선적으로 해결해 나가기로 하였다.

4. 남과 북은 화해와 단합의 분위기를 고조시키고 우리 민족의 기개를 내외에 과시하기 위해 다양한 분야의 협력과 교류를 적극 추진하기로 하였다.

① 남과 북은 문화 및 예술분야의 교류를 더욱 증진시켜 나가기로 하였으며, 우선적으로 10월 중에 평양예술단의 서울공연을 진행하기로 하였다.

② 남과 북은 2020년 하계올림픽경기대회를 비롯한 국제경기들에 공동으로 적극 진출하며, 2032년 하계올림픽의 남북공동개최를 유치하는데 협력하기로 하였다.

③ 남과 북은 10·4 선언 11주년을 뜻깊게 기념하기 위한 행사들을 의의 있게 개최하며, 3·1운동 100주년을 남북이 공동으로 기념하기로 하고, 그를 위한 실무적인 방안을 협의해 나가기로 하였다.

5. 남과 북은 한반도를 핵무기와 핵위협이 없는 평화의 터전으로 만들어나가야 하며 이를 위해 필요한 실질적인 진전을 조속히 이루어나가야 한다는 데 인식을 같이 하였다.

① 북측은 동창리 엔진시험장과 미사일 발사대를 유관국 전문가들의 참관 하에 우선 영구적으로 폐기하기로 하였다.

② 북측은 미국이 6·15 북미공동성명의 정신에 따라 상응조치를 취하면 영변 핵시설의 영구적 폐기와 같은 추가적인 조치를 계속 취해 나갈

용의가 있음을 표명하였다.

③ 남과 북은 한반도의 완전한 비핵화를 추진해 나가는 과정에서 함께 긴밀히 협력해 나가기로 하였다.

6. 김정은 국무위원장은 문재인 대통령의 초청에 따라 가까운 시일 내로 서울을 방문하기로 하였다.

2018년 9월 19일

대 한 민 국	조선민주주의인민공화국
대 통 령	국무위원회 위원장
문 재 인	김 정 은

역사적인 '판문점선언'이행을 위한 군사분야 합의서

남과 북은 한반도에서 군사적 긴장 상태를 완화하고 신뢰를 구축하는 것이 항구적이며 공고한 평화를 보장하는 데 필수적 이라는 공통된 인식으로부터 한 반도의 평화와 번영, 통일을 위한 판문점선언을 군사적으로 철저히 이행하기 위하여 다음과 같이 포괄적으로 합의하였다.

1. 남과 북은 지상과 해상, 공중을 비롯한 모든 공간에서 군사적 긴장과 충 돌의 근원으로 되는 상대방에 대한 일체의 적대행위를 전면 중지하기로 하였다.

① 쌍방은 지상과 해상, 공중을 비롯한 모든 공간에서 무력충돌을 방지하 기 위해 다양한 대책을 강구하였다.

쌍방은 군사적 충돌을 야기할 수 있는 모든 문제를 평화적 방법으로 협 의·해결하며, 어떤 경우에도 무력을 사용하지 않기로 하였다.

쌍방은 어떠한 수단과 방법으로도 상대방의 관할구역을 침입 또는 공격 하거나 점령하는 행위를 하지 않기로 하였다.

쌍방은 상대방을 겨냥한 대규모 군사훈련 및 무력증강 문제, 다양한 형 태의 봉쇄 차단 및 항행방해 문제, 상대방에 대한 정찰행위 중지 문제 등 에 대해 '남북군사공동위원회'를 가동하여 협의해 나가기로 하였다.

쌍방은 군사적 긴장 해소 및 신뢰구축에 따라 단계적 군축을 실현해 나 가기로 합의한 판문점선언을 구현하기 위해 이와 관련된 다양한 실행 대 책들을 계속 협의하기로 하였다.

② 쌍방은 2018년 11월 1일부터 군사분계선 일대에서 상대방을 겨냥한 각 종 군사연습을 중지하기로 하였다.

지상에서는 군사분계선으로부터 5km 안에서 포병 사격훈련 및 연대급 이상 야외기동훈련을 전면 중지하기로 하였다.

해상에서는 서해 남측 덕적도 이북으로부터 북측 초도 이남까지의 수역, 동해 남측 속초 이북으로부터 북측 통천 이남까지의 수역에서 포사격 및 해상 기동훈련을 중지하고 해안포와 함포의 포구 포신 덮개 설치 및 포문폐쇄 조치를 취하기로 하였다.

공중에서는 군사분계선 동 서부 지역 상공에 설정된 비행금지구역 내에서 고정익항공기의 공대지유도무기사격 등 실탄사격을 동반한 전술훈련을 금지하기로 하였다.

③ 쌍방은 2018년 11월 1일부터 군사분계선 상공에서 모든 기종들의 비행금지구역을 다음과 같이 설정하기로 하였다.

고정익항공기는 군사분계선으로부터 동부지역(군사분계선표식물 제0646호부터 제1292호 까지의 구간)은 40km, 서부지역(군사분계선표식물 제0001호부터 제0646호까지의 구간)은 20km를 적용하여 비행금지구역을 설정한다.

회전익항공기는 군사분계선으로부터 10km로, 무인기는 동부지역에서 15km, 서부지역에서 10km로, 기구는 25km로 적용한다.

다만, 산불 진화, 지 해상 조난 구조, 환자 후송, 기상 관측, 영농지원 등으로 비행기 운용이 필요한 경우에는 상대측에 사전 통보하고 비행할 수 있도록 한다. 민간 여객기(화물기 포함)에 대해서는 상기 비행금지구역을 적용하지 않는다.

④ 쌍방은 지상과 해상, 공중을 비롯한 모든 공간에서 어떠한 경우에도 우발적인 무력충돌 상황이 발생하지 않도록 대책을 취하기로 하였다.

이를 위해 지상과 해상에서는 경고방송 → 2차 경고방송 → 경고사격 → 2차 경고사격 → 군사적 조치의 5개 단계로, 공중에서는 경고교신 및 신호 → 차단비행 → 경고사격 → 군사적 조치의 4개 단계의 절차를 적용하기로 하였다.

쌍방은 수정된 절차를 2018년 11월 1일부터 시행하기로 하였다.

⑤ 쌍방은 지상과 해상, 공중을 비롯한 모든 공간에서 어떠한 경우에도 우발적 충돌이 발생하지 않도록 상시 연락체계를 가동하며, 비정상적인 상황이 발생하는 경우 즉시 통보하는 등 모든 군사적 문제를 평화적으로 협의하여 해결하기로 하였다.

2. 남과 북은 비무장지대를 평화지대로 만들어 나가기 위한 실질적인 군사적 대책을 강구하기로 하였다.

① 쌍방은 비무장지대 안에 감시초소(GP)를 전부 철수하기 위한 시범적 조치로 상호 1km 이내 근접해 있는 남북 감시초소들을 완전히 철수하기로 하였다.

② 쌍방은 판문점 공동경비구역을 비무장화하기로 하였다.

③ 쌍방은 비무장지대 내에서 시범적 남북공동유해발굴을 진행하기로 하였다.

④ 쌍방은 비무장지대 안의 역사유적에 대한 공동조사 및 발굴과 관련한 군사적 보장대책을 계속 협의하기로 하였다.

3. 남과 북은 서해 북방한계선 일대를 평화수역으로 만들어 우발적인 군사적 충돌을 방지하고 안전한 어로활동을 보장하기 위한 군사적 대책을 취해 나가기로 하였다.

① 쌍방은 2004년 6월 4일 제2차 남북장성급군사회담에서 서명한 '서해 해상에서의 우발적 충돌 방지'관련 합의를 재확인하고, 전면적으로 복원 이행해 나가기로 하였다.

② 쌍방은 서해 해상에서 평화수역과 시범적 공동어로구역을 설정하기로 하였다.

③ 쌍방은 평화수역과 시범적 공동어로구역에 출입하는 인원 및 선박에 대한 안전을 철저히 보장하기로 하였다.

④ 쌍방은 평화수역과 시범적 공동어로구역 내에서 불법어로 차단 및 남북 어민들의 안전한 어로활동 보장을 위하여 남북 공동순찰 방안을 마련하여 시행하기로 하였다.

4. 남과 북은 교류협력 및 접촉 왕래 활성화에 필요한 군사적 보장대책을 강구하기로 하였다.

① 쌍방은 남북관리구역에서의 통행 통신 통관(3통)을 군사적으로 보장하기 위한 대책을 마련하기로 하였다.

② 쌍방은 동·서해선 철도·도로 연결과 현대화를 위한 군사적 보장대책을 강구하기로 하였다.

③ 쌍방은 북측 선박들의 해주직항로 이용과 제주해협 통과 문제 등을 남북군사공동위에서 협의하여 대책을 마련하기로 하였다.

④ 쌍방은 한강(임진강) 하구 공동이용을 위한 군사적 보장대책을 강구하

기로 하였다.

5. 남과 북은 상호 군사적 신뢰구축을 위한 다양한 조치들을 강구해 나가기로 하였다.

① 쌍방은 남북군사당국자 사이에 직통전화 설치 및 운영 문제를 계속 협의해 나가기로 하였다.

② 쌍방은 남북군사공동위원회 구성 및 운영과 관련한 문제를 구체적으로 협의·해결해 나가기로 하였다.

③ 쌍방은 남북군사당국간 채택한 모든 합의들을 철저히 이행하며, 그 이행 상태를 정기적으로 점검·평가해 나가기로 하였다.

6. 이 합의서는 쌍방이 서명하고 각기 발효에 필요한 절차를 거쳐 그 문본을 교환한 날부터 효력을 발생한다.

① 합의서는 쌍방의 합의에 따라 수정 및 보충할 수 있다.

② 합의서는 2부 작성되었으며, 같은 효력을 가진다.

2018년 9월 19일

대 한 민 국	조선민주주의인민공화국
국 방 부 장 관	인민무력상 조선인민군 대장
송 영 무	노 광 철

도널드 트럼프 미합중국 대통령과
김정은 조선민주주의인민공화국 국무위원장의
싱가포르 정상회담 공동성명

트럼프 대통령과 김정은 위원장은 미국과 조선민주주의인민공화국의 새로운 관계 수립과 한반도의 지속적이고 견고한 평화체제 구축과 관련한 사안들을 주제로 포괄적이고 심층적이며 진지한 방식으로 의견을 교환했다. 트럼프 대통령은 조선민주주의인민공화국의 안전보장을 제공하기로 약속했고, 김정은 위원장은 한반도의 완전한 비핵화를 향한 흔들리지 않는 확고한 약속을 재확인했다.

새로운 북미관계를 수립하는 것이 한반도와 세계의 평화, 번영에 이바지할 것이라는 점을 확신하고, 상호신뢰를 구축하는 것이 한반도 비핵화를 증진할 수 있다고 인정하면서 트럼프 대통령과 김 위원장은 아래와 같은 합의사항을 선언한다.

1. 미국과 조선민주주의인민공화국은 평화와 번영을 위한 양국 국민의 바람에 맞춰 미국과 조선민주주의인민공화국의 새로운 관계를 수립하기로 약속한다.

2. 양국은 한반도의 지속적이고 안정적인 평화체제를 구축하기 위해 함께 노력한다.

3. 2018년 4월 27일 판문점 선언을 재확인하며, 조선민주주의인민공화국은 한반도의 완전한 비핵화를 향해 노력할 것을 약속한다.

통일
교육

4. 미국과 조선민주주의인민공화국은 신원이 이미 확인된 전쟁포로, 전쟁 실종자들의 유해를 즉각 송환하는 것을 포함해 전쟁포로, 전쟁실종자들의 유해 수습을 약속한다.

역사상 처음으로 이뤄진 북미 정상회담이 거대한 중요성을 지닌 획기적인 사건이라는 점을 확인하고, 북미 간 수십 년의 긴장과 적대행위를 극복하면서 새로운 미래를 열어나가기 위해 트럼프 대통령과 김 위원장은 공동성명에 적시된 사항들을 완전하고 신속하게 이행할 것을 약속한다. 미국과 조선민주주의인민공화국은 북미정상회담의 결과를 이행하기 위해 마이크 폼페이오 미국 국무장관, 관련한 조선민주주의인민공화국 고위급 관리가 주도하는 후속 협상을 가능한 한 가장 이른 시일에 개최하기로 약속한다.

도널드 트럼프 미합중국 대통령과 김정은 조선민주주의인민공화국 국무위원장은 북미관계의 발전, 한반도와 세계의 평화, 번영, 안전을 위해 협력할 것을 약속했다.

2018년 6월 12일
싱가포르 센토사 섬에서

도널드 트럼프   김   정   은
미합중국 대통령   조선민주주의인민공화국 국무위원장

Joint Statement of President Donald J. Trump of the United States of America and Chairman Kim Jong Un of the Democratic People's Republic of Korea at the Singapore Summit

President Donald J. Trump of the United States of America and Chairman Kim Jon Un of the State Affairs Commission of the Democratic People's Republic of Korea (DPRK) held a first, historic summit in Singapore on June 12, 2018.

President Trump and Chairman Kim Jon Un conducted a comprehensive, in-depth and sincere exchange of opinions on the issues related to the establishment of a new US-DPRK relations and the building of a lasting and robust peach regime on the Korean Peninsula. President Trump committed to provide security guarantees to the DPRK, and Chairman Kim Jong Un reaffirmed his firm and unwavering commitment to complete denuclarization of the Korean peninsula.

Convinced that the establishment of new US-DPRK relations will contribute to the peace and prosperity of the Korean Peninsula and of the world, and recognizing that mutual confidence building can promote the denuclarization of the Korean Peninsula, President Trump and Chairman Kim Jong Un state the following:

1. The United States and the DPRK commit to establish new US-DPRK relations in accordance with the desire of peoples of the two countries for peace and prosperity.

2. The Unite States and the DPRK will join the efforts to build a lasting and stable peace regime on the Korean Peninsula.

3. Reaffirming the April 27, 2018 Panumunjom Declaration, the DPRK commits to work toward complete denuclerarization of the Korean Peninsula.

4. The United States and the DPRK commit to recovering POW/MIA remains, including the immediate repatriation of those already identified.

Having acknowledged that the US-DPRK summit - the first in history - was a epochal event of great significance in overcoming decades of tensions and hostilities between the two countries and for the opening up of a new future, President Trump and Chairman Kim Jong Un commit to implement the stipulations in this joint agreement fully and expeditiously. The United States and the DPRK commit to hold follow-on negotiations, led by the US Secretary of State, Mike Pompeo, and a relevant high-level DPRK official, at the earliest possible date, to implement the outcomes of the US-DPRK summit.

President Donald J. Trump of the United States of America and Chairman Kim Jong Un of the State Affairs Commission of the Democratic People's Republic of Korea have committed to cooperate for the development of new US-DPRK relations and for the promotion of peace, prosperity, and the security of the Korean Peninsula and of the world.

June 12, 2018

Sentosa Island

Singapore

DONALD J. TRUMP

President of the United States

of America

KMI JONG UN

Chairman of the State Affairs

Commission of the Democratic

People's Republic of Korea